中南财经政法大学研究生院、中南财经政法大学财税学院资助
研究生精品教材

中国财政思想与制度沿革专题研究

赵兴罗　等著

中国财经出版传媒集团

经济科学出版社
Economic Science Press

图书在版编目（CIP）数据

中国财政思想与制度沿革专题研究／赵兴罗等著 . —北京：
经济科学出版社，2017.3
ISBN 978 - 7 - 5141 - 7788 - 6

Ⅰ.①中… Ⅱ.①赵… Ⅲ.①财政 - 经济思想史 - 研究 -
中国②财政制度 - 研究 - 中国 Ⅳ.①F812.9②F812.2

中国版本图书馆 CIP 数据核字（2017）第 032672 号

责任编辑：白留杰
责任校对：徐领柱
责任印制：李　鹏

中国财政思想与制度沿革专题研究

赵兴罗　等著

经济科学出版社出版、发行　新华书店经销
社址：北京市海淀区阜成路甲 28 号　邮编：100142
教材分社电话：010 - 88191354　发行部电话：010 - 88191522
网址：www. esp. com. cn
电子邮箱：bailiujie518@ 126. com
天猫网店：经济科学出版社旗舰店
网址：http://jjkxcbs. tmall. com
北京密兴印刷有限公司印装
710 × 1000　16 开　17.25 印张　300000 字
2017 年 4 月第 1 版　2017 年 4 月第 1 次印刷
ISBN 978 - 7 - 5141 - 7788 - 6　定价：52.00 元
（图书出现印装问题，本社负责调换。电话：010 - 88191510）
（版权所有　侵权必究　举报电话：010 - 88191586
电子邮箱：dbts@ esp. com. cn）

序

　　《中国财政思想与制度沿革专题研究》，一直是中南财经政法大学财政学专业研究生开设的一门必修课。然而，这门必修课自始至今没有一本适用于研究生的教材和参考书目，各授课老师多依本人在中国财政史学领域的研究所得讲授，东鳞西爪，不成体系，不成体系就维系不了教学的连续性。基于这一困惑，我们尝试编撰了本教材。

　　窃以为，中国财政史学之于现代财政学的建树具有重要的基础性作用，表现在以下几个方面：

　　首先，财政理论的形成和发展离不开财政史学科的发展。财政史作为一门总结财政实践经验教训的学科，是财政学理论的源泉。财政史研究在财政理论研究中处于先导性地位并具有先导性作用，财政史揭示了财政学形成与发展的过程，弥补了财政学在财政理论的形成、实践过程及经验教训等方面讲述不足的缺陷。财政史与现实财政密切相关，这是因为，财政理论的实践需要财政历史来证明，财政发展的历史作为现实财政的实验室，能够为现实财政提供经验与教训，使现实财政健康地发展，少走弯路，因此，学习和研究财政历史是学习与研究财政问题的基础。中国财政史作为历史学与财政学的交叉学科，同时具有这两个学科的特色，即历史实证性、社会应用性和时代性，是与现实生活和现实政策联系密切的课程，有着相当丰富的内容。

　　其次，财政史与财政学，还因为其学科的特殊性而较其他社会科学史学与其专业更具必要性。原因在于：其一，财政学说是基于其服务对象当时的政治经济条件而立足的，而任何时期的政治经济条件都是在一定的历史条件下形成的。众所周知，经济基础决定上层建筑，经济基础决定着财政条件，而财政条件是决定上层建筑的直接因素。因此，如果说任何时候的政治经济格局都离不开其历史成因的话，同样道理，任何时候的财政税收模式也都是离不开其历史成因的。其二，影响和作用财政税收历史进程的不仅限于财政税收本身的历史过程。财政税收各个时期的政策、制度，除了受到它当时的政治局势、经济水平的制约外，还同时受到它当时的社会环境、国防军事乃至文化教育等多方面的影响。因此，只有全面掌握财政思想与制度沿革的历史进程，系统总结历史经验与教训得失，才可能真正透彻地把握为国家现实服务的财政学说。

最后，专业史学与专业知识构造是一体两翼，具有不可分割的内在联系和统一性。一方面，财税史学本身就包含着丰富的历史实践过程和深刻的理论思维；另一方面，财税史是财税发展客观过程和历史经验科学的抽象与总结，是财税理论抽象的客观基础，是财税发展规律的思想反映。财税史作为一门总结财政实践经验教训的学科，是财政学理论的源泉，财政理论的形成和发展离不开财税史学科的发展。可以说，没有专业知识在基本理论框架和研究工具方面的推进，专业史学的研究将停滞不前；没有专业史学在史料搜集和事实分析方面的工作，就不能对理论的真实性和准确性进行检验。

基于以上认识，我认为，财政学专业的学生至少应当掌握三个板块的知识结构，即财政学理论、财政学研究方法以及财政史学，这一知识结构缺一不可。要扎实地培养学生的财政学专业素养，我们不能不重视财政历史的教学与研究，培养学生重视财政史学的学习兴趣，让学生掌握中国历史上的重要财政思想与制度沿革的历程。如果没有丰富、深厚的专业史学知识，其专业理论水平就很难提高。前国家总理温家宝曾经指出："一个国家的财政史是惊心动魄的……从中看到的不仅是经济的发展，而且是社会的结构和公平正义的程度。"著名经济学家约瑟夫·熊彼特在《税务国家的危机》中说："历史上，从来没有哪个方面，像国家财政那样对大众命运具有如此大的决定性。在财政史中，我们可以最清晰地观察到各国脉搏的跳动，可以看到一切社会悲剧的根源；归根到底，一个民族的精神、文化水平、社会结构以及其政策所预备的行为等——所有这一切以及其他更多的东西都反映在它的财政史当中。"由此可见，财政史学在财政专业中的重要地位。

作为财政学分支学科和重要支撑的财政史学，是我校国家级重点学科——财政学的特色和传统优势学科，在全国一直处于较为领先的地位，并作为财政史学科专业人才的重要培养基地之一。近年来，由于多种原因，我国财政史学研究处于"淡漠"和"荒芜"状态，我校财政史学科建设及史学专门人才培养也基本处于慢步走状态，财政史教学和研究的滞后严重影响了财政学"双一流"学科的建设与发展，加强财政史学科建设迫在眉睫。为此，中南财经政法大学中国财政史研究所的老师率先从教材建设着手，分别精心编写了本科生教材

《中国财税史》和研究生教材《中国财政思想与制度沿革专题研究》。本书的初稿就是在赵兴罗老师负责申报并获得中南财经政法大学研究生精品课程教材立项的基础上撰写而成，作为研究生教学用书，也可以作为高年级本科生或财政爱好者的参考用书。

目前，国内有关中国财政历史的研究成果可谓汗牛充栋，但相关研究生的教材却寥寥无几。本书既是我们在研究生教学上的尝试，又是我校研究财政史的几位老师在财政史学课程建设探索和研究中的部分成果，难免存在这样或那样的缺陷与遗憾，还望有志于中国财政史研究的同行、师生和读者，就本书的体例和内容不吝赐教，今后我们也将继续努力。

刘孝诚

2016 年 11 月

目　　录

专题一

先秦经典财政思想述要

财政是国家治理的基础，这是因为，在任何经济社会和任何发展阶段，国家治理的主体都是政府，财政则是政府履行职能的基础所在。作为中国传统财政文化主体的先秦财政思想，内涵博大精深。梳理和研究先秦经典的财政思想，从中总结和把握财政税收的一般规律性知识，不仅有利于后人传承中华优秀的历史文化，弘扬民族精神，而且对于在新的历史时期提升国家治理能力以及建立科学、高效的财政体制都具有重要的历史借鉴。本专题重点梳理和归纳了先秦时期主要的经典财政思想，这些财政思想构成了中国宝贵的文化财富的重要组成部分，值得今人借鉴。

一、春秋战国之前的经典财政思想

（一）春秋战国之前经典财政思想概述

1. "政"以生活必需为重。《尚书·洪范》中讲到"八政"，即食、货、祀、司空、司徒、司寇、宾、师。其中，"食"居第一，视"食"为人主施政的首要政务，人无食则死，粮食、农业生产活动与人的关系最紧密。因此，在"八政"中，"食"列第一位，这奠定了中国几千年"民以食为天"的统治意识。"货"居第二，在满足了"食"之后，人们还需要抵御寒冷和蔽体，故布帛、手工业生产和商贸活动列于第二位。可见，"货"，其实就是除"食"之外人们的社会生活需求。当人们满足了食、货的基本需求之后，才考虑"祀、司空、司徒、司寇、宾、师"等其他需求。

2. 收支对应，专税专用。《周礼·天官冢宰》中关于"大宰之职"①……以九职任万民……以九赋敛财贿：一曰邦中之赋，二曰四郊之赋，三曰邦甸之赋，四曰家削之赋，五曰邦县之赋，六曰邦都之赋，七曰关市之赋，八曰山泽之赋，九曰币余之赋。以九式均节财用：一曰祭祀之式，二曰宾客之式，三曰丧荒之式，四曰羞服之式，五曰工事之式，六曰币帛之式，七曰刍秣之式，八曰匪颁之式，九曰好用之式。"九赋之财以制九式国用"，其中，"邦中之赋，以待宾客之式；四郊之赋，以待刍秣之式；邦甸之赋，以待工事之式；家削之赋，以待匪颁之式；邦县之赋，以待币帛之式；邦都之赋，以待祭祀之式；关市之赋，以待羞服之式；山泽之赋，以待丧荒之式；币余之赋，以待好用之式"。② 这里的"九赋"与"九式"对应，要求收支关系一一对应，即要求以特定的收入安排相应的支出，这是中国历史上最早的专税专用思想及财政控制的最早模式。

3. 量入为出。《礼记·王制》："冢宰制国用，必于岁之杪，五谷皆入，然后制国用。用地大小，视年之丰耗，以三十年之通制国用，量入以为出。"这句话的意思是，冢宰在编制国家财政支出预算时，必须在每年年底制定，这时各种租税谷物都已经收进来了，按照土地的大小和年成的好坏，通算三十年以编制支出预算，根据收入多少安排支出。

4. 充分储备。《礼记·王制》："国无九年之蓄，曰'不足'，无六年之蓄，曰'急'，无三年之蓄，曰'国非其国'也。"

5. 任土作贡。《夏书·禹贡》："禹别九州岛，随山浚川，任土作贡。"

6. 赋役并存。赋，就是建立在井田制上的军备制度，规定一定单位的农民共同筹备一定数量的军备。例如，一甸（即六十四"井"）出战车一乘，戎马四匹，牛十二头，甲士三人，步卒七十二人，干戈具备。役，就是无偿征调成年劳动力为国家服兵役或力役的制度。

7. 用财税手段刺激生产。"凡宅不毛者，有里布；凡田不耕者，出屋粟；凡民无职事者，出夫家之征，以时征其赋"③。就是说，凡田宅不种桑麻的，罚出居宅税钱；凡田地不耕种的，根据所荒废田地的多少，罚其出屋粟；凡民无职业而又无所事事的，罚其照样出夫税、家税，按时征收各种赋税。

---

① 大宰，类似于后世管部务的首相。天官冢宰，掌国用大权，位六官之总，故称冢宰。其职权是"掌邦治，以佐王均邦国"，"岁终则令百官府各正其治，受其会，听其致事而诏王废置"。由此可见，冢宰不但掌管国务大事，还总揽国家财政。《周礼·天官冢宰》，"大宰之职条"。

② 《周礼·地官司徒》。

③ 《周礼·地官司徒》。

(二) 管仲的财政思想

管仲 (公元前723年～公元前645年)，春秋时期齐国著名的政治家、军事家，史称管子。《管子》以记述管仲在齐国为相时的政见为主，全书论述的问题较多，涉及面很宽，其中，理财思想最为丰富、深刻，对后世影响较大。管仲的财政思想主要有：

1. 富国先裕民。重视财源培养和藏富于民，《管子·富国》指出："凡治国之道，必先富民，民富则易治也，民贫则难治也"；"仓廪实则知礼节，衣食足则知荣辱"；"民不务经产，则仓廪空虚，财用不足"；"民富君无贫，民贫君无富，故赋无钱布，府无藏财，赀藏于民"。

2. 轻税薄敛，取之有度。《管子·国蓄》指出："薄税敛，毋苟于民"。《管子》认为，统治者应慎重选择征税对象，因为重征赋税不仅影响纳税人的生活和经济利益，而且还会给社会再生产带来不良后果。《管子·国蓄》认为，"夫以室庑籍，谓之毁成；以六畜籍，谓之止生；以田亩籍，谓之禁耕；以正人籍，谓之离情；以正户籍，谓之养赢。五者不可毕用，故王者偏行而不尽也。"在选择征税对象时，还要考虑纳税人的心理承受力。他认为，税给人"夺"的印象，因此，应选择"不见夺"的征敛方式。"民予则喜，夺则怒，民情皆然。先王知其然，故见予之形，不见夺之理。""今人君籍求于民，令曰十日而具，则财物之贾什去一……"；"征于关者，勿征于市……"《管子·权修》认为，财富的增长受自然条件和人力的限制，而君主的贪欲没有限度，"赋敛厚，则下怨上矣。"管子认为，重民、保民以得民心是治国安邦的基本原则，因而，他劝告国家的执政者，必须施行德治，勤政节俭，取民有度。"相地而衰征"，"取于民有度，用之有止，国虽小必安；取于民无度，用之不止，国虽大必危。"① 就是说，对人民征收有度，耗费又有节制的，国家虽然小也一定安宁；如果为了满足个人穷奢极欲的生活而对人民横征暴敛，耗费没有节制，这样的国家，虽然大也会迟早灭亡。因此，他提出要"赋禄以粟，案田而税，二岁而税一，上年什取三，中年什取二，下年什取一，岁饥不税。"②

3. 政府统制经济、统制物价——"官山海"与"轻重术"。管仲深谙"物"

① 《管子·权修》。
② 《管子·大匡》。

与"价"之间的此起彼伏的关系，主张通过统制民生重要物资（如盐、铁、粮食），以获取超额利润，充实财政。例如，国家通过掌握货币取得收入，或垄断粮食、盐、铁等生产生活必需品的专卖，寓征于价格之中，这种隐蔽的征税比直接征税使人们更易于接受。他说："天子籍于币，诸侯籍于食……是人君非发号令收啬而户籍也，彼人君守其本委谨，而男女诸君吾子无不服籍者也。"也就是说，每家每户都要使用货币吃粮、食盐、用铁，国家通过控制货币的敛散和粮、盐和铁的买卖，能够获得大量的收入，人君不用发号令收税，而每个男女在用钱买卖粮、盐、铁中便不自觉地缴纳了税收。

二、儒家的财政思想

自孔丘创立以后的两千多年里，儒家思想一直影响着我国思想文化的发展。儒家谈到理财，总是将其置于伦理的框架之中，先要作一价值判断，看其是否合乎义理，以至于不从经济的角度考察，竟不能觉察到它的存在。这是因为，儒家经济思想和伦理观念是联系在一起的，具有与伦理思想同构的特点。

先秦经典儒家的财税思想，从春秋末的孔丘到孟子再到战国末的荀子。经几百年的传承与发展，形成了一般适应地主经济形态的强大思想体系，且被后代几千年封建地主阶级的思想家奉为治国理财的经典。本部分将分别介绍孔子、孟子、荀子三位代表人物的财税思想。

（一）儒家的财政思想概述

1. 儒家主体思想：仁和礼（内仁外礼）。代表人物：孔子（公元前551年～公元前479年）、孟子（公元前372年～公元前289年）（其间还有颜子、曾子、子张、子思，等等）和荀子（公元前313年～公元前238年）。儒学历经后人的传承与完善，形成了比较完整的政治、哲学、社会伦理和教育思想体系，其中，尤为突出的是政治思想体系。儒家的思想体系可概括为"仁"和"礼"，仁其心，礼其表。儒家财政思想不过是其政治思想的派生，其财政思想的精华是：财富均平；富国裕民；轻薄赋敛；戒奢崇俭。

2. 均平负担，适度负担。孔子说："不患寡而患不均，不患贫而患不安"。孟子说："市，廛而不征，法而不廛，则天下之商皆悦，而愿藏于其市矣；关，讥而不征，则天下之旅皆悦，而愿出于其路矣；耕者，助而不税，则天下之农皆悦，而愿耕于其野矣；廛，无夫里之布，则天下之民皆悦，而愿为之氓矣"。荀子则较明确地从生产角度出发，主张"轻田野之税，平关市之征，省商贾之数，罕兴力役，无夺农时，如是则国富矣。"①

3. 富国裕民。孔子认为，"百姓足，君孰与不足，百姓不足，君孰与足。"②孟子认为，"民之为道也，有恒产者有恒心，无恒产者无恒心，苟无恒心，放辟邪侈，无不为己"；③"春省耕而补不足，秋省敛而助不给。"荀子认为，"下贫则上贫，下富则上富……使天下必有余，而上不忧不足。如是，则上下俱富，多无所藏之，是知国计之极也。"④

4. 轻薄赋敛。孔子主张："敛从其薄"，"苛政猛于虎也"。孟子主张："夏后氏五十而贡，殷人七十而助，周人百亩而彻，其实皆什一也。""省刑罚，薄税敛"，"欲重之于尧舜之道者，大桀小桀也。"⑤荀子认为，"聚敛者，召寇、肥敌、亡国、危身之道也。"⑥"罕兴力役，无夺农时"。他明确地从生产角度出发，主张"轻田野之税，平关市之征，省商贾之数，罕兴力役，无夺农时，如是则国富矣。"⑦

5. 戒奢崇俭。孔子认为，"礼，与其奢也，宁俭"。"奢则不孙，俭则固。与其不孙也，宁固。"⑧孟子认为，"生财之（有）道，取财之度，用财之节"。荀子认为，"足国之道，节用裕民，而藏其余"；"强本而节用，则天不能贫"；"节其流，开其源"，"生财有大道，生之者众，食之者寡，为之者疾，用之者舒，则财恒足矣"。⑨也就是说，增殖财富有个大原则，就是生产的人勤奋，消费的人节约，这就会使财富长久充足。

综合儒家的财政思想，可以看出，其主要观点有以下几个要点：第一，儒家财政思想皆本源于其"仁政"主张；第二，儒家财政思想均是基于当时社会经济条件的理性思维，而缺乏可操作性。故此，几千年来，统治阶级一直奉其

① 《荀子·富国》。
② 《论语·颜渊》。
③ 《孟子·滕文公上》。
④ 《荀子·富国》。
⑤ 《孟子·告子下》。
⑥ 《荀子·王制》。
⑦ 《荀子·富国》。
⑧ 《论语·述而第七》。
⑨ 《大学》第十七章。

为教条，也仅停留在教条上。第三，儒家财政思想具有历史性的理论贡献。第四，荀子是儒家的集大成者，同时也是几位重要法家人物（李斯、韩非子）的老师，可以说，儒法两家在某些领域是可以互补的。

（二）孔子的财政思想

孔子①的学说，是建立在社会道德构架的基础上，以礼、义、仁、爱为核心，并将这个理论凌驾于国家、人民、政治、经济之上。孔子没有从事国家财政税收和社会经济方面的研究，他的财税观点主要建立在其"仁义"观和"礼制"的等级基础上，并且这些观点散见于其关于伦理的论述中。他提出的"敛从其薄"、"节用而爱人"、"不患寡而患不均"等，都是从关爱、体恤百姓、维护国家稳定的角度，体现其仁义思想的。

孔子关于财税的思想大致可分为：基于"仁"、"义"的理财思想；"敛从其薄"的租税思想；"政在节财"，"节用而爱人"的财政思想；基于阶级的"均贫富"财政思想以及《大学》中的一些财政思想。

1. 主体思想："内仁外礼"。孔子生于春秋后期，当时社会礼崩乐坏，商业兴盛，诸侯之间互相征战，争夺城池，周天子已经不能驾驭诸侯，等级制度遭到破坏。基于此，孔子极力主张恢复周礼，崇尚仁、义、礼、智、信。他说："大哉！尧之为君也。巍巍呼，唯天为大，唯尧则之。荡荡乎，民无能名焉。巍巍呼，其有成功也。焕乎，其有文章。舜有臣五人，而天下治……唐虞之际，于斯为盛……周之德，其可谓至德也矣"②。在这段话中，尧：即帝尧；则：效法；荡荡乎：宽广无边啊；名：称赞；焕：光明，光辉；文章：指礼仪文物典章制度；舜有臣五人：传说是禹、稷、契、皋陶、伯益等人；唐虞之际：传说尧在位的时代叫唐，舜在位的时代叫虞；斯：指周武王时期。孔子说："尧作为一个君主，真伟大啊！真高不可攀啊！只有天最高最大，只有尧能学习天。他

---

① 孔子（公元前551年～公元前479年）名丘，字仲尼，鲁国平陬邑（今山东曲阜）人。少孤，后做过季氏的会计（委吏）和管理牛羊的家臣。中年时，鲁国发生动乱，逃到齐国做高昭子的家臣，鲁定公九年（公元前501年）回到鲁国。曾做过中都宰（国都的行政长官）、司空（工程长官）、司寇（司法长官）。他对鲁国的治理很有成效，后因对季孙氏沉迷歌舞感到失望，于是弃官不做，开始周游列国，招收弟子编纂诗书。他是我国古代著名的思想家、教育家，儒家学派创始人，他还是一位古代文献整理家，曾修《诗》、《书》、《礼》、《乐》，序《周易》，作《春秋》，并有与其学生对话的记录《论语》流传于世。孔子的思想及学说对后世产生了极其深远的影响。

② 《论语·泰伯第八》。

的恩泽真是无处不到，老百姓真不知道怎么称赞他才好！他的功绩实在太崇高了，他的礼仪制度也真光辉夺目！舜有五位贤臣，就能治理好天下……周武王时期，人才是最盛的……周朝的德，可以说是最高的了。

　　在孔子看来，符合周礼的，都是对的，应该坚持；不符合周礼的，都应该反对。他这种维护旧制的思想不仅表现在政治方面，在财税改革方面也有所表现。他反对鲁国及其他诸侯国所进行的一切财政改革，如对鲁国实行的按亩征税制度，孔子称之为"初税亩"，后人称此"讥始履亩而税也。何讥乎始履亩而税？古者什一而藉。古者曷为什一而藉？什一者天下之中正也。多乎什一，大桀小桀。寡乎什一，大貉小貉。什一者，天下之中正也，什一行而颂声作矣"①。此外，对于鲁国将原来按丘征收军赋改为按实际耕种土地面积征收的改革，孔子也是极力反对的。据《左传》记载："季康子欲以田赋，使冉有访诸仲尼。仲尼曰：'丘不识也。'三发，卒曰：'子为国老，待子而行，若之何子之不言也？'仲尼不对。而私于冉有曰：'君子之行也，度于礼，施取其厚，事举其中，敛从其薄。如是则以丘亦足矣。若不度与礼，而贪冒无厌，则虽以田赋，将又不足。且子季孙若欲行而法，则周公之典在。若欲苟而行，又何访焉？'弗听"②。从这段对话中可以看出，孔子反对以土地作为赋税的征收对象，其原因就在于，他认为这种办法加重了人民的负担，不合于"礼"。

　　孔子在反对一切破坏"礼"的政策制度的同时，还积极宣扬"仁"与"义"。他说："民兴于仁"③，就是说，人民的兴盛发达是建立在"仁"的基础之上的。他又说："人而不仁，如礼何？人而不仁，如乐何？"④ 即，一个人没有仁爱之心，遵守礼仪有什么用？一个人没有仁爱之心，奏乐有什么用？

　　人不讲"仁"，就不能讲究"礼"和"乐"。他还说："好勇疾贫，乱也。人而不仁，疾之已甚，乱也"⑤，这句话是说，好勇、疾贫，会导致国家的丧乱，而人不讲究仁、义，犹如患了重病，同样会使国家丧乱。

――――――――――

　　① 《公羊传·宣公十五年》。
　　② 《左传·哀公十一年》季氏在推行"田赋"之前，曾委派冉求征询夫子的意见，孔子说他不懂这种事。冉求咨询三次都是这样；季氏心里很不痛快，让冉求传话给孔子：您是国老，我期待您的高见好办事，为何不明白地说个话呢？孔子还是没搭理。但他在私底下对冉求说，君子要按礼制行事，事情应做得适当，赋敛须尽量微薄，若是贪婪无厌，就是推行田赋，也会觉得不够的。他还说，季氏既要恣意行事，为何还来问我呢？没过多久，鲁国便实施了"田赋"制。
　　③ 《论语·泰伯第八》。
　　④ 《论语·八佾第三》。
　　⑤ 《论语·泰伯第八》。

在理财方面，孔子承认，人对物质的欲望，但他同样强调取财需要讲
"道"，不能逾越"礼"的范围。他说："富与贵，是人之所欲也；不以其道得
之，不处也。贫与贱，是人之所恶也；不以其道得之，不去也。君子去仁，恶
者成名。君子无终食之间违仁，造次必于是，颠沛必于是。"① 君子如果离开了
仁德，又怎么能叫君子呢？君子没有一顿饭的时间背离仁德的，即使在最紧迫
的时刻也必须按照仁德办事，即使在颠沛流离的时候，也一定会按仁德去办
事的。

不过，孔子对不同阶级的人，取"利"标准不一样，他认为，"君子喻于
义，小人喻于利。"孔子认为，精神之"利"是君子所追求的。在他看来，富与
贫似乎无所谓，就看是不是尊于"仁"、"义"。他说："君子食无求饱，居无求
安"②，"饭疏食饮水，曲肱而枕之，乐亦在其中矣。不义而富且贵，于我如浮
云"③，即是说，吃粗粮，喝白水，弯着胳膊当枕头，乐趣也就在这中间了。用
不正当的手段得来的富贵，对于我来讲就像是天上的浮云一样。

对自己，孔子严以要求："子罕言利，与命，与仁。"④，子贡问孔子："贫
而无谄，富而无骄，何如？"子曰："可也；未若贫而乐，富而好礼者也。"⑤ 在
这段对话中，子贡说："贫穷却不巴结奉承，有钱却不骄傲自大，怎么样？"孔
子说：可以了，但是还不如虽贫穷却乐于道，纵有钱却谦虚有礼哩。这是因为，
"君子怀德，小人怀土；君子怀刑，小人怀惠"⑥，即君子所思是德行，小人所思
是有利可图；君子心中想的是法，小人心中想的是侥幸。况且"君子义以为上。
君子有勇而无义为乱，小人有勇而无义为盗"⑦，所以，对君子要晓之以"义"，
而君子对待"小人"需要"有君子之道四焉：其行己也恭，其事上也敬，其养
民也惠，其使民也义。"⑧ 就是讲，君子有四种道德：自己行为庄重、奉君主恭
敬、养护百姓有恩惠、役使百姓有法度。对于"小人"来说，因为"小人怀
土"、"小人怀惠"，他们关心的是有没有地种，有没有钱花，所以，君子就应承
担起"养民也惠"、"使民也义"的责任，但是，要做到"惠而不费"，就是

---

① 《论语·里仁第四》。
② 《论语·学而》。意思是，饮食不追求饱，居住不追求安逸舒适。
③ 《论语·述而第七》。
④ 《论语·子罕第九》。
⑤ 《论语·习而第一》。
⑥ 《论语·里仁第四》。
⑦ 《论语·阳货第十七》。
⑧ 《论语·公冶长第五》。

"因民之所利而利之，斯不亦惠而不费乎?"①

由上述可以看出，孔子不是不讲究理财，只是理财要区别对象，君子晓之以"义"，自会有财，小人不懂理财，要由君子为之理财，国家之财不必着意去理，只要不进行改革，而按照"仁"、"义"、"礼"的规范去做就是了。这就是孔子的理财观。总之，"仁"、"义"不仅是孔子所倡导的伦理道德思想，而且还贯穿于他的整个财政思想，孔子的各项财政主张都体现了"仁"、"义"的思想。

2. "敛从其薄"的租税思想。在有关租赋的问题上，孔子反对"苛政"，主张"敛从其薄"。他认为，租赋必须做到轻重适度，具体以什一税为宜。《论语》记载：哀公问于有若曰："年饥，用不足，如之何?"有若对曰："盍彻乎?"曰："二，吾犹不足；如之何其彻也?"对曰："百姓足，君孰不足? 百姓不足，君孰与足?"② 在这段对话中，鲁哀公问有若说："遭了饥荒，国家用度困难，怎么办?"有若回答说："为什么不实行彻法，只抽十分之一的田税呢?"哀公说："现在抽十分之二，我还不够，怎么能实行'彻'法呢?"有若说："如果百姓的用度够，您怎么会不够呢? 如果百姓的用度不够，您怎么又会够呢?"

孔子认为，十分之一的税率虽低，但人民富有了，税基就充足，国家税收也会提高。因此，对于重聚敛的行为，孔子非常反对。当孔子的学生冉求帮助季氏敛财时，孔子大怒，说"非吾徒也，小子鸣鼓而攻之可也。"③ 当路遇一妇人宁愿在贫瘠之地饿死也不愿去重税之地时，他发出感叹："苛政猛于虎"。④

3. 勤俭节财的财政思想。孔子十分崇敬禹所主张的节俭，他说："禹，吾无间然矣，菲饮食，而致孝乎鬼神，恶衣服，而致美乎黻（fú）冕，卑宫室，而尽力乎沟洫，禹吾无间然矣。"⑤ 就是说，孔子认为，禹这个人，我找不到非议他的地方。自己饮食菲薄，而对鬼神享祀丰洁；自己衣服褴褛，而祭服华美；自己住房低湿，而尽力为民沟洫水道。禹这个人呀，我找不到非议他的地方啊! 可见，孔子是十分注重节俭，他的许多谈话都表明了这一思想。在《论语》中，

_____

① 《论语·尧曰第二十》。凭借人民能够得利的事情而使他们得利，这不就是给人以恩惠自己却不需什么耗费吗?

② 《论语·颜渊第十二》。

③ 《论语·先进第十一》。

④ 《礼记·檀弓下》。

⑤ 《论语·泰伯第八》。

他反复强调："礼，与其奢也，宁俭。"① 子曰："奢则不孙，俭则固。与其不孙也，宁固。"②

孔子的节俭思想反映在财政上就是节约支出。他提出"政在节财"③，要"节用而爱人"④，而要做到这一点，就要"使民以时"，即不在农忙季节征发徭役。

4. 基于阶级的"均贫富"财政思想。在财富的分配上，孔子提出要按等级地位占有土地、臣民，各安其分，以保证各阶层内部稳定和谐。孔子说："丘也闻有国有家者，不患寡而患不均，不患贫而患不安。盖均无贫，和无寡，安无倾。"⑤ 就是说国家理财的要旨，就是要均、和、安，而均是第一位的。当然，孔子所说的"均"，不是指"均贫富"之"均"，而是按照"礼"所规范的等级取得收入，此国不要争夺彼国的财富，此诸侯不要争夺彼诸侯的财富。直言之，就是要维持"礼"所确定的局面，才是"均"、"和"与"安"。只有这样，才能无贫、无寡、无倾，保持社会的稳定。

5. "德本财末"的思想。孔子的财政思想在《大学》⑥ 中有多处体现。《大学》强调"德"，认为"德"为本，财是末。"道得众则得国，失众则失国。是故君子先慎乎德；有德此有人，有人此有土，有土此有财，有财此有用。德者，本也；财者，末也。外本内末，争民施夺。"即是说，只有方针政策得到群众的拥护才能使国家强盛，方针政策得不到群众的拥护就会使国家衰亡。所以，君子应该加强道德修养。有德行，就会有群众，有群众就会有土地，有土地就会有财富，有财富就能保证国家的支出。所以说，德是本，财是末。

在理财方面，《大学》认为，"为民谋利"作为"义"："国不以利为利，以义为利也。长国家而务财用者，必自小人矣。彼为善之，小人之使为国家，菑

---

① 《论语·八佾第三》。就礼节仪式的一般情况而言，与其奢侈，不如节俭。

② 《论语·述而第七》。孙：同逊，恭顺。不孙，即为不顺，这里的意思是"越礼"。固：简陋，寒酸。孔子说：一个人奢侈了就显得不谦逊，太节俭朴素就显得寒酸。与其显得不谦逊，不如宁可显得寒酸。

③ 《孔子家语·贤君》。

④ 《论语·习而第一》。

⑤ 《论语·季氏》第十六篇。

⑥ 相传《大学》记录的是孔子的言论，孔子的弟子曾子述之，由曾子的学生记录下来。《大学》文辞简约，内涵深刻，主要概括总结了先秦儒家道德修养理论，以及关于道德修养的基本原则和方法，对儒家政治哲学也有系统的论述，对今人如何做人、做事、立业等均有启迪意义。

害并至。虽有善者，亦无如之何矣！此谓国不以利为利，以义为利也。"①

在对待赋税上，孔子主张藏富于民，轻税负。他推行仁政，反对国君或者是大夫自己聚敛。在《礼记·大学篇》中，他说，"与其有聚敛之臣，宁有盗臣"。一个家族、一个国家，养了一个聚敛之臣，他很能敛财，很能增加财富，靠税收把人民百姓的钱聚敛到上位者手中，这种人还不如一个盗臣，盗臣是偷窃国家财物的人。为什么？因为聚敛之臣，往往让国家失掉民心，这比盗臣所做的更为严重。所谓"财聚则民散，财散则民聚"，在上位的人如果不断的聚敛财富，民心就涣散了；假如能够散财，能够降低税收，让百姓过上更好的日子，人民就能向着这个上位的人，民心就聚合了。这说明了"得民心者得天下，失民心者失天下"，政府不得与民争利。这是中国自古以来的治国原则。

在对待财政收支上，《大学》主张建立正常的收支制度，因为"货悖而出者，亦悖而入；货悖而入者，亦悖而出。"

对待涵养财源方面，《大学》说："生财有大道，生之者众，食之者寡，为之者疾，用之者舒，则财恒足矣。"即要重视生产，从事生产的人多，效率高，消费的少，而且不是一次就消耗殆尽，国家的财富就能永远充足。

孔子创立的儒家学说，自汉以后，随着封建地主制经济的巩固和发展，封建统治阶级的尊崇和推行，在政治思想领域里处于主导的地位。孔子的理财思想，通过他的后继者的不断补充和创新，成为中国封建地主阶级经济理论与政策的一个重要思想源流，对中国两千多年的封建社会的发展，产生了重大影响。

（三）孟子的财政思想

在早期的儒学思想家中，孟子②是最早真正把经济认识和理论贯穿到学术思想中去的人。除孔子外，孟子的财政思想同样成为后世历代儒学经济理论家和理财家的重要思想源泉。因此，他在中国财政思想史上的地位是十分重要的。

---

① 统治国家而致力于聚敛财货的，一定是听从小人的话。国君还以为是好人，让小人去治理国家，天灾人祸一齐到。即使有好的人，也没什么办法奈何了啊。这是说国家不以财货为利益，以义为利益啊。

② 孟子，名轲，字子舆或子居，鲁国邹（今山东邹县）人。孟子是鲁国贵族孟孙氏之后，后来家道衰微，从鲁国迁居到邹国。三岁丧父，孟母将其抚养成人，孟母教子甚严，其"迁地教子"、"三断机杼"等教子故事，成为千古美谈。孟子师承子思，但推崇孔子，是中国儒家最主要的代表人物之一，他的思想对后世影响很大。元朝至顺元年（公元1330年），孟子被加封为"亚圣公"，以后就称为"亚圣"，地位仅次于孔子。著有《孟子》一书传世。

　　孟子的思想承袭了孔子的儒家思想，并将孔子的儒家思想发展到了一个新的阶段，所以，后人在谈儒家思想时，往往将孔、孟连在一起，称为"孔孟之道"。在财政思想方面也不例外，孟子不仅承袭了孔子的财政主张，而且在战国时期，进一步阐发了孔子的财政主张。

　　孟子的财政思想是建立在"仁"的思想基础上的，提倡"施仁政于民，省刑罚，薄税敛，深耕易耨"。① 除法家的代表人物以外，几乎古代所有思想家、理论家，都是不会有异议的。但是孟子高人一筹之处在于，在权衡国家存在的政治、经济关系问题时，明确提出了"民为贵，社稷次之，君为轻"② 的比较彻底的民本思想，并以"民贵君轻"为出发点，阐述了自己的财政思想。

　　1. "仁政"思想。在孟子生活的战国时期，各诸侯国对内加重了对人民的掠夺，对外则频繁地发动战争，使庶民百姓生活在水深火热之中。孟子根据这一社会状况，提出了国家治理的仁政主张。孟子认为，只有实施仁政才能真正实现社会的治理。他说："尧舜之道，不以仁政，不能平治天下。"③ 同时，在《孟子》的开篇，孟子就表明了自己的观点：孟子见梁惠王。王曰："叟！不远千里而来，亦将有以利吾国乎？"孟子对曰："王！何必曰利？亦有仁义而已矣。王曰：'何以利吾国？'大夫曰：'何以利吾家？'士庶人曰：'何以利吾身？'上下交征利而国危矣……苟为后义而先利，不夺不餍。未有仁而遗其亲者也，未有义而后其君者也。王亦曰：仁义而已矣，何必曰利？"④ 这里孟子明确地表达了施仁政可以富国强兵的观点，相比孔子，孟子更注重"仁"，将孔子的"罕言利"变成了"何必言利"。

　　正是基于"仁政"思想，孟子提出了自己的国家理财观点。他认为，施仁政，考虑百姓疾苦，与民以利，就可"王天下"。他对梁惠王说："今王发政施仁，使天下仕者皆欲立于王之朝，耕者皆欲耕于王之野，商贾皆欲藏于王之市，行旅皆欲出于王之涂，天下之欲疾其君者皆欲赴愬于王。其若是，孰能御之？"⑤ 这段对话表明，只要施仁政，使百姓生活无虑，天下的人们都会归属与此，即所谓的"仁者无敌"。

　　2. "重民、裕民"思想。孟子十分重视人民的作用，与前人相比，这是一

---

① 《孟子·梁惠王章句上》。易耨：勤于除草。深耕细做，及时除草，指精心耕种。
② 《孟子·尽心章句下》。
③ 《孟子·离娄上》。
④ 《孟子·梁惠王章句上》。餍：使满足。
⑤ 《孟子·梁惠王章句上》。

大进步。他说："民为贵，社稷次之，君为轻。是故得乎丘民而为天子，得乎天子为诸侯，得乎诸侯为大夫。诸侯危社稷，则变置。牺牲既成，粢盛即洁，祭祀以时，然而旱干水溢，则变置社稷。"① 孟子这句话，反复论证了他"民为贵，社稷次之，君为轻"的观点。基于这一思想，他说："诸侯之宝三：土地，人民，政事。宝珠玉者，殃必及身。"② 由此进一步说明了重视人民的重要性。

孟子不仅主张重民，而且主张裕民。对于裕民的措施，孟子提出了自己的观点：

第一，"不违农时"。孟子说："不违农时，谷不可胜食也；数罟不入洿池，鱼鳖不可胜食也；斧斤以时入山林，材木不可胜用也。谷与鱼鳖不可胜食，材木不可胜用，是使民养生丧死无憾也。养生丧死无憾，王道之始也。五亩之宅，树之以桑，五十者可以衣帛矣；鸡豚狗彘之畜，无失其时，七十者可以食肉矣；百亩之田，勿夺其时，数口之家可以无饥矣；谨庠序之教，申之以孝悌之义，颁白者不负戴于道路矣。七十者衣帛食肉，黎民不饥不寒，然而不王者，未之有也。"③ 这里，孟子指出了裕民的途径，就是不违农时，使农民有充足的时间从事农业；捕捞水产品的网具要适当，避免过分捕捞；进山采伐要有符合季节的规律，不能乱采滥伐，以保证青山永续。只有这样，人民的生活才有保障，才能裕民。

第二，"民有恒产"。孟子说："民之为道也，有恒产者有恒心，无恒产者无恒心。苟无恒心，放辟邪侈，无不为己。及陷于罪，然后从而刑之，是罔民也。焉有仁人在位，罔民而可为也？"④ 孟子十分明确地告诉滕文公说，百姓有稳定的产业，才能有稳定的生产情绪。没有稳定的产业，就不会有稳定的生产情绪。如果没有稳定的生产情绪，国家就乱作一团。如果有了恒产，人民富裕了就会

---

① 《孟子·尽心章句下》。粢盛：古代盛在祭器内以供祭祀的谷物；丘民：田野之民。国以民为本，所以民最为宝贵；国家是为民而立，所以置于第二位；而君虽然尊贵，但无民无国则无君，故民与国直接决定君的存亡，故应最轻。丘民虽然微贱，然而得其心，则天下归心；天子是最尊贵的，但是得天子之心者，充其量不过为诸侯；得诸侯之心者，充其量不过是大夫。诸侯无道，将使社稷为人所灭，则当更立贤君，显然君轻于社稷。祭祀不失礼，而社稷不能为民御灾捍患，则社稷就要重新更置。

② 《孟子·尽心章句下》。

③ 《孟子·梁惠王章句上》。数罟：细密的渔网；狗彘：犬与猪。只要春耕夏耘秋收适时而作，不违农时，百姓的粮食就吃不完；不用密孔渔网去池塘捕捞，鱼鳖等水产品就吃不完；按节气进山砍伐，木材也是用不完的。粮食、水产品和木材都用不完，人民的生活得到保障，就会取得人心，这就是王道的开始。房宅前后要种桑树，家中要不失时机地畜养鸡豚狗彘，土地要及时耕作。如此就能使百姓不受饥寒，国家才能富强。

④ 《孟子·滕文公章句上》。罔民：欺骗陷害百姓。

"仰足以事父母，俯足以畜妻子，乐岁终身饱，凶年免于死亡"①，即是说，百姓要有稳定的产业才会幸福，贤明的君主应该与民以"恒产"。

3. "薄税敛"思想。孟子从"施仁政于民"的角度出发，主张"省刑罚，薄税敛"。孟子对梁惠王说："王如施仁政于民，省刑罚，薄税敛，深耕易耨。壮者以暇日修其孝悌忠信，入以事其父兄，出以事其长上，可使制梃以挞秦楚之坚甲利兵矣。彼夺其民时，使不得耕耨以养其父母，父母冻饿，兄弟妻子离散。彼陷溺其民，王往而征之，夫谁与王敌？故曰：'仁者无敌'"。②这说明，要施仁政，就要省刑薄征，只有如此，百姓才有充裕的时间种田，有财力和时间"孝悌忠信"，从而人民幸福，国家富强，所以说，施仁政的人是天下无敌的人。对于重税，则"有布缕之征，粟米之征，力役之征。君子用其一，缓其二。用其二而民有殍，用其三而父子离。"③ 即对布缕、粟米、力役都征税，就会出现百姓逃亡，家庭崩溃，父子别离的惨痛局面。

为了强调其"薄税敛"的税赋主张，孟子继承了孔子崇尚的什一税制。孟子在同滕文公对话中谈到夏、商、周的赋役制度时说："夏后氏五十而贡，殷人七十而助，周人百亩而彻，其实皆什一也。"④ 但是，孟子的"薄税敛"并不是一味的低税率，而是说，税收应该满足国家财政支出的需要。有一次白圭向孟子请教："吾欲二十而取一，何如？"孟子说："子之道，貉道也。万室之国，一人陶，则可乎？"白圭说："不可，器不足用也。"孟子说："夫貉，五谷不生，惟黍生之。无城郭、宫室、宗庙、祭祀之礼，无诸侯币帛饔飧，无百官有司，故二十取一而足也。今居中国，去人伦，无君子，如之何其可也？陶以寡，且不可以为国，况无君子乎？欲轻之于尧舜之道也，大貉小貉也；欲重之于尧舜之道者，大桀小桀也"⑤，说的是对于貉族，二十而取一就足够了，但中原各国讲究礼节的隆重，所以，征收二十分之一的税就太少了，而多征，就是夏桀的苛征之道。

孟子"薄税敛"的税赋主张还反映在他反对征收各类杂税方面。首先，他

①② 《孟子·梁惠王章句上》。
③ 《孟子·尽心章句下》。
④ 《孟子·滕文公章句上》。贡、助、彻，是夏商周采用的不同的收税方法。贡，较数岁之中以为常。计算几年收成中间值为定数，每年收十分之一的税。助，藉也，藉：耕种藉田。也就是征用民力帮助耕种藉田。彻，彻也，通常征收每年收入的十分之一作为税收。
⑤ 《孟子·告子章句下》，饔飧：朝食称饔，请人用餐称飧；貉是周代北方的部族，没有城郭、宫室、宗庙、祭祀之礼，没有供给诸侯的贡物和赠品，也没有百官和机构。

反对征收工商之税，他说："市，廛而不征，法而不廛，则天下之商皆悦，而愿藏于其市矣。关，讥而不征，则天下之旅皆悦，而愿出于其路矣。耕者，助而不税，则天下之农皆悦，而愿耕于其野矣。廛，无夫里之布，则天下之民皆悦，而愿为之氓矣。"这几项如都能实行，"则邻国之民仰之若父母矣。率其子弟，攻其父母，自生民以来，未有能济者也。如此，则无敌与天下"①。其次，孟子更是十分反对征收关税。他说："古之为关也，将以御暴。今之为关也，将以为暴。"② 在这里，孟子将关税说成是一种暴敛，表现出他对关税的厌恶。

　　4."用财有节"思想。在财政支出上，孟子主张用财有节。孟子说："易其田畴，薄其税敛，民可使富也。食之以时，用之以礼，财不可胜用也。"③ 这里说的就是，财政支出要依"礼"，即按需要支出，而不是支出无度，这就要求君主要节俭，这样，国家的财政收入就不可胜用。如若"生财有道，取材有度，用财无节"，国家就会"不信任贤，则国空虚"④，形象说明不善于接受别人批评，不行仁政，国内的人就都走光了。对于依"礼"支出，孟子从施仁政的角度出发，主张对有困难的人，国家应加大支出。他对齐宣王说："老而无妻曰鳏，老而无夫曰寡，老而无子曰独，幼而无父曰孤。此四者，天下之穷民而无告者。文王发政施仁，必先斯四者。"⑤

（四）荀子的财政思想

　　荀子⑥生活在战国末期，此时，诸子各派的思想学说均已形成，这使得他不

---

　　① 《孟子·公孙丑章句上》。市廛：集市；市场，提供场地存放货物而不征租赁税，依照规定价格收购滞销货物，不使货物积压在货场，那么，天下的商人都会高兴，愿意把货物存放在那个市场上了；关卡，只检查不征税，那么，天下的旅客都会高兴，愿意经过那条道路了；对于种田的人，只要他们助耕公田，不征收私田的赋税，那么，天下的农夫都会高兴，愿意在那样的田野里耕种了；人们居住的地方，没有劳役税和额外的地税，那么，天下的人都会高兴，愿意来做那里的百姓了。真能做到这五个方面，那么邻国的百姓就会像敬仰父母一样敬仰他了。率领子弟去攻打他们的敌国。像这样就能无敌于天下。这样还不能称王的，是从来没有过的事。
　　② 《孟子·尽心章句下》。
　　③ 《孟子·尽心章句上》。
　　④ 《孟子·尽心下》。
　　⑤ 《孟子·梁惠王章句下》。
　　⑥ 荀子：名况，约公元前313年～公元前238年。时人尊而号为"卿"，故又称荀卿。战国末期赵国（今山西南部）人，先秦著名思想家。荀子早年游学于齐，因学识渊博，曾三次担任齐国"稷下学宫"的"祭酒"（学宫之长）。约公元前264年，应秦昭王聘，西游入秦，后曾返回赵国。后来荀子受楚春申君之用，为兰陵（今山东苍山县兰陵镇）令。晚年从事教学和著述。《荀子》一书为荀况及其弟子所著。

仅能采纳诸子思想，又可以进行批判和比较，所以，荀子的思想非常丰富。在财政思想方面，也是博采儒、道、法、名、墨诸家之长，提出了独具特色的思想主张。

荀子文论的重要特点，就是不管谈政治，抑或论道德，都要与国家经济结合起来。他认为，无论实行王道还是实行霸道，或者实行强国之道，都要用仁义训导百姓、发展经济，并制定宽松的赋税政策。

荀子赞同建立在仁义、道德伦理基础上的财税思想。但在探讨具体的社会问题时，许多地方明显地与孔、孟理论相抵牾。如孟子主张"性善"说，而荀子提出了"性恶"论，人的"恶"要靠圣人以礼仪道德教化使之转化。他认为，理想的社会制度，首先是根据人的等级确定税额，其次是薄征和少征。他激烈地反对墨子的经济思想，尖锐地嘲讽墨子的"非乐"、"节用"主张，针对墨子理论的薄弱环节，荀子提出了著名的"开源节流"的财政主张。荀子重视商业流通，他认为，只有发展商业，人们才能充分发挥资源的功能。

1. "隆礼重法"、"平政爱民"的理财思想。荀子思想的核心是礼，他所谓的"礼"就是："礼者，贵贱有等，长幼有差，贫富轻重皆有称者也"①，即严格的等级制度。他认为，礼是至关重要的事情，"故人无礼不生，事无礼不成，国家无礼不宁。"② 但是，荀子所说的"礼"不同于孔子，荀子所说的"礼者，法之大分"③。他认为，礼是法的最高境界，是人们行为的纲纪。"好法而行，士也；笃志而体，君子也；齐明而不竭，圣人也。人无法，则伥伥然；有法而无志其义，则渠渠然；依乎法而又深其类，然后温温然……故非礼，是无法也……故学也者，礼法也"④。由此可见，荀子既重视礼，也重视法。在治国方面，荀子从"礼"出发，认为以礼治国才能称王于天下，如果只知道聚敛财富，最终必然亡国。他说："成侯、嗣公聚敛计数之君也，未及取民也。子产取民者也，未及为政也。管仲为政者也，未及修礼也。故修礼者王，为政者强，取民者安，聚敛者亡。故王者富民，霸者富士，仅存之国富大夫，亡国富筐箧，实

① 《荀子·富国篇第十》。

② 《荀子·大略》。

③ 《荀子·劝学》。原文：礼者，法之大分，类之纲纪也……故隆礼，虽未明，法士也；不隆礼，虽察辩，散儒也。即礼是法的最高境界，是人们行为的纲纪，尊礼的人，虽对礼的理解不深刻，但他却是按法办事的"士"；反之，不尊礼的人，虽然能察善辩，充其量是一个散儒。

④ 《荀子·修身》。法，礼法。笃，坚定。体，力行，或通履。齐，智虑敏捷，谓有智。明，光明正大，谓有德。伥伥然，无所适从的样子。渠渠然，局促不安貌。深，深知。类，礼法。温温然，得心应手的样子。

府库。筐篋已富，府库已实，而百姓贫，夫是之谓上溢而下漏。入不可以守，出不可以战，则倾覆灭亡可立而待也。故我聚之以亡，敌得之以强。聚敛者，召寇、肥敌、亡国、危身之道也，故明君不蹈也。"① 具体施行起来，就需要要运用"礼"和"法"两种手段治理国家的官吏和百姓，他说："修礼以齐朝，正法以齐官，平政以齐民；然后，节奏齐于朝，百事齐于官，众庶齐于下。"② 对于礼与义、利的关系，荀子则将"礼"与"义"连在一起，以"礼义"来说明问题。他说："礼起于何也？曰：人生而有欲，欲而不得，则不能无求。求而无度量分界，则不能不争；争则乱，乱则穷。先王恶其乱也，故制礼义以分之，以养人之欲，给人之求。使欲必不穷于物，物必不屈于欲。两者相持而长，是礼之所起也"③，即应以"礼义"区分人之欲，避免社稷之乱。

荀子在重法的同时，同样重仁义，他继承了儒家的爱民思想，并在此基础上进一步发展。荀子说："君者，舟也；庶人者，水也。水则载舟，水则覆舟，此之谓也。故君人者，欲安则莫若平政爱民矣，欲荣则莫若隆礼敬士矣，欲立功名则莫若尚贤使能矣。"④ 为了体现他的爱民思想，他以一个故事述之："马骇舆，则君子不安舆；庶人骇政，则君子不安位。马骇舆，则莫若静之；庶人骇政，则莫若惠之"⑤，即君主要使社会稳定，人民生活安定，否则君子的官位就坐不安稳。同时，荀子也指出君主不能"平政爱民"的后果："有社稷者而不能爱民，不能利民，而求民之亲爱己，不可得也。民不亲不爱，而求为己用、为己死，不可得也。民不为己用、不为己死，而求兵之劲、城之固，不可得也。兵不劲、城不固，而求敌之不至，不可得也"⑥。

2. "裕民"的理财思想。在吸取儒、法、墨等各家学说精华的基础上，荀子提出了自己"富国裕民"的思想。他说："不富无以养民情，不教无以理民性。故家五亩宅，百亩田，务其业而勿夺其时，所以富之也。"⑦ 这表明"裕

---

① 《荀子·王制篇第九》。计数：精于计算；取民：取得民心；未及为政：不能处理好政务；取民者安，聚敛者亡：取得民心者君安宁，搜刮民财者灭亡；筐篋：盛物的筐子和箱子；召寇、肥敌：搜刮民财，如同实行召集盗寇、富裕敌国、自取灭亡、危及自身的政策。

② 《荀子·富国篇第十》。

③ 《荀子·礼论》。

④ 《荀子·王制篇》。

⑤ 《荀子·王制篇》。舆：古代的大车；庶人：平常的人，老百姓；笃敬：诚实谨慎；敬：谨慎。马惊恐车，那么，君子就不能安坐在车上；平民百姓惊恐政事，那么，君子就不能安坐政位。马惊恐车，就不如使马安静；平民百姓惊恐政事，就不如给他们实惠。

⑥ 《荀子·君道》。

⑦ 《荀子·大略》。

民"的重要性。在具体如何实现"裕民"上，荀子提出了以下措施：

首先，"裕民以政"以富民。荀子说："彼裕民，故多余。裕民则民富，民富则田肥以易，田肥以易则出实百倍"①。"不知节用裕民则民贫，民贫则田瘠以秽，田瘠以秽则出实不半。上虽好取侵夺，犹将寡获也。而或以无礼节用之，则必有贪利纠譑之名，而且有空虚穷乏之实矣。"② 不仅如此，荀子还详细地列出了"裕民"的政策："轻田野之赋，平关市之征，省商贾之数，罕兴力役，无夺农时，如是则国富矣。夫是之谓以政裕民"③。

其次，"不与民争业"。荀子说："故天子不言多少，诸侯不言利害，大夫不言得丧，士不通货财。有国之君不息牛羊，错质之臣不息鸡豚，冢卿不修币，大夫不为场园，从士以上皆羞利而不与民争业，乐分施而耻积藏；然故民不困财，贫窭者有所窜其手。"④ 意即统治者不与民争利，百姓就可以生活富足。同时，荀子还说："上好富，则民死利矣！……上好富，则人民之行如此，安得不乱！"⑤ 这表明他对与民争利政策的厌恶。

最后，"善臧其余"。荀子认识到，人民生活留有节余可以保证生活需要，他说"今人之生也，方知畜鸡狗猪彘，又蓄牛羊，然而食不敢有酒肉；余刀布，有囷窌，然而衣不敢有丝帛；约者有筐箧之藏，然而行不赶有舆马。是何也？非不欲也，几不长虑顾后而恐无以继之故也。于是又节用御欲，收敛蓄藏以继之也。是于己长虑顾后，几不甚善矣哉！今夫偷生浅知之属，曾此而不知也，粮食大侈，不顾其后，俄则屈安穷矣。是其所以不免于冻饿，操瓢囊为沟壑中瘠者也。"⑥ 因此，荀子倡导人民消费有度，存有节余。后来荀子将这一思想发展为治国理财中的"节流"思想。

3. "开源节流"的理财思想。荀子在管仲发展经济、孔孟"节用"的思想上提出了"开源节流"的财政思想。荀子说："田野县鄙者，财之本也；垣窌仓廪者，财之末也。百姓时和，事业得叙者，货之源也；等赋府库者，货之流也。故明主必谨养其和，节其流，开其源，而时斟酌焉。潢然使天下必有余，而上

---

① 《荀子·富国篇》。纠譑：收取。言贪利而收取之也。

② 《荀子·富国》。

③ 《荀子·富国篇第十》。

④ 《荀子·大略》。冢卿：孤卿，上卿，六卿中掌国政的人；贫窭：贫乏，贫穷。

⑤ 《荀子·大略》。

⑥ 《荀子·荣辱》。囷窌（qūn pào）：谷仓与地窖。泛指粮仓；瓢囊：瓢勺与食袋。

不忧不足。如是，则上下俱富，交无所藏之。是知国计之极也。"① 这段话说的就是人民的财富是国家财富之本，国家若想富裕，需要开辟人民财富之源泉。

荀子所谓的"开源"，就是发展生产，开辟财源。荀子说："禹十年水，汤七年旱，而天下无菜色者，十年之后，年谷复熟，而陈积有余。是无它故焉，知本末源流之谓也"，② 以肯定先贤"开源节流"的做法。他所说的"节流"，就是节约财政开支，但这种节用是"以礼节用"，而不是像墨子那样，不分等第，一律平均地"节用"。对有些诸侯国"田野荒而仓廪实，百姓虚而府库满"的做法，荀子认为，这是"伐其本，竭其源，而并之其末，然而主相不知恶也，则其倾覆灭亡可立而待也"的做法，必将使国家衰败。荀子说，如果"万物得宜，事变得应，上得天时，下得地利，中得人和，则财货浑浑如泉源，汸汸如河海，暴暴如丘山，不时焚烧，无所藏之。夫天下何患乎不足也？"③ 即只要"节其流，开其源"，纵使国家遭受一定的灾害，也不会对国家安全造成威胁。故此，只有开源节流才是治理财政的最好办法。

在财政支出上，荀子对节约财政支出非常重视。首先，对于官员的俸禄，荀子认为："德必称位，位必称禄，禄必称用"④，即国家对官吏的俸禄支出，应该与其才能、职位一致。其次，对于统治阶级的支出，荀子非常反对其大肆挥霍的做法，他认为，不同阶级的人按照身份消费即可，即要依"礼"，不可奢华无度。他说："古者先王分割而等异之也，故使或美，或恶，或厚，或薄，或佚或乐，或劬或劳，非特以为淫泰夸丽之声……使足以辨贵贱而已，不求其观；为之钟鼓、管磬、琴瑟、竽笙，使足以辨吉凶、合欢、定和而已，不求其余。"⑤

4. "轻赋税，反聚敛"的理财思想。荀子同儒家思想一样，主张轻税赋。他说"轻田野之赋，平关市之征，省商贾之数，罕兴力役，无夺农时，如是则

---

① 《荀子·富国篇第十》田地原野以及在田野中生产的百姓，是财富的之本，仓库、地窖等储藏粮食的地方，是财富的枝节。百姓按照农时耕种，农业、手工业等各项生产正常有序地进行，是创造财物的源泉；按等级公平地征收赋税，将征收的粮食及时入库，这是财物的水流。所以。贤明的国君一定要小心保护生产的正常秩序，以控制水流，开拓源泉，时时刻刻商讨研究开源节流的办法。只有这样，天下的财富必然有剩余，国君就不用担心财用不足了。国君和百姓，上下都能富裕，财物可以多得没有地方储藏，这才是治理国家财政的最好办法。

② 《荀子·富国篇第十》。垣窌：指藏粮处；等赋府库者，货之流也：按照等级征收的赋税以及国家仓库的储备，都是财富的支流。

③④ 《荀子·富国篇第十》。

⑤ 《荀子·富国篇第十》。不同等第的人穿不同的衣服，不是为了夸耀华丽，而是为了表明等级、辨明贵贱，不追求好看；用不同的乐器，只是为了辨明吉凶、大家欢乐，不求别的什么。

国富矣。"① 与儒家不同的是，他主张在百姓富裕的时候，"上以法取焉"，②明确地说明，他不反对向百姓征收赋税，但他认为征收赋税的"王者之法"是"田野什一，关市几而不征，山林泽梁，以时禁发而不税。相地而衰征。理道之远近而致贡。通流财物粟米，无有滞留，使相归移也，四海之内若一家。故近者不隐其能，远者不疾其劳，无幽闲隐僻之国，莫不趋使而安乐之……是王者之法也。"③ 从这里可以看出，荀子将儒、管、《禹贡》的赋税思想加以综合，博采众长，形成了一套比较完整的赋税制度。

荀子反对聚敛，他将各诸侯国不同的"取于民"的方法归结为四类，即"成侯、嗣公聚敛计数之君也，未及取民也。子产取民者也，未及为政也。管仲为政者也，未及修礼也。"这四类方法都是取于民，但结局却大相径庭，"修礼者王，为政者强，取民者安，聚敛者亡。"④在荀子看来，按"贵贱有等，长幼有差，贫富轻重皆有称"的办法取于民，就能成为王；像管仲那样，按照法令政策取于民，就能成为霸主；像孟子那样取民"什一"，百姓能够安稳；而像成侯、嗣公那样取于民，就是聚敛。荀子对当时一些诸侯国君的聚敛行为特别不满，激烈地抨击说："今之世而不然：厚刀布之敛，以夺之财；重田野之赋，以夺之食；苛关市之征，以难其事"⑤。他认为，这种行为最终会导致"权谋倾覆"，国家衰落。

荀况在其"隆礼重法"、"平政爱民"思想的指导下，一方面，主张轻徭薄赋的财政政策来促进经济社会的发展，广开社会财富之源；另一方面，主张在财政支出方面实行"节流"，以保证轻徭薄赋的财政政策的实施，并提出了一系列财政的基础理论、基本原则和政策措施，从这个意义上讲，他是我国历史上最早建立了较为系统的财政理论体系的思想家。

关于儒家思想对中国历史发展的功过是非，是历史学家们十分关注的课题。首先应该肯定的是，先秦儒家认识到了社会财富严重的分配不均，统治阶级残酷的压迫和剥削是造成社会不安定的根本因素，感受到了恃强凌弱，倚富欺贫的社会现实中，仁义的可贵。因而，他们从主观愿望出发，一方面，劝告统治阶级仁爱为怀，戒奢从俭，体恤人民。另一方面，又劝告被统治阶级安贫乐道，服从统治者的压迫和剥削。他们将统治阶级和被统治阶级不同层次的利欲观进

---

①② 《荀子·富国篇第十》。

③④ 《荀子·王制篇第九》。

⑤ 《荀子·富国篇第十》。

行折中，从建立君君臣臣、父父子子的等级社会为理想，妄图不经过暴力而消除社会的丑恶现象和缓和阶级矛盾，实现国治民安的太平社会。从先秦儒家的基本思想看，可以认为他们同情贫弱阶级，憎恶当时人吃人的社会制度，反对一切暴力行为，渴望井然有序的社会生活局面。这些思想意识在他们的大同小康思想中表现得尤为突出，因此，应该说他们的思想有着非常可贵的一面。特别是他们所提倡的轻徭薄赋，藏富于民和节俭财用等理财原则对以后几千年的封建国家财政都或多或少的起着积极的影响；同时，还为在封建专制制度下一些贤明的理财家们节制剥削，减轻人民财政负担和缓解财政困难提供了理论基础。

　　但是，由于先秦儒家不仅没有完全否定剥削，而且崇尚贵贱有别的社会制度和主张天命观，也就为"独尊儒术"以后的近两千年封建统治阶级压迫和剥削人民提供了理由，而且还深深地麻痹了被压迫、被剥削阶级的认识观，实际上对社会的进步起到了阻碍作用，因此，人们指责儒家思想是中国封建社会长期僵化不变的原因之一，也是有其道理的。不过，儒家思想产生的那种无论正面还是反面的历史作用都是儒家学说的创造者们所始料未及的。

三、法家的财政思想

　　先秦法家学派和儒家一样有着强大的力量阵营，而且法家在当时所处的地位远比儒家优越，因为法家的代表人物大多是当时国家政界上的重要人物或是受统治者所器重的人物，他们不仅有系统的学说，而且往往能对自己的理论身体力行赋予社会实践，并对当时的社会发展起着积极有效的实践作用。法家学派的理论成熟于战国时代，是当时百家争鸣中极其重要的学派之一，他的思想精髓对后世几千年封建国家的政治经济建设起着比儒学思想更直接、更具体、更深刻有效的作用。

　　先秦法家最重要的代表人物有李悝、商鞅、韩非。他们都有留下著作传世，其著作分别是《法经》、《商君书》和《韩非子》，这些著作的主要内容是政治理论，有关经济方面的思想多反映在他们论理的论据和结论等方面，在李悝、商鞅、韩非三人中，韩非最为晚出且是法家的集大成者。同时，韩非也可称为最彻底、最极端的法治论者。而商鞅则是身体力行了自己的法治理论，且对当时和以后的社会发展产生了直接的、深远的影响。

（一）法家理财的基本理念

法家的基本财政理念是人性本恶，崇尚法、势、术①。代表人物主要有：李悝（公元前 455 年 ~ 公元前 395 年）、商鞅（约公元前 395 年 ~ 公元前 338 年）、李斯（约公元前 284 年 ~ 公元前 208 年）、韩非子（约公元前 281 年 ~ 公元前 233 年）。民之性，饥而求食，劳而求快，苦则求乐，辱则求荣，生则计利，死则虑名。法家财政思想的要点可以概括为：集中财权；富国贫民；重农抑商。

1. 集中财权。"为田开阡陌封疆而赋税平"；"訾粟而税，上一而民平"②（商鞅）"开阡陌封疆"，同时，"集小都邑乡聚为县"③，非只集中了财权，均平了赋税，还有着重大的政治经济上的历史意义。

2. 富国贫民论。如何富国贫民呢？商鞅认为，第一，抑制工商业，驱民就农；第二，以刑赏促民力农；第三，重税聚敛，使民"家不积粟"。韩非的想法也不相上下，他认为只有人民贫困了才会去努力生产，人民富有了就不免于奢侈和懒惰，而奢侈和懒惰最终还是会贫困。因此，与其让人民富有，不如让人民长期保持贫困。

3. 重农抑商。"不农之征必多，市利之租必重"④，"仓廪之所以实者，耕农之本务也。"⑤ "夫明王治国之政，使其商工游食少而名卑。"⑥ 另外，法家主张统治阶级铺张挥霍，以拉动生产；反对敛富济贫。

总之，法家理财思想的主要贡献在于：一是开创了集中统一财权的先河；二是主张重税以鞭策生产，同时，也认识到均平税负的积极意义；三是"重农抑商"。由于先秦时期实行"重农抑商"措施成功地实现了当时的社会政策目标，从而此政策也成了几千年泥古僵化的地主统治阶级阻碍社会发展进步的古训。

---

① 《商君书》："法"：健全法制；"势"：君主权势，君主要独掌军政大权；"术"：君主的驾御群臣、役使百姓、掌握政权、推行法令的策略和手段。

②③ 《史记·商君列传》。

④ 《商君书·外内》。

⑤ 《韩非子·诡使篇》。

⑥ 《商君书》。

（二）李悝的财政思想

李悝是法家的重要代表人物，他曾在魏文侯在位期间主持社会改革。其中，比较突出的是魏文侯四十一年（公元前406年）所进行的改革。李悝对经济的改革，使魏国成为战国初年头等富强的国家。李悝的改革主要集中在以下三个方面：

1. 废除世卿世禄制。春秋时期，土地私有制已经开始崩溃，旧的奴隶主贵族的世卿世禄制度也面临着新兴地主阶级的严峻挑战。但这种自西周开始的世袭制度并没有被彻底废除，它严重制约着新兴地主阶级为国建功立业的积极性，严重阻碍了社会经济发展。当时的魏国就面临着这样的问题：一些旧贵族依靠先祖留下的基业，"出则乘车马，衣美袭，以为荣华；入则修竽琴、钟石之声而安其子女之乐，以乱乡曲之教。"对此，魏文侯曾征求李悝治理国家的意见，李悝主张破除世袭制，以功劳大小授爵禄。他说："食有劳而禄有功，使有能而赏必行，罚必当。夺淫民之禄以来四方之士；其父有功而禄，其子无功而食之……如此者，夺其禄以来四方之士，此之谓夺淫民"①。李悝夺"淫民"之禄以招徕贤能之士，这无疑调动和激发了新兴地主阶级为国建功立业的积极性，是富国强兵的一项重要举措，也是巩固新地主阶级政权的重大措施。

2. "尽地力之教"。在以农业税收为主要财政来源的中国古代社会，粮食生产的多少与人口的增加和减少，都涉及政权的巩固与否。为了巩固和发展新生的封建君主政权，李悝在充分分析了魏国人多地少的状况以后，提出了"尽地力之教"的主张，以鼓励农民，耕种细作，提高产量。据《汉书》载："陵夷至于战国，贵诈力而贱仁谊，先富有而后礼让。是时，李悝为魏文侯作尽地力之教，以为地方百里，提封九百顷，除山泽、邑居参分去一，为田六百万亩，治田勤谨则亩益三升，不勤则损亦如之。地方百里之增减，辄为粟百八十万石矣"。② 在这段话中，李悝指出，所谓"尽地力之教"，是说在百里见方的范围内，有九万顷土地，除去山川、村落占三分之一以外，有600万亩耕地。如果农民"治田勤谨"，精耕细作，每亩可增产粟3斗；反之，就合减3斗，一进一

---

① 《说苑·政理》卷七。这里所说的"淫民"，就是指那些靠吃祖宗饭而活的游手好闲的旧奴隶主贵族子弟。

② 班固《汉书》卷二十四《食货志》第四上。

出要相差 180 万石。

3. 实行"平粜法"。根据当时自然灾害较多、粮食产量波动加大、人民生活不稳定的情况，李悝提出了"平粜法"，对平抑粮价起到了重要作用。他说："粜甚贵，伤民，甚贱，伤农。民伤则离散，农伤则国贫，故甚贵与甚贱，其伤一也。善为国者，使民毋伤而农益劝……是故善平粜者，必谨观岁有上、中、下熟。上熟，其收自四，余四百石；中熟自三，余三百石；下熟自倍，余百石。小饥则收百石，中饥七十石，大饥三十石，故大熟则上粜三而舍一，中熟则粜二，熟则粜一，使民适足，贾平则止。小饥则发小熟之所敛，中饥则发中熟之所敛、大饥则发大熟之所敛，而粜之。故虽遇饥馑、水旱，粜不贵而民不散，取有余以弥补不足也。行之魏国，国以富强。"①。这一思想，不仅平抑了魏国的粮价，对后世的影响也很大，例如，汉代的耿寿昌推行的"常平仓"制度就是源于李悝的"平粜法"。

（三）商鞅的财政思想

商鞅②的变法为秦统一中国打下了政治和经济的基础，从而拉开了中国历史上中央集权专制主义社会两千年的帷幕。商鞅变法分为两个阶段：

第一次变法是从秦孝公三年（公元前 359 年）开始，变法的主要内容包括：编造户籍，实行什伍连坐；奖励军功，实行按军功赏赐的制度；奖励农耕，制

---

① 《汉书》卷二十四《食货志》第四。这里是说，粮食价格太高，对市民伤害大；粮食价格过低，对农民的伤害大。无论是对市民的伤害，还是对农民的伤害，其结果都是一样的。所以，善于治理国家的人，既要不伤民，也不能伤农。为此就应该做好平抑物价的工作。这就要掌握年成的好坏，一般来说，上熟的年成，粮食的收获量是平年的 4 倍，中熟是 3 倍，下熟是 2 倍；轻灾年成的粮食收获量是平年的三分之二（即百石），中灾为 70 石，大灾是 30 石。根据这一认识，国家在丰年以平价购买余粮，上熟年份以平价收购四分之三（即 450 石），中熟年份以平价收购三分之二（即 300 石），下熟年份以平价收购二分之一（即 150 石）。荒年以平价出售，售出的数量是：小灾年售以上熟年所购之粮。如此，虽遇灾荒，因为可以以丰年补歉年，以有余补不足，粮价的波动都不会太大，自然不会伤民，也不会伤农。

② 商鞅（约公元前 390 年～公元前 338 年），姓公孙，名鞅，其祖姓姬，是战国是没落贵族卫国国君的后裔，故以"卫"为姓，称为卫鞅，后来，因秦孝公将其封于商，故又称商鞅。商鞅是战国中期的政治家、改革家，也是军事家、农家，同时又是法家代表人物。商鞅从小就"好刑名之学"。年轻时，商鞅在魏国进一步研究了法家思想，总结了李悝、吴起的变法经验，完善了自己的法家理论。公元前 361 年，秦孝公即位，下令求贤，商鞅应诏入秦，以变法强国之术劝说孝公，孝公非常赞赏商鞅的思想，便以商鞅为左庶长，下令变法。商鞅执法敢于不避权势，当时太子犯法，商鞅刑其师傅公子虔、公孙贾，震动秦国朝野。商鞅相秦期间，因执法较严，引起秦贵族的怨恨。公元前 338 年，秦孝公死，太子惠王立。商鞅被诬告存有谋反企图，遂车裂商鞅，并灭其族。商鞅的重要政见经后人整理，成《商君书》。

定"垦草"开荒的法令等。变法"行之十年，秦民大说，道不拾遗，山无盗贼，家给人足。民勇于公战，怯于私斗，乡邑大治……于是以鞅为大良造。"① 商鞅的这次变法取得了很大的成功，商鞅也因此由"左庶长"升为"大良造"。

第二次变法是在秦孝公十二年（公元前 350 年），秦将国都由雍（今陕西凤翔南）迁至咸阳（今陕西咸阳东北）后开始。这次变法的主要内容有"开阡陌封疆"，废除封建领主的土地所有制；普遍推行郡县制；直接征派服役，按户按人征收军赋；统一度量衡，取消各领主的家量；革除残留的戎狄风俗等。商鞅的财税思想也主要蕴藏于这两次变法之中。

1."国富而贫治"的理财思想。与儒、墨两家主张的富国先富民不同，商鞅主张"国富而贫治"。他说："国富而贫治，曰重富，重富者强；国贫而富治，曰重贫，重贫者弱。"② 由此观之，商鞅与众不同的思想就是，认为先富国再去治理贫穷。同时他还说"民贫则国弱，富则淫，淫则有虱，有虱则弱。故贫者益之以刑，则富；富者损之以赏，则贫。"就是说，民贫固然会削弱国家的实力，而民富以后，往往会贪图享乐，贪图享乐就会像人生虱子一样产生各种弊端和邪恶，同样会削弱国家的实力。所以，对于贫者要用刑罚的手段刺激其积极参加劳动以致富，对于富者，国家则减少对其赏赐，从而使其贫困下去。但是，商鞅并不是主张百姓越贫穷越好，而是要运用刑罚和奖赏的两种手段，激励百姓专心于农战，使国家财政充实，百姓富裕，做到"国无怨民"。

2."内务耕嫁，外劝战死"的农战思想。战国时期的思想家大多主张重视农业生产，法家更是推崇农战。作为法家代表人物之一，商鞅也不例外，主张以农战为立国之本。据《史记》记载："卫鞅说孝公变法修刑，内务耕嫁，外劝战死之赏罚，孝公善之。"③《汉书》也说："及秦孝公用商君，坏井田，开阡陌，急耕战之赏，虽非古道，犹以务本之故，倾邻国而雄诸侯。"④《史记》和《汉书》扼要地概括了商鞅的农战思想。对于"农战"的具体内容，商鞅说：

---

① 《史记·商君列传》第八。

② 《商君书·去强》。

③ 《史记》第五卷《秦本记》第五。三年（公元前 359 年），卫鞅进言孝公变法，制订刑罚，对内提倡耕种，对外用奖赏勉励拼死作战，孝公认为这些办法很好。

④ 《汉书》卷二十四上《食货志》第四上。这句话主要是肯定了秦孝公任用商鞅进行变法，也就是我们所知道的商鞅变法。商鞅变法采取了一系列的措施：①政治：为防范人民反抗，加强专制统治，实行"令民为什伍"的连坐法；废分封，行县制。②经济：重农抑商，奖励耕织；统一秦国的度量衡。废除井田制，以法律形式确立土地私有制。③军事：奖励军功，按军功授爵，废除奴隶主贵族特权。④文化："燔诗书而明法令"。

"凡治国者,患民之散而不可抟也,是以圣人作壹,抟之也。国作壹一岁者,十岁强;作壹十岁者,百岁强;作壹百岁者,千岁强;千岁强者王,半农半居者危。故治国者,欲民者之农也。"① 治理国家最忌讳的就是民心散而不专一,所以,古代的圣君贤臣致力于发展农业生产,将全国百姓聚拢在一起。如果能将国家的百姓聚拢发展农业生产一年则十年强,十年则百年强,百年则千年强,千年强者才能称王,一半的人从事农业生产,一半的人闲居,则国危。他以"农战"为中心,将全国的思想集中到"农战"上来,主张大力发展农业生产。

3. "重农抑商"的经济思想。在农战思想指导下,重农抑商自然就成为商鞅必然要实施的政策。具体体现在以下几方面:

(1) 实行国家对物资的统制。商鞅说:"使商无得籴,农无得粜。农无得粜,则窳惰之农勉疾。商不得籴,则多岁不加乐。多岁不加乐,则饥岁无裕利。无裕利,则商怯;商怯,则欲农。窳惰之农勉疾,商欲农,则草必垦矣。"② 即通过国家对粮食的管制,使商人无粮经营,从而使商人弃商归农,农田就会得到开垦。

(2) 重征商税,促使商人归农。商鞅说:"贵酒肉之价,重其租,令十倍其朴,然则商贾少……商贾少。则上不费粟……上不费粟,民不慢农,则草必垦矣。"③ 讲的是,国家通过提高酒肉的价格,并对其征重税,减少人们对酒肉的消费,从而减少对粮食的浪费,农民也会因此勤于耕种。商鞅认为,除重征酒肉之税外,还要重征关市之赋。他说:"重关市之赋,则农恶商人,商有疑惰之心,则草必垦矣","以商之口数使商……则农逸而商劳。农逸则良田不荒,商劳,则去来赍送之礼无通于百县。"④ 商鞅之所以重征关市之税,就是希望借此使人民远离商业,迫使人们回归到农业生产中去。

(3) 对商人实行重役,对农民实行轻役,以促使商人归农。商鞅说:"以

---

① 《商君书·农战》第三。这里的"抟",有把散碎的东西捏在一起的意思。

②③ 《商君书》第二《垦令》。

④ 《商君书》第二《垦令》。加重关口、集市上商品的税收,那么,农民就会讨厌经商,商人就会对经商产生怀疑甚至懒得干的思想。农民讨厌经商,商人对自己所从事的工作产生怀疑,不愿意经商,那么,荒地就一定能开垦了。根据商人家的人口数量向他们摊派徭役,让他们家中砍柴的、驾车的、供人役使的、做僮仆的人都一定要到官府登记注册,并且按名册服徭役,那么,农民的负担就会轻,商人的负担就会重,来来往往送礼的人就不会在各地通行。如果这样,农民就不会饥饿,做什么事也不用送礼讲排场。农民不挨饿,做什么事不送礼,那么,他们就一定会对国家让做的事积极努力,并且个人的事也不会荒废,那么,在农业上的事就会做好。农业上的事优先发展了,荒地就一定能开垦了。

商之口数使商，令之厮、舆、徒、重者必当名，则农逸而商劳。农逸，则良田不荒；商劳，则去来赍送之礼无通于百县。则农民不饥，行不饰。农民不饥，行不饰，则工作必及疾，而私不作荒，则农事必胜。农事必胜，则草必垦矣"①。从中可以看出，商鞅希望通过对商人与农民之间的区别税率促使商人归农。

（4）运用税收减免政策，鼓励耕垦，发展农业生产。商鞅说："诸侯之士来归义者，今使复之三世，无知军事；秦四竟之内，陵阪丘隰，不起十年征。者于律也，足以造作夫百万。"即对归顺的百姓免除三世的徭役，对开垦边境之地的百姓免除十年赋税，就会增加百万劳动力。同时，"利其田宅。而复之三世，此必与其所欲而不使行其所恶也。然则山东之民无不西者矣"②。秦孝公采纳了商鞅的建议，果然吸引了大量三晋之地的百姓，从而也大大提高了秦国的经济实力和军队的战斗力。

商鞅除了运用上述这些财政、税收政策抑制商人，促进农业生产的措施之外，还采用了行政手段和强制措施促使商人归于农业生产。例如，禁止人们迁徙、减少征税的官吏以免扰民等。减少征税官员，避免劳烦百姓，尽量增加农民的劳动时间。这些措施和手段都是商鞅实行重农抑商政策的具体反映。

4. 统一财政的思想。商鞅主张统一国家财政。他说："訾粟而税，则上壹而民平；上壹则信，信则臣不敢为邪。"③这一方面是说，按粮食的产量征税，实行统一的税率，能使百姓的赋税负担趋于均平，而且统一由国家征收，不再由诸侯各自征收；另一方面也说明，在统一的制度下，征收赋税的"臣"④不敢自作主张，为非作歹。

此外，根据《秦律》记载："入顷刍稿，以其受（授）田之数，五狼（垦）不狼（垦），顷入刍三石、稿二石，刍自黄及束以上皆受之。入刍稿，相输度，

---

① ③　《商君书》第二《垦令》。

②　《商君书　徕民》。徕民，就是招徕民众。当时秦地广人稀，三晋人多地少，民众田地缺乏。因此商鞅建议秦孝公对外来移民采取优惠政策，将三晋民众招来秦国，以便开垦荒地，达到富国强兵的目的。

④　这里的"臣"自然包括郡县的官吏。从中我们也可以看出，郡县是负责征收赋税的机关。

可殷（也）。"① 又载："谷物、刍稾入仓，就要计入仓的簿籍，上报内史"。② 由此可见，商鞅"统一财政"的思想是十分明显的。

（四）韩非子的财政思想

韩非子③的赋税思想，基本上建立在商鞅的国家主义财税理论上。在治国方面，他极力推崇"耕战"，提出"徭役少则民安，民安则下无重权"④ 的理论。在经济秩序上，韩非子赞同建立一个稳定的社会；他认为国家贫困是因为人口的增长造成，国家的五种"蠹虫"⑤ 是国家的蛀虫，威胁国家的稳定富强。他明确提出"农本工商末"的本末概念。把商人、手工业者与吃闲饭的人等同起来，划入"五蠹"类别。

在国家理财方面，他则主张"欲富而家，先富而国"、"重农抑商"；在赋税方面，他反对轻赋税，反对聚敛、"论其税赋以均贫富"、重法治，抑民之"恶"以致民富；在财政方面，他认为"人事、天功"皆可增加财政收入，在财政支出上应讲究效益。

1. "欲富而家，先富而国"的富国思想。韩非主张"国富"，但应以法而治。他说："圣人之治也，审于法禁，法禁明者则官治；必于赏罚，赏罚不阿则民用。民用官治则富国，国富则兵强，而霸王之业成矣"⑥。此处韩非子十分明

---

① 这里是说，国家征收赋税的种类是刍粟和稾，按授田之数，无论是垦殖与否，每顷都要纳"刍三石，稾二石"。

② 《睡虎地秦墓竹简秦律十八种　田律》。意思是，所征之税由县汇总，以后要上计至中央政府的主管官吏"内史"。

③ 韩非（约公元前280年～公元前233年）战国时期哲学家、思想家、法家的主要代表。韩国人，出身于贵族世家，把荀子著作传到秦国，得到秦王嬴政的赞赏。后为秦臣李斯、姚贾陷害下狱，被迫自杀。他的著作保存在《韩非子》一书中。韩非是法家的集大成者。法家学派分为三大派，即以商鞅为代表的重法派、以申不害代表的重术派，以及慎到所代表的重势派。而韩非则将这三种法家学说融合在一起，加以改造，并以老庄学说为依据，形成一家之言，自成体系。韩非子认为人性本恶，若国君想要治理好一国政治，这三种方式缺一不可。必须以法治为主，让臣民百姓的言行举止有一个规范的准则，再以重术派和重势派的学说为铺，形成一个完整的思想体系。其财政思想就是在这种哲学思想的基础上建立起来的。

④ 《韩非子　备内》第十七。官吏往往借征发徭役之机，借助手中的权力强取豪夺，鱼肉百姓，所以，韩非主张减少徭役，使百姓能安居乐业，又能使各级官吏减少运用权势鱼肉百姓、贪污腐败的机会。人民过上了安乐富足的生活，自然要感谢君主的德政。

⑤ 蠹虫：即五蠹，他们是学者（儒家）、言谈者（纵横家）、带剑（游侠）、患御者（逃避兵役的人）、商工游食之民。

⑥ 《韩非子　六反》第四十六。

确地说，国家的治理，必须讲究法制。

对于大臣而言，他认为："臣主之利与相异者……主利在有能而任官，臣利在无能而得事；主利在有劳而爵禄，臣利在无功而富贵；主利在豪杰使能，臣利在朋党用私。是以国地削而私家富，主上卑而大臣重。故主失势而臣得国，主更称蕃臣，而相室剖符，此人臣之所以谲主便私也。"① 意即君主与臣的利益和想法在很多方面都不一样，所以大臣们为了贪图私利，会欺骗君主。一旦他们手中的权力过重，富过君主，他们就会反逼君主，所以，不能让大臣权力过重、家庭过于富裕。

对于百姓而言，他从"人性恶"的认识出发，认为："凡人之生也，财用足则隳于用力，上治懦则肆于为非"，所以，"明主之治国也……使民以力得富，以事致贵，以过受罪，以功致赏而不念慈惠之赐，此帝王之政也"②。总之，因为"人性恶"，君与臣、民的想法正好相反，所以，为了国家的富强，在国、君、民这三者之间，首先应该富国，其次是君富，再次是臣富，最后才是民富。

2. 重农抑商思想。韩非子重农抑商的思想在《韩非子》一书得到全面体现。韩非说："仓廪之所以实者，耕农之本务也"③，表明其对农业的重视。他说"不能具美食而劝饿人饭，不为能活饿者也；不能辟草生粟而劝贷施赏赐，不能为富民者也。今学者之言也，不务本作而好末事，知道虚圣以说民，此劝饭之说。劝饭之说，明主不受也。"④ 这里的意思很明确，既要重视农业生产，而不要一味地追求工商末业，否则就是不现实的。他曾忧心忡忡地说："公家虚而大

---

① 《韩非子　孤愤》第十一。君主想根据臣的能力（贤能）而任其官职，臣则想没有能力而得到更高的职位；君主想按照臣功劳的大小而授予爵禄，臣则想无功而得到富贵；君主想使用有能力的强臣以雄霸诸侯，臣则想结成朋党以营私利。于是国家土地日益减少而大臣个人家庭却日益富裕，君主的地位日益卑微而大臣的权势日益加重。所以，君主对国家逐渐失去了控制而大臣反而控制了国家的权力，致使君主反过来称蕃臣，大臣则分封疆土爵禄。这就是做臣子的欺骗君主以图谋私利。

② 《韩非子　六反》第四十六。明白的君主治理国家，迎合天时人事来获得财物，讨论确定赋税的征收来调节贫富，加重爵位俸禄来使贤能的人尽心尽力，加重刑罚来禁止奸邪的人和事，使民众因为出力而得到财富，因为给国家办事而得到尊贵，因为有过错而受到惩罚，因为立功而受到奖赏，而不指望靠君主的仁慈赏赐，这才是帝王的政治措施。

③ 《韩非　诡异》第四十五。

④ 《韩非　八说》第四十七。他形象地说，置办可口的食物去劝说饥民吃饭的人，不能算是救活饥民的人；不能开垦土地生产粮食，而唯凭贷款赏赐，不能算作使百姓富裕起来的人。学者中有一种说法，认为不专心农业生产而去经营商业等末业，凭借自己所了解的知识，说一些于当今没有实际意义的古代圣王的话，以取悦百姓，这就像劝告饥民吃饭，而类似劝告饥民吃饭的道理，贤明的君主是不能接受的。

臣实，正户贫而寄寓富，耕战之士困，末作之民利者，可亡也。"① 由此可知，韩非重农抑商思想同商鞅是如出一辙的。

3. 反对轻赋税，反对聚敛的赋税思想。韩非主张重视劳动者，即重视农民，但却不主张对百姓实行轻税，他认为，农民富足了便会懒惰，所以，通过财税分配手段把农民控制在贫困线上，而这种控制只能是重税。他以母亲娇惯子女为例，说："夫当家之爱子，财货足用，财货足用则轻用，轻用则侈泰；亲爱之则不忍，不忍则娇恣；侈泰则家贫，骄恣则行暴，此虽财用足而爱厚，轻利之患也。"② 由此展开，他认为"凡人之生也，财用足则隳于用力，上治懦肆于为非。"③ 这里，韩非说明轻赋敛虽然暂时能使百姓富，但不能使百姓最终富裕。轻赋敛却助长了百姓的奢侈和懒惰，而懒惰和奢侈反而会加速百姓的贫困，所以，与其轻赋敛，不如征收重税，以督促其勤俭劳动，避免奢侈。

韩非反对轻赋敛，但他同时也不赞成聚敛百姓。在《韩非子》一书中，他多处强调不要聚敛百姓。他说："凡人臣之所道成奸者有八术……四曰养殃。何谓养殃？曰：人主乐美宫室台池、好饰子女狗马以娱其心，此人主之殃也。为人臣者尽民力以美宫室台池，重赋敛以饰品子女狗马，以娱其主而乱其心，从其所欲，而树私利其间，此谓养殃。"④ 又说："简公在上位，罚重而诛严，厚赋敛而杀戮民。田成恒设慈爱，明宽厚。简公以齐民为渴马，不以恩加民，而田成恒以仁厚为圃池也。"⑤ 这里，韩非显然是有意批评简公的"厚赋敛"，而称赞田成恒的慈爱与宽厚。他还说："今世近习之请行则官爵可买，官爵可买则商工不卑矣；奸财货贾得用于市则商人不少矣。聚敛倍农而致尊过耕战之士，则耿介之士寡而高价之民多矣。"⑥ 这里所说的聚敛，虽然指商人，但实际是指商人买官以后会加倍搜刮百姓。

4. "论其税赋以均贫富"思想。韩非值得后人称述的一个重要财政观点是"论其税赋以均贫富"。他说："故明主之治国也，适其时事以致财物，论其税赋以均贫富，厚其爵禄以尽贤能，重其刑罚以禁奸邪，使民以力得富，以事致贵，

---

① 《韩非子　亡征》第十五。意思是说，国家空虚而大臣殷实，常住户贫穷而客居者富裕，农民战士困顿，而工商业者得利的，可能灭亡。
② 《韩非子　六反》第四十六。此处之"利"应为"刑"之误。
③ 《韩非子　六反》第四十六。
④ 《韩非子　八奸》第九。
⑤ 《韩非子　外储说右下》第三十五。
⑥ 《韩非子　五蠹》第四十九。

以过受罪，以功致赏而不念慈惠之赐，此帝王之政也。"① 这句话的意思是说，贤明的君王治理国家，根据时间季节收获财物，根据税赋来平衡贫富，让爵禄丰厚来促进贤人尽力，加重刑罚来使奸邪禁绝，让百姓用自己的劳力致富，用自己的劳力获取社会地位，任何人触犯法律就受刑罚，任何人做事有功就受奖赏，而不指望君王发善心的赏赐，这就是称王称帝的政治。

韩非没有明确解释如何"论其税赋以均贫富"，但从上文的记述中，我们可以看出，韩非反对征收富人的税以布施给穷人，所以，只能是对富人征收重税而对穷人征收轻税，即对财富多者用高比例征税，对财富少者用低比例征税，以便使被统治阶级与统治阶级之间的财富悬殊不至于过大，从而缩小贫富差距，达到均贫富的目的。

5. 重法治，抑民之"恶"的致富思想。韩非认为，懒惰和奢侈是"人性恶"的本性所使然，所以轻税，或者给其土地都无法根治，只能通过法制加以解决。他说："今学者皆道书筴之颂语，不察当世之实事，曰：'上不爱民，赋敛常重，则用不足而下恐上，故天下大乱'。此以为足其财用以加爱焉，虽轻刑罚，可以治也。虽财用足而厚爱之，然而轻刑，犹之乱也。"② 一般来说，天子的赏罚，都是在富足之后，虽然富足，而给以厚爱，然而不重视刑罚还可能使天下大乱。他还说："今世之学士语治者多，曰：'贫穷地以实无资。'今夫与人相若也，无丰年旁人之利而独以完给者，非力则俭也。与人相若也，无饥馑疾疢祸罪之殃独以贫穷者，非侈则惰也。侈而惰者贫，因力而俭者富。"③

当今有的学者在谈到治理国家的方针政策时，常说要给贫穷的百姓土地，来解决他们没有资金和土地的困难。其实，在人与人的情况大体相同，没有丰收和额外收入的情况下，而能自给自足的家庭，不是努力耕地的结果，就是勤俭的结果；在大体相同，没有遭受灾荒、疾病、祸、罪等灾难的情况下，贫穷的家庭，不是奢侈，就是懒惰。奢侈、懒惰的人，必将贫穷，努力劳动而节约的人必将富裕。

---

① 《韩非子　六反》第四十六。
② 《韩非子　六反》第四十六。意思是说，如今学者们都称说典籍中歌功颂德的空话，不明了当代的实际情况，都说："君主上级不爱民，赋税的征收一直很重，那么，民众就会因为资财不够用而怨恨上面，所以天下大乱。"他认为，使民众资财丰富就是对民众的仁爱，虽然减轻刑罚，也是可以治理的。这种说法不对。凡是人们采用厚赏重罚，本来就是在民众富足之后的事；虽然在民众资财富足后再去深爱他们，然而，减轻刑罚，还是会引起混乱。
③ 《韩非子　显学》。

6. 关于财政收支思想。

(1)"人事、天功"① 皆可增加财政收入的思想。关于增加财政收入，韩非对魏国李悝所说的"无山林、泽谷之利而入多者，谓之窕货"的观点，进行了批评，他认为，不仅山林、泽谷之利，可以增加财政收入，而且利用自然规律和人事也能增加财政收入。他说："举事慎阴阳之和，种树节四时之适，无早晚之失、寒温之灾，则入多……务于畜养之理，察于土地之宜，六畜遂，五谷殖，则入多。明于权计，审于地形、舟车、机械之利，用力少，致功大，则入多。利商市关梁之行，能以所有致所无，客商归之，外货留之，俭于财用，节于衣食，宫室器械，周于资用，不事玩好，则入多。入多，皆人为也。若天事，风雨时，寒温适，土地不加大，而有丰年之功，则入多。人事、天功二物者皆入多，非山林泽谷之利也。夫无山林泽谷之利入多，因谓之窕货者，无术之害也。"② 这里韩非说明了"人事、天功"都能增加财政收入的道理。

(2)讲究效益的财政支出思想。关于财政支出要讲究经济效益的问题，虽然韩非的论述不多，但他的论述都比较直截了当，而且比墨子的论述更加深刻。他说："举事有道，计其入多、其出少者，可为也。惑主不然，计其入，不计其出，出虽倍其入，不知其害，则是名得而实亡。如是者，功小而害大矣。凡功者，其入多，其出少，乃可谓功。今大费无罪而少得为功，则人臣出大费而成

---

① "天功"是指自然规律，是收入增加的客观因素，这就是说，注意运用自然规律这一客观规律能增加财政收入，例如，生产时慎重地运用天时、地利，种植农作物不误四时季节，没有寒暑之灾，收入会更多。"人事"是指人的主观能动性，发挥人的主观能动性也能增加收入，例如，不以小的利益妨碍农业生产的大事、不以个人的欲望损害农民的大事，使男子全力以赴地耕地，女人全力以赴地纺织纱布，收入会多。

② 《韩非子 难二》第三十七。做事顺应四季阴阳的结合，种树迎合四时的适应状况，没有种早种晚的失误和过冷过热的灾难，那么，收入就多。不因为眼前利益而妨碍大的事务，不因为个人的欲望而损害人们的劳动，成年男子尽力于农耕，妇女致力于纺织，那么，收入就多。致力于畜牧养殖业的道理，明察土地的适宜用法，六畜兴旺，五谷丰登，那么，收入就多。明了权衡计划，审查地形、舟车、机械的便利，用掉的力气少，得到的功效大，那么，收入就多。方便商场集市关卡桥梁的通行，能用自己富有的东西换到自己没有的东西，客商都会聚而来，外来的货物都能存留下来，在财物消费上注意节俭，在衣着食物上注意节约，房屋器具合于实用，不追求珍贵的玩物，那么，收入就多。收入增多，都是人为的。如果天时、风雨适时，冷热适宜，即使土地没有增加，也有丰年的功效，那么，收入就多了。人类的劳动、天气的作用这两方面都能使收入增多，并不是只能靠山岭森林湖泊峡谷的富饶资源而使收入增多。如果没有山岭森林湖泊峡谷的资源而收入增多，就称为妖艳的财货，这是没有办法的祸害呀。

小功，小功成而主亦有害。"① 即重视财政支出的效益，所做之事才谓之为功，否则，不重视财政支出效益，只会使国家受损。

综上所述，以李悝、商鞅和韩非为代表的法家学派，基本思想可以概括为笃信法制、权术和威势对安定社会、巩固政权的绝对作用，而且韩非更是集"术"、"势"、"法"三者于一身，将法家的权势学推向极致。其基本的财税思想可以概括为主张重税、重农抑商、财政统一。李悝的"尽地力之教"促进农业生产；商鞅主张重税，抑制工商业，驱民就农，推崇农战；韩非的财税思想和商鞅一脉相承，并且提出了"论其税赋以均贫富"的观点。这些思想对当时和后世都有重要的借鉴意义。

四、道家的财政思想

道家思想是春秋战国时期没落的贵族知识分子认识自然，同时又逃避现实的一种消极意识。在政治动荡、经济发展、生产关系急剧变革的时代，一部分落伍的贵族知识分子面对自己江河日下的社会处境和充满民族矛盾、阶级矛盾的社会现实，他们采取逃避现实、逃避政治斗争的态度，把注意力放在对自然界的观察上，从而附会自然规律，创造了一个清静无为、修身养性、保全自我、完善自我的保守世界观。这种世界观其实是他们那些没落贵族在"无可奈何花落去"时所寻求的精神寄托。

道家思想在哲学史上具有一定的重要地位，但在财政经济思想史中他却没有可足称道的理论或观点。这里之所以介绍道家思想，这是因为：一方面，道家学说在当时有着与儒家学说一样广泛的影响；另一方面，道家学说体现在财政方面的观点既不同于儒家，也不同于法家，它有着独特鲜明的个性。

（一）道家的基本思想

道家以杨朱、老子、庄周为代表，他们共同的主张是"无为"，意即，不与

---

① 《韩非子　南面》第十八。韩非这个说法就有点偏激了，领导人做事，确实是应该考虑成熟才说出来，但有些事情也可以先说出来让大家思考，如果被否决了，那么，不做也罢，关键是，要做的事情一定要计划成熟然后再做。

客观世界相争，既不赞成从事政治活动，也不赞成从事经济活动，只是被动地顺应自然规律，听任事物的自由发展即可。道家的核心理念是：道法自然和无为，具体说来，杨朱、老子、庄周在基本主张上的侧重点各不相同。

杨朱过分囿于自我，主张"损一毫利天下而不为"，也不"悉天下而奉一身"，认为"人人不损一毫，人人不利天下"①，天下自治。这里蕴含着深刻的哲学思想，他最终要表达的是"全性保真，不以物累形"②。只有这样，人人自贵自重，既不舍己为人，也不损人利己，同时也不为身外之物劳力费神，那么，世界上一切丑恶都没有了。

杨朱说"公天下之身，公天下之物，其唯至人矣"③。把人本身和客观物质一同看成天下公有，是自然的产物，不必据己有。财产不必据为己有，自己的生命也不必据为己有。人既然生了，就听任自然的活着，不追求长生不老，也不要求马上死去，能活一天便活一天，生死由天。从这种观点出发，也就主张"不为子孙留财"因为财非己有，应归于全社会。

老子主张"无为"、"无欲"、"无知"，一切听命于自然。他们认为，人们任何积极的行为都只会招凶惹祸；统治阶级无为、无欲就能去掉压迫人民的苛繁法律，就不会有战争，就可以废除租税；被统治阶级无欲无知就容易统治，就没有了贫富不均。他还说"罪莫大于可欲，祸莫大于不知足，咎莫大于欲得，故知足之足，常足矣"④。基于这一世界观，老子设想的理想社会是"小国寡民。使有什伯之器而不用；使民重死而不远徙。虽有舟舆，无所乘之；虽有甲兵，无所陈之。使人复结绳而用之。至治之极。甘美食，美其服，安其居，乐其俗。邻国相望，鸡犬之声相闻，民至老死不相往来。"⑤ 这是老子理想中的"国家"的一幅美好蓝图，也是一幅充满田园气息的农村欢乐图。老子用理想的笔墨，着力描绘了"小国寡民"的农村社会生活情景，表达了他的社会政治理想。这个"国家"很小，邻国相望、鸡犬之声相闻，大约相当于现在的一个村庄，没有欺骗和狡诈的恶行，民风淳朴敦厚，生活安定恬淡，人们用结绳的方式记事，

---

① 《列子·杨朱》。杨子主张的是"为我"，即使拔他身上一根汗毛，能使天下人得利，他也是不干的，而墨子主张"兼爱"，只要对天下人有利，即使自己磨光了头顶，走破了脚板，他也是心甘情愿的。

② 《淮南子·氾论篇》。

③ 《列子·杨朱》。

④ 《道德经》。罪：罪过、罪行；可：认可、许可；可欲：放纵欲望；欲得：渴望得到。全句的意思是：罪孽没有再大于任情纵欲，祸患没有再大于不知满足，罪过没有再大于贪得无厌。所以，知道满足的人，永远是满足的。

⑤ 《道德经》。

不会攻心斗智，也就没有必要冒着生命危险，远徙谋生。老子的这种设想，在当时社会条件下，当然是一种幻想，是不可能实现的。

老子还主张"生而不有，为而不恃，长而不宰，是谓玄德。"①。即从事物质生产，但不把产品看成是属于自己的，认为无私而无不私，天下万物都不私有，而天下万物又都与你有关。

庄周则走得更远，他甚至否认欲望和物质财富能够满足人的需要，认为大小物欲都不利于自身修养，只会招来烦恼，而一切财富及物质生活的享受，都不是什么快乐的事情，相反是一种拘束与痛苦。因此，他反对社会经济活动，特别反对积极的经济活动。他认为那些农夫、商贾、百工终日奔波于图财谋利，实在可悲。他主张对财利采取无所谓的态度，行动不以求利为目的，对财货不必争夺，财货来了也不必辞让，不必向他人伸手，不必依赖他人生活。总之，一切经济活动都是不必要的，只要坐等生活资料从天外飞来，这种生活态度完全暴露了他剥削阶级的本性，尤其是那种早已衰朽的、被当时社会所唾弃的、只知道坐享其成的剥削阶级的懒惰本性。

庄子心目中的理想社会是："夫至德之世，同与禽兽居，族与万物并，恶乎知君子小人哉！同乎无知，其德不离；同乎无欲，是谓素朴。"② 这表现了庄子反对束缚和羁绊，提倡一切返归自然的政治主张。在庄子的眼里，当世社会的纷争动乱都源于所谓圣人的"治"，因而他主张摒弃仁义和礼乐，取消一切束缚和羁绊，让社会和事物都回到它的自然和本性上去。他面对阶级社会又提出了共利共给，要求共分财富。他说"不拘一世之以为私分"③，还说"四海之内共利之之谓悦，共给之之为安"④。这似乎是主张天下共同供给，共享贫富，但他又说，"财用有余而不知其所自来，饮食取足不知其所从"⑤，又反映了他不劳动而得食的剥削阶级观点。

综上所述，道家的财政观点可以概括为：约法省禁，不干预，少租税，不兴功业，戒奢崇俭。对于国家理财，老子认为："民之饥，以其上食税之多，是

---

① 《道德经》。生：生育、生养；长：首长；玄：深厚。全句译意为：生养了万物而不据为己有，推动了万物而不自以为尽了力，作为万物的首长而不对它们宰制，这是最深厚崇高的道德。

② 《庄子·马蹄》。

③ 《庄子·天地》。

④ 《庄子·外篇天地第十二》。

⑤ 《庄子·外篇天地第十二》。"天"和"地"在庄子哲学体系中乃是元气之所生，万物之所祖，一高远在上，一浊重在下，故而以"天地"开篇。本篇的主旨仍在于阐述无为而治的主张，跟《在宥》的主旨大体相同，表述的是庄子的政治思想。

以饥；民之难治，以其上之有为，是以难治"，还说"我无为，而民自化；我好静，而民自正；我无事，而民自富；我无欲，而民自朴"，① 同时，他认为政府需要通过"去甚、去奢、去泰"来减少租税。

（二）道家思想中体现的财政观点

道家关于财政方面的直接论述不多，但从上述基本思想之中，我们已多少能够体察得到，道家的财政观点是约法省禁，不干预，少租税，不兴功业，戒奢崇俭。

杨朱基本上是无政府主义的，既然是人人都各为自己，互不依赖，互不损害，那么自然也就不提倡政府的财政聚敛了。老子不完全否定政府，但他认为，"民之饥，以其上食税之多，是以饥；民之难治，以其上之有为，是以难治"②，还说"我无为，而民自化；我好静，而民自正；我无事，而民自富；我无欲，而民自朴"③。故他主张"治人事天莫如啬"④，这可以说是他对国家财政的基本态度。

从这种基本态度出发，他首先反对治兵和战争。他认为，武器是不祥之物，非君子所爱。打胜仗并非好事，打胜仗等于是喜欢杀人，而喜欢杀人的人是不能受天下人拥戴的。他还认为，优良的军队只不过是制造灾害的工具，谁都憎恶他。因此，循道者不应以兵强天下，因为军队到哪里，哪里就田地荒芜，大军过后必有实凶。

如何消除战争和军队呢？他说"我有三宝，持而保之：一曰慈，二曰俭，三曰不敢为天下先"⑤。意思是说慈善为怀，节制贪欲，以及不带头养兵挑战。

在当时社会条件下，养兵和战争可以说是国家财政最为沉重的负担，如果消除了战争，自然可以大大缩小财政规模了。除反对养兵和战争之外，他还主张"去甚、去奢、去泰"⑥，即是说一切消费都不可超过一般普通人的消费水准。

---

① 《道德经》。
② 《道德经》七五卷。老子《道德经》第五十九章。没有比农业生产更有效的了。
③ 《论语·卫灵公》。无为：道家所指顺应自然变化之意；治：治理。顺应自然变化不妄为而使天下得到治理。原指舜当政的时候，沿袭尧的主张，不做丝毫改变。后泛指以德化民。
④ 老子《道德经》第五十九章。没有比农业生产更有效的了。
⑤ 《道德经》第六十七章。
⑥ 王弼《老子道德经注》第二十九章。李零《人往低处走》以帛书甲本作底本，印为"去甚，去泰，去奢"。指去掉一切过分的东西。

总之，老子主张统治者清静无为，少私寡欲，戒奢崇俭，从而让人民自由自在的生活。庄周在财政上更无可谈的东西，他只是主张政府不要干预人民的生产生活，其他为无欲无为以及节用等论调都没超过老子思想的水平。

五、墨家的财政思想

在春秋战国时期的诸子百家中，墨家的财税思想极具特色，强烈要求均衡政府与纳税人的利益关系，既满足政府的财政需要，又兼顾纳税人的利益。这与墨家的创始人墨子所代表的阶层利益及其主张有关。

墨子（约公元前 468 年～公元前 376 年），名翟，春秋战国时期鲁国人，是先秦墨家的创始人。墨子出身于小生产者阶层，身处战国之初，亲见世俗奢靡，战乱不断，人民困苦不堪，因此同情民众，成为他们的代言人。墨子早年学习儒术，后来独树一帜，创立墨家学派，并率领众多弟子，一方面进行理论探讨与钻研，另一方面，积极将其理论应用于社会实践，在当时影响极大，韩非子感叹"世之显学，儒墨也"。墨子主要有十大主张，即兼爱：人人平等互助互爱；非攻：反对侵略战争；尚贤：不分贵贱唯才是举；尚同：上下一心为人民服务，为社会兴利除弊；天志：掌握自然规律；明鬼：尊重前人的经验和教训；非命：通过努力奋斗掌握自己的命运；非乐：摆脱有等级的礼乐束缚，废除烦琐奢靡的编钟制造和演奏；开源节流：扩大生产，节约开支；节葬：不把有限的现有财富浪费在死人身上。墨家的财税思想，主要表现在财政收入、财政支出和官员素质等方面。

（一）关于财政收入

在中国历史上，墨子第一次提出了税役征收的可操作原则——"劳而不伤"、"费而不病"，有机地协调了政府与纳税人之间的关系。其观点主要有：

1. 对百姓"按常规征税"。"官府实"的途径是按常规税役。墨子认为，为了修筑城郭，征集民夫是必要的；正常的税收也不会引起人民的怨恨，但赋役过重，便会产生混乱。在这方面，墨子有相当精辟的论述："（以其常）役，修其城郭，则民劳而不伤；以其常正（征），收其租税，则民费而不病。民所苦者非此也，苦于厚作敛于百姓"①，并指出"姑尝厚措敛乎万民，以为大钟、鸣鼓、琴瑟、竽笙之声。以求兴天下之利，除天下之害，而无补也"②。这里，"常役"是民众应该承担的，也是国家存在的标志，因为"仓无备粟，不可以待凶饥；库无备兵，虽有义不能征无义；城郭不备全，不可以自守"③。墨子指出，当时百姓有三大忧患："饥者不得食，寒者不得衣，劳者不得息"④，国家的统治者应该致力于解决这三大忧患，必使饥者得食，寒者得衣，劳者得息。只有"国家富，财用足"，才可能使"百姓皆得暖衣饱食"⑤。这也是要靠国家赋税集中起来的财富来供应的。

"常征"是指国家法令所确定的定时、定量、正常的赋税征收制度。这种征收制度所规定的税率、税种、缴纳时间等，都应是国家根据当时百姓的基本收入情况确定的。墨子提出，赋税不应病民。所谓"病"，是指百姓纳税以后，无法维持自己的生活，无法继续从事生产活动。百姓所痛苦的，不是国家正常的税收，而是使他们的生活无以为继的额外横征暴敛。"常征"虽然百姓有所耗费，但仍然可以维持生计，在更好的外部环境中继续进行生产活动，所以是国家赋税应坚持的原则。

2. "聚财于官"，以实现政府的基本职能。在古代社会中，政府职能虽然比较简单，但也是必要的。墨子对政府职能的理解比较全面，从国内谈到国外，从官府上层谈到下层，从政府内部谈到政府外部，从政治、社会职能谈到经济职能。⑥ 他认为，要实现这些职能，离不开由税收构成的大量的财政收入。由此，墨子推导出在古代社会中"官府实"的必要性。"故国家治则刑法正，官府实则万民富，上有以洁为酒醴粢盛，以祭祀天鬼；外有以为皮币，与四邻诸侯交接；内有以食饥息劳，将养其万民；外有以怀天下之贤人。是故上者天鬼富之，外者诸侯与之，内者万民亲之，贤人归之，以此谋事则得，举事则成，入

---

　　① 《墨子·辞过》。这里是说：凡是耗财力、人力而没有更多好处的事，就不做。按常规征役，修筑城池，那么，百姓虽劳苦但不悲伤；按常规征税，那么，百姓虽耗费但不忧虑。百姓所困苦的不是这些，而是在他们身上的横征暴敛。

　　② 《墨子·非乐上》。这里是说：姑且试试向万民百姓厚敛财赋，来制作大钟、鸣鼓、琴瑟、竽笙等乐器。以此来求取兴盛天下利益，除掉天下祸害，是无益处的。

　　③ 《墨子·七患》。这里是说：如果仓库里没有储备的粮食，就不能对付饥荒之年；兵库里没有储备武器，即使是正义的也不能征讨非正义的；城郭修筑不完备，就不能自卫。

　　④ 《墨子·非乐上》。这里是说：百姓有三种忧虑，饥饿的人得不到事务，寒冷的人得不到衣服，劳苦的人得不到养息。

　　⑤ 《墨子·天志中》。

　　⑥ 叶青：《费而不病　劳而不伤——析墨子税役思想的精华》，《税务研究》，2002 年第 5 期。

守则固,出诛则强"①。

3. 通过征税"以收敛关市山林泽梁之利"。墨子认为,农民耕田种地,向国家缴税,官员对百姓征敛财富,充实国库,是天经地义的事情。征课关市山林泽梁税,从表面上看是为了充实官府,实际上有保障手工业者利益的因素在内。"故万民出财赍而予之,不敢以为戚恨者,何也?以其反中民之利也"②。"士君子竭股肱之力,亶其思虑之智,内治官府,外敛关市、山林、泽梁之利,以实仓廪府库,此其分事也"。③他说:"今也卿大夫之所以竭股肱之力,殚其思虑之知,内治官府,外敛关市、山林、泽梁之利,以实官府而不敢怠倦者,何也?曰,彼以为强必贵,不强必贱,强必荣,不强必辱,故不敢怠倦"。④

(二)关于财政支出

税收"取之于民,用之于公"是包括墨子在内的先秦思想家们的美好愿望。在古代财政中,皇室费用一直是主要的支出项目,以至于从秦汉开始划分公私财政(即国家财政和皇室财政)来加以控制,但效果不理想,难怪王安石会发出"以天下之力生天下之财"、"理天下之财"的呼声。

墨子主张把税收的大部分用于交通等公共设施的建设,为经济发展提供良好的外部条件,从而增加税收来源,使经济发展与税收收入形成一种良性循环的态势,这是十分明智的。对于财政支出,墨子在其主张中有所体现。

1. "非攻"。墨子认为,战争耗费大量钱财而不得利,而这些战争所需钱财都是通过税赋向民众收取,因此,提倡减少因战争而产生的不必要财政支出。"又计其费——此为周生之本,竭天下百姓之财用,不可胜数也,则此下不中人

---

① 《墨子·尚贤中》。这里是说:所以国家治理,就刑法公正;官府充实,就万民富裕。上有清洁的酒食祭品去祭祀天帝鬼神;外有皮毛布帛物质去结交四邻诸侯,内能使饥者食,劳者休息,保养他的万民,安抚天下的贤人。所以,在天,天帝鬼神使他富足;在外,诸侯亲近他;在内,万民亲附,贤人归顺。凭借这个,谋划大事就有所得,举办大事就会成功,退守国家就会守固,外出征伐会强大。

② 《墨子·非乐上》。这里是说:所以万民拿出财资给圣王,不敢因此忧戚怨恨,为什么呢?因为这样做反而符合百姓的利益。

③ 《墨子·非乐上》。即是说,现在对于士君子来说,喜爱音乐而听它,那就必不能竭尽全身力气,竭尽他的思虑智慧,在内治好官吏,在外收取关市、山林、水泽桥梁的利益,来充实粮仓库府,所以粮仓府不充实。

④ 《墨子·非命下》。

之利矣。"① "量我师举之费，以争诸侯之毙，则必可得而序利焉。督以正，义其名，必务宽吾众，信吾师，以此授诸侯之师，则天下无敌矣，其为利天下不可胜数也。"②

2. 提倡节俭，减少不必要的支出。对于取得的税款，由于是百姓的血汗钱，必须节约。为此他一再强调"俭节则昌，淫佚则亡"。每一项财政支出要用合理的标准来衡量：凡支出过度，害多于利，必须大幅度节约；凡支出适当，利多于害，必须保持适度的规模。

墨子指出，统治阶级"厚敛"的原因是奢侈腐化。他们的衣食住行都超过正常生活需要的标准，需要大量财力和人力，只有横征暴敛才能满足，而这与其"按常规征税"的主张也是相对应的。"是故古者圣王制为节用之法，曰：凡天下群百工，轮车鞼匏，陶冶梓匠，使各从事其所能，曰：凡足以奉给民用，则止。诸加费不加于民利者，圣王弗为"③，"今唯无以厚葬久丧者为政，国家必贫，人民必寡，刑政必乱。"④ 故子墨子言曰："今天下之士君子，中请将欲为仁义，求为上士，上欲中圣王之道，下欲中国家百姓之利，故当若节丧之为政，而不可不察此者也。"⑤

3. 取之于百姓，用之于交通。墨子提出的赋税的四条用途，实际上每一条都是从小生产者的利益出发的。墨子认为：古圣王敛财于民，不是为了个人挥霍，而是用来造船做车，发展水陆交通，由于这有利于百姓，所以，百姓虽然缴纳较多的资财，也并不怨恨。"古者圣王亦尝厚措敛乎万民，以为舟、车，既已成矣，曰：吾将恶许用之？曰：舟用之水，车用之陆，君子息其足，小人休

---

① 《墨子·非攻》。这里是说，计算这些费用——这些费用都是救济百姓生活的本源，现在却竭尽天下百姓的财物去打仗，花费不可胜数，那么，这就不符合百姓的利益了。

② 《墨子·非攻》。这里是说，计量我兴师的费用，用来安抚诸侯的疲惫，那必定能获得丰厚利润。监督而又公正，以义为名，必定努力宽待我们民众，信任我们的军队，用这个教练诸侯的军队，那么，就会天下无敌了，这样做带给天下的利益是不可胜数的。

③ 《墨子·节用中》。这里是说，古代圣王制定节用方法，凡是天下百工，制造车子车轮的，制造皮革的，烧陶器的，冶金的，当木匠的，让他们各自从事自己的技术，又说：凡是生产的器物足以供给百姓，就可以了。各种增加的费用如若不能增加百姓的利益，圣王不会去做。

④ 《墨子·节葬下》。这里是说，现在用持有厚葬久丧观点的人执政，国家必定贫穷，人民必定稀少，刑政必定混乱。

⑤ 《墨子·节葬下》。这里是说，现在天下的士大夫君子们，内心确实想行仁义，追求成为上层人士，上要符合圣王的大道，下要符合国家百姓的利益，所以，应当以节葬来施政，不可不审察这个道理。

其肩背焉。故万民出财賫而予之，不敢以为恨者，何也？以其反中民之利也"①。

4. 用之有道。墨子提出赋税要"反中民之利"，是指赋税取之于民，必须反过来用到有利于人民的事业上，兴办对百姓有利的事情。如果国家征集的赋税只用来供少数统治者享乐，丝毫无利于百姓，必然会引起百姓的不满。"先尽民力无用之功，赏赐无能之人，民力尽于无用，财宝虚于待客，三患也"②。"岁馑，则仕者大夫以下皆损禄五分之一；旱，则损五分之二；凶，则损五分之三；馈，则损五分之四；饥，则尽无禄，禀食而已矣"③，"财不足，则反之时；食不足，则反之用"④。"君实欲天下之治而恶其乱也，当为宫室不可不节"，"君实欲天下之治而恶其乱，当为衣服不可不节"，"君实欲天下治而恶其乱，当为食饮不可不节"，"君实欲天下之治而恶其乱，当为舟车不可不节"，"君实欲民之众而恶其寡，当为蓄私不可不节"⑤。这里是说，如果君王的确想要天下太平，不想天下大乱，那么，建造房屋、制作衣服、制作饮食、制造车船、蓄养妻妾都不可不节制。一方面，减少王室财政开支；另一方面，为民众带来一定的示范效应，从而节俭。

（三）关于财政官员的素质

财政官员负责财政收入的及时足额入库以及财政支出的科学有效使用，其素质对于财政制度的实施，乃至整个国家的正常运转关系重大。

对于财政官员的素质，墨子提出了自己的看法，他认为，财政官员既要贤又要有能。"贤者之长官也，夜寝夙兴，收敛关市、山林、泽梁之利，以实官府，是以官府实而财不散。贤者之治邑也，蚤出莫入，耕稼、树艺、聚菽粟，

---

① 《墨子·非乐上》。这里是说，古代圣王，亦曾向万民厚敛税收，来制造车船。已经造成之后，说："我将在哪儿使用它们？"回答："船行驶在水上，车使用在陆地上，君子可以让其双脚得以休息，小人可以让其双肩得以休息。"所以，万民拿出财资给圣王，不敢因此忧戚怨恨，为什么呢？因为这样做反而符合百姓的利益。

② 《墨子·七患》。这里是说，如果先耗尽民力在无用的事情上，赏赐无能的人，民力耗尽在无用的事情上，财宝因接待宾客而虚空，这是第三种祸患。

③ 《墨子·七患》。这里是说，馑年时，大夫以下的官员都减去俸禄的五分之一；旱年时，就减去五分之二；凶年时，就减去五分之三；匮年时，就减去五分之四；饥荒之年，就全都没有俸禄，只供给饭吃而已。

④ 《墨子·七患》。这里是说，财物不足，就反省生产是否抓住了农时；粮食不足，就反省用度是否节省。

⑤ 《墨子·辞过》。

是以菽粟多而民足乎食"①。这里是说，贤者掌管官府，早起晚睡，征收关口、市场、山林、湖泊的赋税，来充实官府，因此官府充实而财产不流散。贤者治理邑里，早出晚归，耕耘种植，积聚粮食，因此，粮食众多而百姓食用充足。

墨子认为，"上强听治，则国家治矣；下强从事，则财用足矣。若国家治，财用足，则内有以洁为酒醴粢盛，以祭祀天鬼；外有以为环璧珠玉，以聘挠四邻"②。即是说，统治者努力来治理国家，那国家就太平安宁，财物用度丰盛充足，那么，在国内有洁净的酒食祭祀祭品，来祭祀天帝鬼神，在国外有环璧珠玉来礼聘交结四周邻邦。

---

① 《墨子·尚贤中》。
② 《墨子·天志中》。

封建社会理财官吏的财政思想

从秦汉以后，中国进入长达两千多年的封建社会。随着不同时期的政治经济形势的变化，封建社会典型理财官吏提出了有价值的财政思想。本专题着重梳理封建社会几位典型的理财官吏（贾谊、桑弘羊、杨炎、王安石、张居正、黄宗羲）的财政思想。

一、贾谊的财政思想

贾谊（公元前200年~公元前168年），生活在秦汉过渡时期。他注重对秦政的反思，吸取秦朝"赋敛无度、百姓困穷"以致灭亡的教训。贾谊敏锐地洞察到，虽然汉朝建立的几十年，表面上政治昌明、经济复苏，然而"背本趋末"和"淫侈之风"却暗示着巨大的危机。为了保障汉朝的长治久安，他创见性地提出"富安天下"的思想：富安天下，以富民实现安民，并且设计了一系列可行性的措施。

他认为，富民的根本是驱民归农、广积粮食。当时社会土地兼并现象严重，广大农民破产流入城市，从事被视为"末业"的工商业和利润丰厚的"采铜业"。因此，他提出"殴民而归之农田，皆著于本"。为了更好地促进农业的发展，警示统治者必须克制自己，"轻赋少事"。同时，贾谊强调积贮的重要性，"夫积贮者，天下之大命也"。只有充足的粮食储备才能防备自然灾害和战争，并且提出了积贮的标准："无九年之蓄，谓之不足，无六年之蓄，谓之急；无三年之蓄，曰国非其国也"[①]。最后，他痛斥社会"用之无度，靡之者甚多"的现

---

① 《礼记·王制》。

象，提倡节俭对积累社会财富和维护社会安定的重要作用。

在经济调控方面，贾谊摒弃汉初的"无为"思想，继承管子的"轻重之说"。一方面，针对"农事弃捐而采铜者日蕃"、"奸钱日多"的现象，他强调，政府必须垄断铸币权和币材，通过调节市场上流通的铜币量来稳定物价。另一方面，为了解决粮食价格波动对农民利益的损伤，认为政府应该积极的调控，丰年收购，歉年补充市场，以此保障农民利益，鼓励更多的农民从事农业生产。

虽然贾谊制定这些措施的最终目标是巩固统治者的政权，但是他的富安天下的理念体现了一定的民本思想，对于后人治世有着深远的影响。以下是摘录贾谊有关财政思想的部分文献。

（一）积蓄论

"民不足而可治者，自古及今，未之尝闻。夫积贮者，天下之大命也。苟粟多而财有余，何为而不成？以攻则取，以守则固，以战则胜。怀敌附远，何招而不至！今殴民而归之农田，皆著于本；使天下各食其力，末技游食之民，转而缘南晦，则畜积足而人乐其所矣。可以为富安天下，而直为此廪廪也，窃为陛下惜之。"①

"王者之法，国无九年之蓄，谓之不足；无六年之蓄，谓之急；无三年之蓄，曰国非其国也。"②

（二）反对私铸

"今农事弃捐而采铜者日蕃，释其耒耨，冶熔炊炭，奸钱日多，五谷不为多。善人怵而为奸邪……奸数不胜而法禁数溃，铜使之然也。故铜布于天下，其为祸博矣……铜毕归于上，上挟铜积以御轻重，钱轻则以术敛之，重则以术散之，货物必平"③。

---

① 《论积贮疏》。
② 《忧民》。
③ 《汉书·食货志下》。

（三）轻赋少事

"发仓廪，散财币，以振孤独穷困之士；轻赋少事，以佐百姓之急……赏罚不当，赋敛无度"。①

"不耕而多食弄人之食，是天下所以困贫而不足也。故以末予民，民大贫；以本予民，民大富……夫奇巧末技商贩游食之民，形佚乐而心县愆，志苟得而行淫侈，则用不足而蓄积少矣……末技游食之民，转而缘南亩，则民安性劝业，而无县愆之心，无苟得之志，行恭俭蓄积，而人乐其所矣，故曰苦民而民益乐也"。②

（四）反对奢侈浪费

"生之有时，而用之无度，则物力必屈……生之者甚少，而靡之者甚多，天下财产何得不蹶？"③

"今民卖僮者，为之绣衣丝履偏诸缘，内之闲中，是古天子后服，所以庙而不宴者也，而庶人得以衣婢妾……夫百人作之不能衣一人，欲天下亡寒，胡可得也？一人耕之，十人聚而食之，欲天下亡饥，不可得也。饥寒切于民之肌肤，欲其亡为奸邪，不可得也"。④

二、桑弘羊的财政思想

桑弘羊（公元前152年～公元前80年），桑弘羊生活的时期，国家面临的最大问题是汉武帝积极开疆拓土导致的国库亏空，因此，他辅政的首要任务是开辟财源，补充军事供给。凭借"盐铁官营"、"均输平准"等一系列充满智慧的政策，真正实现了"民不益赋而天下用饶"的目标。

---

① 《过秦论》，转引自《中国古代赋税史料辑要〈言论篇〉（上册）》。
② 《瑰玮》，转引自《中国古代赋税史料辑要〈言论篇〉（上册）》。
③ 贾谊：《论积贮疏》。
④ 贾谊：《治安策》。

（一）盐铁官营

他认识到，由私人经营盐铁的弊病，"以成私威，私威积而逆节之心作"。同时，为了筹集大量的军费，他主持实施了"盐铁官营"的国家专卖制度，并且根据盐、铁、酒生产和消费的不同特征，分别从不同的环节加以控制。他说，"异时盐铁未笼，布衣有朐邴，人君有吴王，皆盐铁初议也。吴王专山泽之饶，薄赋其民，赈赡穷乏，以成私威。私威积而逆节之心作……今放民于权利，罢盐铁以资强暴，遂其贪心，众邪群聚，私门成党，则强御日以不制，而并兼之徒奸形成也"。[①]"边用度不足，故兴盐铁，设酒榷，置均输，蓄货长财，以佐助边费"。[②]"盐铁之利，所以佐百姓之急，足军旅之费，务蓄积以备乏绝，所给甚众，有益于国，无害于人。百姓何苦尔，而文学何忧也？"[③]

这些政策的实施，不仅实现了"利归于上"，也促进了盐铁业的规模化生产，大大提高了效率。

（二）均输平准

桑弘羊还创造性地将均输和平准的制度结合起来，就近采购贡品解决了运送途中的浪费和损耗，而将不急需的贡品以高价卖出的收入上缴中央则为国家带来了大量的财政收入。他说，"往者郡国诸侯各以其方物贡输，往来烦杂，物多苦恶，或不偿其费。故郡国置输官以相给运，而便远方之贡，故曰均输。开委府于京师，以笼货物。贱即买，贵则卖。是以县官不失实，商贾无所贸利，故曰平准。平准则民不失职，均输则民齐劳逸。故平准、均输所以平万物而便百姓，非开利孔为民罪梯者也"。[④]"往者财用不足，战士或不得禄，而山东被灾，齐、赵大饥，赖均输之畜，仓廪之积，战士以奉，饥民以赈。故均输之物，

---

① 《盐铁论校注》，古典文学出版社 1958 年版，第 37 页，转引自《中国财政历史资料选编〈第三辑〉》。

② 《盐铁论·本议第一》，转引自《中国古代赋税史料辑要〈言论篇〉（上册）》。

③ 《非鞅第七》，转引自《中国古代赋税史料辑要〈言论篇〉（上册）》。

④ 同①，第 4 页。

府库之财，非所以贾万民而专奉兵师之用，亦所以赈困乏而备水旱之灾也"。[①] 在均输制的基础上，通过设立平准机构"贵即卖之，贱则买之"的调控稳定了京师的物价，实现了"平万物而便百姓"。

（三）工农商并重

出生于富商之家的桑弘羊认识到，"追利乘羡"的商人和工商业的重要性。他认为，工商业可以从需求的角度刺激农业的发展，"工不出，则农用乏；商不出，则宝货绝。农用乏，则谷不殖"，而且商品在全国各地的流通，平衡了地区差异，"是以多者不独衍，少者不独馑"。他说，"古之立国家者，开本末之途，通有无之用，市朝以一其求，致士民，聚万货，农商工师各得所欲，交易而退……故工不出，则农用乏；商不出，则宝货绝。农用乏，则谷不殖；宝货绝，则财用匮。故盐铁、均输，所以通委财而调缓急"。[②] "故乃商贾之富，或累万金，追利乘羡之所致也。富农何必用本农，足民何必井田也？"[③] "富在术数，不在劳身；利在势居，不在力耕也……农商交易，以利本末。山居泽处，蓬蒿墝埆，财物流通，有以均之。是以多者不独衍，少者不独馑"。[④]

（四）轮台屯田

为了加强汉朝对西域边境的控制，桑弘羊还提出了"轮台戍田"的移民实边政策，"连城而西，以威西国"。他主张，"选常居者，家室田作"，首先扩大轮台[⑤]以东的军屯，然后，从内地招募农民到西域开展民屯，发展稳定的农业区。

汉武帝的《轮台罪己诏》中有一段关于轮台屯田的叙述，"今请远田轮台，欲起亭隧，是扰劳天下，非所以忧民也，今朕不忍闻。"桑弘羊支持晁错的移民实边政策。晁错说："陛下幸忧边境，遣将吏发卒以治塞，甚大惠也。然令远方

---

① 《盐铁论校注》，古典文学出版社 1958 年版，第 11 ~ 12 页，转引自《中国财政历史资料选编〈第三辑〉》。

② 《盐铁论·本议第一》，转引自《中国古代赋税史料辑要〈言论篇〉（上册）》。

③ 《盐铁论·力耕第二》，转引自《中国古代赋税史料辑要〈言论篇〉（上册）》。

④ 《盐铁论·通用第三》，转引自《中国古代赋税史料辑要〈言论篇〉（上册）》。

⑤ 今新疆维吾尔自治区巴音郭楞蒙古自治州。

之卒守塞，一岁而更，不知胡人之能，不如选常居者，家室田作，且以备之。以便为之高城深堑，具蔺石，布渠答，复为一城其内，城间百五十步，要害之处，通川之道，调立城邑，毋下千家，为中周虎落……陛下幸募民相徙以实塞下，使屯戍之事益省，输将之费益寡，甚大惠也。下吏诚能称厚惠，奉明法，存恤所徙之老弱，善遇其壮士，和辑其心而勿侵刻，使先至者安乐而不思故乡，则贫民相慕而劝往矣。"① 这些政策的实施，不仅可以免去屯戍的兵役、减少输将的费用，而且还可以加强对边境的开发，通过发展屯田，实现并巩固汉朝在西域的统治，是汉朝在西域屯田更深层次的政治考虑。

纵观桑弘羊提倡的政策，基本上贯穿着重商和效率的思想，这是尊重经济客观规律的表现。"均输平准"和"盐铁官营"的制度被后世广泛采用，对后世产生了深远的影响。

三、杨炎的财政思想

（一）杨炎与两税法

安史之乱之后，唐朝的封建统治趋于危殆。杨炎辅政时面临着财政匮乏、社会阶级矛盾尖锐的现实。而均田制的崩溃以及庄园经济的发展使得租庸调制难以筹集财政资金，并且加剧社会财富分配的不均，"租庸之法弊久矣！"杨炎在前任刘晏改革的基础上，"扫庸调之成规，创两税之新制"。

两税法的主要内容是构建以户税和地税为主体的税制，根据"量出制入"确定的收入规模，"以贫富为差"进行分摊，并对行商经营货物征三十之一的税。以货币计税，钱粮和绢帛同缴。户税和地税的征纳分夏秋两季。

两税法适应了当时的社会现状，表现出很强的优越性。首先，两税法以财产为依据，不仅平衡了税负，而且扩展了税源。在租庸调制下，大地主阶层作为不课户不缴纳租庸调，而且托庇于其的自耕农也逃脱了国家的赋税，使得国家的税收负担落在了少量自耕农身上。两税法则规定"户无主、客，以见居为簿；人无丁、中，以贫富为差"以户为对象课征，以财产为负担税收的依据，

---

① 《汉书》卷四十九，中华书局 1962 年版第八册，第 2286 页，转引自《中国财政历史资料选编〈第三辑〉》。

这样豪强大户也必须承担相应的税收。

其次，两税法规定对商人按其收入的三十之一课税，不仅适应了唐中期商品经济的发展和繁荣，也体现了普遍课征的原则。再次，在税制的设计方面体现了货币计税、简化征收程序、节约征税成本的原则。货币计税，钱粮和绢帛同缴，不仅方便了征税工作，而且促进了商品经济的发展。将复杂的赋税简化为户税和地税、一年分夏秋征收，减轻了农民的负担，也便利农民纳税。

最后，两税法还开创了"量出制入"的财政原则。"凡百役之费，一钱之敛，先度其数而赋于人，量出以制入"这一原则旨在通过预算来约束支出，同时减轻对农民肆意的课税。

虽然两税法实行后期流弊很多，但是两税法中所体现的公平、合理、效率的原则使后人受用不尽，直到今天还具有重要的启示价值。

（二）有关杨炎与两税法的历史记载

始用杨炎议，命黜陟使与观察、刺史"约百姓丁产，定等级，改作两税法。以来新旧征科色目，一切罢之；二税外辄率一钱者，以枉法论"[1] ……至是，炎建议作两税法："凡百役之费，一钱之敛，先度其数而赋于人，量出以制入。户无主客，以见居为簿；人无丁中，以贫富为差。不居处而行商者，在所郡县税三十之一，度所取与居者均，使无侥利。居人之税，秋夏两征之，俗有不便者正之。其租庸杂徭悉省，而丁额不变，申报出入如旧式。其田亩之税，率以大历十四年垦田之数为准而均征之。夏税无过六月，秋税无过十一月。逾岁之后，有户增而税减轻，及人散而失均者，进退长吏，而以尚书度支总统焉……上行之不疑，天下便之。人不土断而地著，赋不加敛而增入，版籍不造而得其虚实，贪吏不诚而奸无所取，自是轻重之权始归于朝廷"[2]。

"两税以资产为宗，不以丁身为本，资产少者税轻，多者税重"。[3]

"凡百之费，先度其数而赋于民，秋夏两入之，其租庸杂徭悉省，而丁额不

---

① 《资治通鉴》（十六），中华书局1956年版，第7275～7276页，转引自《中国财政历史资料选编〈第五辑〉》。

② 《旧唐书》（十），中华书局1975年版，第3410页，转引自《中国财政历史资料选编〈第五辑〉》。

③ 《新唐书》（五），中华书局1975年版，第1353～1357页，转引自《中国财政历史资料选编〈第五辑〉》。

废，其田亩之税，以大历十四年为准，而均收之，天下果便之"①。

"至德宗相杨炎，遂作两税法，夏输无过六月，秋输无过十一月。置两税使以总之，量出制入。户无主、客，以居者为簿；人无丁、中，以贫富为差。商贾税三十之一，与居者均役。田税视大历十四年垦田之数为定。遣黜使按比诸道丁产等级，免鳏寡孤独不济者。敢有加敛，以枉法论"②。

"然则视大历十四年垦田之数以定两税之法，虽非经国之远图，乃救弊之良法也。但立法之初，不任土之所宜，输其所有，乃计绫帛而输钱，既而物价愈下，所纳愈多，遂至输一者过二，重为民困，此乃掊刻之吏所为……今两税之法，人无丁中，以贫富为差，尤为的当"③。

两税法实施后，虽有一定成效，但是也带来了很多不利的影响：钱重货轻，税负不稳定加重了百姓的负担；量出制入，导致随地摊派和横征暴敛；土地兼并，产去税存等。有关记载如下：

"今两税效算缗之末法，估资产为差，以钱谷定税，折供杂物，岁目颇珠。所供非所业，所业非所供，增价以市所无，减价以贸所有，耕织之力有限，而物价贵贱无常。初定两税，万钱为绢三匹，价贵而数不多……物甚贱，所出不加，物甚贵，所入不减"④。

"自定两税以来，钱日重，物日轻，民所输三倍其初"。⑤

"每州各取大历中一年科率钱谷数最多者，便为两税定额。此乃采非法之权令，以为经制，总无名之暴赋以立恒规。是务取财，岂云恤隐，作法而不以裕人拯病为本，得非立意且爽者乎……曾不悟资产之中，事情不一。有藏于襟怀囊箧，物虽贵而人莫能窥……旧重之处，流亡益多，旧轻之乡，归附益众。有流亡则已重者，摊征转重；有归附则已轻者，散出转轻，高下相倾，势何能止。大历中纪纲废弛，百事从权。至于率税少多，皆在牧守裁制，邦赋既无定限，

---

① 《廿二史劄记》卷二十，中华书局 1963 年版，第 394～396 页，转引自《中国财政历史资料选编〈第五辑〉》。

② 《新唐书》（五），中华书局 1975 年版，第 1351 页，转引自《中国财政历史资料选编〈第五辑〉》。

③ 《文献通考》（一），商务印书馆 1936 年版，第 48～49 页，转引自《中国财政历史资料选编〈第五辑〉》。

④ 《新唐书》（五），中华书局 1975 年版，第 1353～1357 页，转引自《中国财政历史资料选编〈第五辑〉》。

⑤ 《资治通鉴》（十七），中华书局 1956 年版，第 7799 页，转引自《中国财政历史资料选编〈第五辑〉》。

官私惧有阙供，每至征配之初，例必广张名数……其事一也。国用不完，复以供军之名，每贯加征二百……其事二也。往输其一者，今过于二矣……其事三也……倒皆增长本价，而又缪称折估……其事四也……以召雇为目，而捕之不得不来。以和市为名，而迫之不得不出……其事五也……今于两税之外，非法之事，复又并存……其事六也……税额累加，见在疲甿，一室已空，四邻继尽……其事七也……今制度驰紊，疆理隳坏，恣人相吞，无复畔限。富者兼地数万亩，贫者无容足之居，依托强豪，以为私属……有田之家，坐食租税，贫富悬绝，乃至于斯，厚敛促征，皆甚公赋"。[①]

四、王安石的财政思想

王安石（1021～1086 年），面对北宋积贫积弱，王安石带着极大的勇气和魄力大刀阔斧地进行变法，以期实现"民不益赋而财用饶"。王安石变法内容，主要包括三个方面：一是富国之法，包括均输法、青苗法、农田水利法、免役法、市易法、方田均税法；二是强兵之术，包括保甲法、保马法、设军器监、将兵法；三是整顿吏治与教育，包括人才的选拔和任官的改革及科举制的改革，等等。

（一）上五事书

"就其多而求其法最大、其效最晚、其议论最多者，五事也：一曰和戎，二曰青苗，三曰免役，四曰保甲，五曰市易。今青唐、洮河，幅员三千余里，举戎羌之众二十万献其地，因为熟户，则和戎之策已效矣。昔之贫者，举息之于豪民，今之贫者，举息之于官，官薄其息，而民救其乏，则青苗之今已行矣。惟免役也、保甲也、市易也，则三者有大利害焉……盖免役之法，出于周官所谓府、史、胥、徒……今一旦变之，则使之家至户到，均平如一，举天下之役，人人用募，释天下之农，归于畎亩，苟不得其人而行，则五等必不平，而募役必不均矣。保甲之法……今一旦变之，使行什伍相维，邻里相属，察奸而显诸

---

① 《陆宣公翰苑集》卷第二十二，上海涵芬楼《四部丛刊集部》新中国成立前版，第 1～30 页，转引自《中国财政历史资料选编〈第五辑〉》。

仁，宿兵而藏诸用，苟不得其人而行之，则搔之以追乎？之以调发，而民心摇矣。市易之法起于周之司市、汉之平准。今以百万缗之钱，权物价之轻重，以通商而？之，令民以岁入数万缗息。然甚知天下之货贿未甚行，窃恐希功幸赏之人，速求成效于年岁之间，则吾法隳矣……故免役之法成，则农时不夺，而民力均矣；保甲之法成，则寇乱息，而威势强矣；市易之法成，则货赂通流，而国用饶矣。"①

（二）改革内容

1. 方田均税法。方田之法："以东西南北各千步，当四十一顷六十六亩一百六十步，为一方。岁以九月，县委令佐，分地计量：随陂原平泽而定其地，因赤淤黑垆而辨其色，方量毕，以地及色参定肥瘠而分五等，以定税则……"②，"均税之法，县各以其租额税数为限，旧尝收蠯奇零，如米不及十合而收为升，绢不满十分而收为寸之类，今不得用其数均摊增展，致溢旧额，凡越额增数皆禁。若瘠卤不毛，及众所食利山林、陂塘、沟路、坟墓，皆不立税"③。

2. 青苗法。"诸路常平、广惠仓钱谷，略计贯石可及千五百万以上，敛散未得其宜，故为利未博。今欲以见在斛斗，遇贵量减市价粜，遇贱量增市价籴，可通融转运司苗税及钱斛就便转易者，亦许兑换。仍以见钱，依陕西青苗钱例，愿预借者给之。随税输纳斛斗，半为夏料，半为秋料，内有请本色或纳时价贵愿纳钱者，皆从其便。如遇灾伤，许展至次料丰熟日纳。非惟足以待凶荒之患，民既受贷，则兼并之家不得乘新陈不接以邀倍息"④。"常平新法乃赈贫乏，抑兼并，广储蓄以备百姓凶荒，不知于民有何所苦？"⑤

3. 农田水利法。"应官吏诸色人，有能知土地所宜、种植之法，及可以完复陂湖河港；或不可兴复，只可招人耕佃；或元无陂塘、圩埠、堤堰、沟，而即今可以创修；或水利可及众而为人占擅；或土田去众用河港不远，为人地界所隔，可以相度均济疏通者；但干农田水利事件，并许经管勾官或所属州县陈述……应逐县各令具本管内有若干荒废田土，仍须体问荒废所困，约度逐段顷

---

① 《上五事书札子》，转引自《中国财政历史资料选编〈第六辑〉》。
② 《方田均税条约》，转引自邓广铭著：《北宋政治改革家王安石》，第185页。
③ 同②。第186页。
④ 同②，第148页。
⑤ 《续通鉴长篇纪事本末》卷六十八，《青苗（上）》。

亩数目，指说著望去处，仍具今来合如何擘画立法，可以纠合兴修，召募垦辟，各述所见，具为图籍，申送本州……应逐县并令具管内大川沟渎行流所归，有无浅塞合要浚导……可以取水灌溉者，由无废坏合要兴修……如有，即计度所用工料多少，合如何出办？若系众户，即官中作何条约与纠率，众户不足户，即如何擘画假贷，助其阙乏……应有开垦废田、兴修水利、建立堤防、修贴圩堈之类，工役浩大、民力不能给者，许受利人户于常干广惠仓系官钱斛内连状借贷支用。"①

4. 免役法。"募法：三人相任，衙前仍供物产为抵；弓手试武艺，典吏试书计；以三年或二年乃更。为法既具，揭示一月，民无异辞，著为令。令下，募者执役，被差者得散去。开封一府罢衙前八百三十人，畿县乡役数千，遂颁其法于天下。天下土俗不同，役重轻不一，民贫富不等，从所便为法。凡当役人户，以等第出钱，名免役钱。其坊郭等第户及未成丁、单丁、女户、寺观、品官之家，旧无色役而出钱者，名助役钱。凡敷钱，先视州若县应用雇直多少，随户等均取；雇直既已用足，又率其数增取二分，以备水旱欠阁，虽增毋得过二分，谓之免役宽剩钱。"②

"十一月，颁募役法。诸户等第输钱，免其身役，官以所输钱立直募人充役。输钱轻重，各随州县大小、户口贫富、土俗所宜……其户数多寡，敷钱则例，随造簿增损，不得益损。"③

"王安石言给田募役，有害十余。八年，罢给田募役法，已就募人如旧，阙者弗补。官户输役钱免其半，所免虽多，各无过二十千。两县以上有物产者通计之，两州两县以上有物产者随所输钱，等第不及者从一多处并之"④。

5. 保甲法。"凡十家为一保，选主户有材干心力者一人为保长，五十家为一大保，选主户最有心力及物力最高者一人为大保长；十大保为一都保，仍选主户最有行止，心力材勇为众所伏，及物力最高者二人为都副保正……每一大保，逐夜轮差五人，于保分内往来巡警……保内如有人户逃移死绝，并令申县"⑤。

"役之过苦则变，诚然。募兵多浮浪不顾死亡之人，则其喜祸乱，非良农之比。然臣已尝论奏，募兵不可全无……方其在田，什伍已定，须有事乃发之以

---

① 《农田水利法》，转引自邓广铭著：《北宋政治改革家王安石》。

② 《宋史》志第一百三十食货上五（役法上）。

③ 《宋会要辑稿》第七册，第6162页，转引自《中国财政历史资料选编〈第六辑〉》。

④ 《宋史》志第一百三十食货上五（役法上）。

⑤ 《畿县保甲条例》，转引自邓广铭著：《北宋政治改革家王安石》。

战守，其妨农之时少。今边陲农人则无什伍，不知战守之法，又别募民为戎兵……遇有警急，则募兵反不足以应敌；无事，则百姓耕种不足以给之，此得为良法也"①。

6. 市易法。"古者通有无、权贵贱以平物价，所以抑兼并也。去古既远，上无法以制之，而富商大室得以乘时射利，出纳敛散之权一切不归公上。今若不革，其弊将深。欲在京置市易务，监官二员，提举官一员，勾当公事官一员。以地产为抵，官贷之钱。货之滞于民者，为平价以收之。一年出息二分。皆取其愿。"②

"天下商旅物货至京，多为兼并之家所困，往往折阅失业，至于行铺稗贩，亦为取利，致多穷窘。宜出内藏库钱帛，选官于京师置市易务，商旅物货，滞于民而不售者，官为收买，随抵当物力多少，均分赊请，立限纳钱出息。其条约，委三司官详定以闻"③。

（三）简评

历史上，对王安石变法的评价极具争议，对变法失败原因的分析也众说纷纭。有学者认为，王安石变法触及官僚地主的利益，从而毁于政治运动；有学者认为，王安石变法没有抓住社会的症结；还有学者认为，变法本身具有敛财性质，加剧了社会矛盾。

关于经济领域的改革，王安石变法强调了政府对经济的全面干预，他的变法举措设计于过分理想化的政治环境，却运行在官府谋取私利的社会现实中，因此，变法实施之后不久便表现出严重的弊病。

例如，《青苗法》规定：在每年夏秋两收前，可到当地官府借贷现钱或粮谷，以补助耕作，通过举息于官来减轻农民的利息负担。然而，在施行中，由于官府的强迫借贷加上名目繁多的勒索迫使许多贫民"不得已，乃复举于兼并之家，出倍称之息，以偿官通"。

又如《免役法》，规定由官府募人提供差役，募役的费用按户等高下分担，称"免役钱"。本意是通过免除繁重的差役，保障农业生产活动的正常进行，但在操作时又增加"免役钱"之半的"助役钱"和十分之二的"免役宽剩钱"，

---

①② 《续资治通鉴长编》卷二一八，转引自邓广铭著：《北宋政治改革家王安石》。
③ 《置市易务诏》，转引自《中国古代赋税史料辑要〈言论篇〉（上册）》。

扩大了剥削，加重了负担。

再如市易法，设置专门机构"市易务"，货物滞销之时，政府出资进行收购，货物畅销时，将货物贷给商人贩卖，收取2分年息。本意是通过政府的干预，平抑市场物价，防止商人垄断居奇。然而，政府从中获取大量的利润，私营的大小商人则纷纷破产，严重地阻碍了商品经济的发展。

五、张居正的财政思想

（一）清丈土地，实行"一条鞭法"

万历年间，面对积重难返、专制体制腐化的大明朝，张居正（1525～1582年）从吏治、财税领域进行全面的改革，拨乱反正。"一条鞭法"就是在这样的背景下产生，上承唐代的"两税法"，下启清代雍正帝的"摊丁入亩"，在封建赋税制度改革史上占有重要地位。

所谓一条鞭法，是指将州县的赋役，量地计丁进行分摊，役粮按人丁数和田粮情况规定缴纳，丁役部分摊入土地征收，"役归于地，计亩征收"；将各种土贡和杂税合并；并且赋役普遍用银折纳；"丁粮毕输入官"，减少了因漕运、贮存而造成的极大损耗；改力役为雇役，役户缴纳一定银两后由官府雇人代役。"一条鞭法者，总括一州县之赋役，量地计丁，丁粮毕输于官。一岁之役，官为金募。力差，则计其工食之费，量为增减；银差，则计其缴纳之费，加以增耗。凡额办、派办、京库岁需与存留、供亿诸费，以及土贡方物，悉并为一条，皆计亩征银，折办于官，故谓之一条鞭。立法颇为简便。嘉靖间，数行数止，至万历九年乃尽行之"[1]。

一条鞭立法颇为简便，"嘉靖间数行数止，迨隆、万之世，提编增额既如故，又多无艺之征，逋粮愈多，规避亦益巧，已解而衍限或至十余年未征，而报收一县有至十万者，逋欠之多，县各数十万，赖行此法，无他科扰，民力不大绌"[2]。"按一条鞭法，十甲丁粮总于一里，各里丁粮总于一州县，州县总于

---

[1]　《明史》（七），中华书局1974年版，第1902页，转引自《中国财政历史资料选编〈第八辑〉》。

[2]　《续文献通考》卷二，《田赋》二，第2791页下～2794页上，转引自《中国财政历史资料选编〈第八辑〉》。

府，府总于布政司。通计一省丁银，均派一省徭役，于是均徭里甲与两税为一。凡一县丁粮毕输于官，官为金募，以充一岁之役，小民得无扰而事亦易集"①。

（二）蠲免赋税，量入为出，节用为先

除了一条鞭法改革，张居正还强调"量入为出、节用为先"的理念，他认为，财政的支出必须在收入能力范围内，而且提倡节俭盈余，他说："计三年所入，必积有一年之余。而后可以待非常之事，无匮乏之虞"。有关的历史记载如下：

"一岁之入，仅足供一岁，不幸岁歉，目前尚不能办，岂复有余力更完累岁积逋乎？有司避责，往往将今年所征，抵完旧逋。即今岁所欠，又为将来带征矣。况征输额绪繁多，年分淆杂，小民竭脂膏，胥吏饱溪壑。甚者，不肯有司因而渔猎夫与其胲民以实奸贪之，孰若尽蠲以施旷荡之恩？乞谕户部，核万历七年以前积负，悉行蠲免。将见年正额，责令尽完。在百姓易办，在有司易证，是官民两利也"②。

"居正劝帝遵守祖宗旧制，不必纷更，至讲学、亲贤、爱民、节用皆急务"③。

"夫古者王制，以岁终制国用，量入以为出。计三年所入，必积有一年之余。而后可以待非常之事，无匮乏之虞。乃今一岁所出反多于所入，如此年复一年，旧积者日渐消磨，新收者日渐短少，目前支持已觉费力……务使岁入之数，常多于所出，以渐复祖宗之旧度，国用可裕，而民力亦赖以少宽也"④。

（三）轻关市，厚商利农

张居正认为，"商不得通有无以利农，则农病；农不得力本穑以资商，则商

---

① 宋如林：《松江府志》卷二十七，《役法》，转引自《中国财政历史资料选编〈第八辑〉》。

② 谷应泰：《明史纪事本末》卷六十一，《江陵炳改》，第 957 页，转引自《中国财政历史资料选编〈第八辑〉》。

③ 《明史》（十九），中华书局 1974 年版，第 5646 页，转引自《中国财政历史资料选编〈第八辑〉》。

④ 《岁赋出入疏》，转引自《中国财政历史资料选编〈第八辑〉》。

病。故商农之势，常若权衡"①。"古之为国者，使商通有无，农力本穑。商不得通有无以利农，则农病；农不得力本穑以资商，则商病；故农商之势常若权衡……故余以为欲物力不屈，则莫若省征发，以厚农而资商；欲民用不困，则莫若轻关市，以厚商而利农"②。张居正理财智慧的"轻关市、厚商利农"政策，适应了明朝繁荣的商业经济，促进了农业和商业的良好互动。

上述改革措施推行不久，便扭转了明朝财政多年积贫窘困的状态。一条鞭法实行之后不久，便"格藏充盈，国最完富"。张居正坚定的改革态度、高明的改革路径以及强有力的政治手腕保证了一条鞭法的顺利实施。

六、黄宗羲的财政思想

生活在清朝资本主义萌芽和发展时期的黄宗羲（1610～1695年）以其"天下为主、君为客"的民主思想而著称。

（一）黄宗羲的理财理念

黄宗羲的财政思想主要集中在他的《明夷待访录》中，反映了他对封建君主制度下的赋税制度的批判，他认为封建赋税制度有"三害"："田土无等第之害、所税非所出之害、积重难返之害"，即土地不分贫瘠统一征税、农民生产农产品却以出售后获得的货币纳税、历代税赋改革最终都加剧了农民的负担。

黄宗羲最值得称道的是他的"工商皆本"思想，生活的时代特征使得他的观点比前人都要深刻。他认为，对工商业的态度要视不同性质的工商业而定：对于"为佛、为巫、为优倡、为奇技淫巧"目的的工商业，因其"皆不切于民用"，应加以限制和批判，而对于真正"兴民利、厚财源"的工商业，因其便利了商品流通，"常使千万财用，流转无穷"，应大力提倡和发展。

---

① 《张文忠公全集赠水部周汉浦榷竣还朝序》。
② 转引自《张居正传》（第三册卷三十七）。

（二）黄宗羲主要的理财言论

"九州之田，不授于上而赋以什一，则是以上上为则也。以上上为则，而民焉有不困者乎？汉之武帝，度支不足，至于卖爵、贷假、榷酤、算缗、盐铁之事无所不举，乃终不敢有加于田赋者……然则什而税一，名为古法，其不合于古法甚矣。而兵兴之世，又不能守其什一者，其赋之于民，不任田而任用，以一时之用制天下之赋，后王因之。后王既衰，又以其时之用制天下之赋，而后王又因之。呜呼！吾见天下之赋日增，而后之为民者日困于前"①。

"或问井田可复，既得闻命矣。若夫定税则如何而后可？曰：斯民之苦暴税久矣，有积累莫返之害，有所税非所出之害，有田土无等第之害。何谓积累莫返之害？三代之贡、助、彻，止税田土而已……何谓所税非所出之害？古者任土作贡，虽诸侯而不忍强之以其地之所无，况于小民乎！故赋谷米，田之所自出也；赋布帛，丁之所自为也。其有纳钱者，后世随民所便，布一匹，直钱一千，输官听为九百。布直六百，输官听为五百，比之民间，反从降落。是钱之在赋，但与布帛通融而已……何谓田土无等第之害？《周礼》大司徒，不易之地家百亩，一易之地家二百亩，再易之地家三百亩，是九则定赋之外，先王又细为之等第也……是故田之中、下者，得更番而作，以收上田之利。加其力有余也而悉耕之，彼二亩三亩之入，与上田一亩较量多寡，亦无不可也"②。

"当今之世，宛转汤火之民，即时和年丰，无益也，即劝农沛泽，无益也，吾以为非废金银不可。废金银，其利有七：粟帛之属，小民力能自致，则家易足，一也。铸钱以通有无，铸者不息，货无匮竭，二也。不藏金银，无甚贫甚富之家，三也。轻赍不便，民难去其乡，四也。官吏赃私难覆，五也。盗贼肵箧，负重易迹，六也。钱钞通路，七也。然须重为之禁，盗矿者死刑，金银市易者以盗铸钱论而后可"③。

"故今日之钱，不过资小小贸易，公私之利源皆无赖焉，是行钱与不行等也。诚废金银，使货物之衡尽归于钱……千钱以重六斤四两为率，每钱重一钱，制作精工，样式画一，亦不必冠以年号。除田土赋粟帛外，凡盐酒征榷，一切

---

① 《明夷待访录·田制一》。
② 《明夷待访录·田制三》。
③ 《明夷待访录·财计一》。

以钱为税。如此而患不行，吾不信也"①。

　　"治天下者既轻其赋敛矣，而民间之习俗未去，蛊惑不除，奢侈不革，则民仍不可使富也。何谓习俗？吉凶之礼既亡，则以其相沿者为礼……富者以之相高，贫者以之相勉矣。何谓蛊惑？佛也，巫也。佛一耳，而有佛之宫室，佛之衣食，佛之役使，凡佛之资生器用无不备，佛遂中分其民之作业矣……凡斋醮祈赛之用无不备，巫遂中分其民之资产矣。何谓奢侈？其甚者，倡优也，酒肆也，机坊也。倡优之费，一夕而中人之产；酒肆之费，一顿而终年之食；机坊之费，一衣而十夫之暖"②。

---

① 《明夷待访录·财计二》。
② 《明夷待访录·财计三》。

专题三

中国古代经典的理财思想

理财思想是管理国家财政经济的理论和原则。治国重在理财，理财需要明确的理财思想。党的十八届三中全会明确提出，当前的一项重要改革目标就是要"推进国家治理体系和治理能力的现代化"，而提升国家治理能力离不开优秀的理财思想。自先秦至鸦片战争前历代思想家及典籍中所阐述的理财思想极其丰富，这些理财思想是中国宝贵的文化财富的重要组成部分，其中有许多值得借鉴之处。梳理和研究几千年来经典的理财思想，从中总结和把握理财的一般规律性知识，不仅有利于后人传承中华优秀历史文明，弘扬民族精神，而且对于在新的历史时期提升国家治理能力以及建立更为科学、高效的财政体制都具有重要的历史启示。

一、理财思想在治国中的重要性

从历史发展来看，财政与国家的形成和发展基本上具有时间上的同一性。财政在中国的出现可以追溯到夏禹时代的公元前 21 世纪，中国财政税收的实践经历了数千年漫长的历程，在理财思想上也留下了丰富的遗产。据考证，"理财"一词最早见于《易经·系辞》，宋以后成为常用的经济范畴，清末曾经以理财学作为经济学中译名之一。从开始有理财行为发生，理财思想就不可避免地相伴而生，只是最初的理财思想都是简单朴素的，没有形成系统的理论，后来随着理财行为的不断拓展，理财思想也在逐步地系统化和条理化。

理财是一个国家经济活动的重要内容，它对于政权的巩固、国家的兴衰以及社会的进步与发展具有极为重要的意义。从"《洪范》五福先言富，《大学》

十章半理财"① 中，可以很清楚地看到，自古以来人们就把理财作为治理国家的大事，而理财思想则是一个国家或地区进行理财活动的指导思想，选择哪种类型的理财思想对一个国家进行什么样的经济决策和理财行为都会产生至关重要的影响。正如古人所言，财税"国之大事，存亡之道，死生之地，不可不察也"。②《管子》提出治国者要"慎于用财、为之有道"，以此来说明理财的重要性。他指出，为国理财者，不仅要善于生财、聚财，而且要善于用财，"百事治则百用节矣，是故事者生于虑，成于务……为之有道"③。如果用财不当，铺张浪费，就会加重人民的负担，从而引起国家发生动乱。国家财用"困而不赡，大者以失其国，小者以危其身"。④ 因而，统治者必须慎重用财，不能随心所欲。中国历史上朝代的兴亡与财税改革关系密切，治乱循环、朝代更替都无不与当政者是否善于理财有关。这里，试列举几个有代表性的朝代。

秦灭亡后继而兴起的西汉王朝，吸取了秦二世实行暴政和赋税沉痛的教训，为了巩固统治，汉高祖刘邦采取了轻徭薄赋的财政政策，田租最初"什五税一"。财政收入减少，自然需要削减一定的财政支出，"上于是约法省禁，轻田租十五而税一，量吏禄，度官用，以赋于民"。当时规定天子外出不能乘驷马之车，将相外出只能乘牛车。这种轻徭薄赋、节约开支的措施收到了很好的效果，使西汉渡过了初建时期的难关，逐步走向强大。

到文帝时期，曾12年免收田租，田赋实行三十税一的税率，要求官吏"务省徭费以便民"，实行"轻徭简赋"的政策。贾谊提出了著名的"积贮论"，指出"夫积贮者，天下之大命也"。⑤ 认为国家应以农业为主，重视屯粮，并且把

---

① 《洪范》，《尚书》篇名。旧传为箕子向周武王陈述的"天地之大法"。《汉书·五行志》曰："禹治洪水，赐《洛书》，法而陈之，《洪范》是也。"故亦称"洛书"。托武王与箕子对话，言禹治水有功，上帝予其"洪范九畴"（大法九种）。其中提出水、火、木、金、土"五行"及其性能作用。主张天子建立"皇极"，实行赏罚，使臣民顺服。又提出"正直"、"刚克"、"柔克"三种治民方法。《尚书·洪范》篇是中国历史上第一次系统地阐述国家施政大法的篇章。《大学》原本是《礼记》中的一篇。宋代人将它与《论语》、《孟子》、《中庸》合称为"四书"。朱熹则认为，《大学》是孔子及其门徒留下来的遗书，是儒学的入门读物，因而把它列为"四书"之首。《大学》提出了儒学"三纲八目"的追求。所谓"三纲"是指明德、亲民、止于至善。它既是《大学》的纲领旨趣，也是儒学"垂世立教"的目标所在。所谓"八目"，是指格物、致知、诚意、正心、修身、齐家、治国、平天下。它既是为达到"三纲"而设计的条目，也是儒学为后人所展示的人生进修阶梯。

② 《孙子兵法》。

③ 《管子·乘马》。

④ 《管子·禁藏》。

⑤ 《论积贮书》。

积贮提到国家"大命"的高度，因为国家有了丰厚的积贮，才可以保证人民有安定的生活，可以应付水旱等自然灾害，确保安定的政治局面。他在重视国家储备的同时，还大力提倡个人储备，认为百姓生活富足是国家财政充裕的基础，"民不足而可治者，自古及今，未之尝闻"。① 景帝在驾崩之际留下诏书，要求赏给天下民户每家一百钱，放出宫女回家，免除她们的终身赋税和负担，"赐天下户百钱。出宫人归其家，复无所与。"社会更加稳定，经济由恢复期进入较繁荣的发展阶段，出现了"文景之治"的良好局面。

唐太宗接受量入为出的理财思想，认为"先王之治，度地以居人，均其沃瘠，差其贡赋，盖敛之必以道也。量入而为出，节用而爱人，度财省费，盖用之必有度也。是故既庶且赋，而教化行焉"②。唐中期，土地兼并加剧，人口紊乱，均田制和租庸调制度遭到破坏，唐政府适时地进行了两税法的税制改革。两税法开始了以资产为课税客体的历史，扩大了纳税面，简化了税制和征收手续，减少了税收成本，一定程度上实现了税负均平和普及。正是统治者采纳了理财家的理财思想，才出现了历史上的"贞观之治"、"开元盛世"等太平盛世的局面，成就了唐朝的中兴气象，促进了唐朝的经济繁荣。

宋代，到真宗、仁宗时期，土地兼并、税负不均，国家财政"年年亏短"，以致"百年之积，惟存空簿。"王安石认为天下财力困穷，风俗衰坏的原因在于"不知法度"。他十分强调理财的重要性，他说"聚天下之人，不可以无财"，"理财方为今先急"。他认为，治国必须先理财，不加强国家财政力量，什么事也办不成，至于理财之道，他说"欲富之天下，则资之天地"，"因天下之力，以生天下之财，取天下之财，以供天下之费"。正是由于坚持这些理财思想，王安石进行了以方田均税法和募役法为主要内容的财政改革。改革改变了"产去税存"现象，把农民从沉重的徭役中解脱出来，促进了社会经济的发展。

南宋时期著名思想家叶适极为重视理财。他认为，理财不仅在理论上是经济研究问题中的应有之义，而且在实践上也是圣君贤臣的重要职责。历代圣君贤臣，均以治国平天下为己任。圣君贤臣要治国平天下，除了要修身齐家之外，还必须善于从理财入手（治国安邦平天下的高度）。他不仅从统治者治理国家的职责的角度和生产、分配、交换、消费协调运行的意义上阐述了理财的必要性，而且从社会稳定、人民安康、国家富强的层面上论证了理财的重要性，从而从

---

① 《论积贮疏》。
② 《旧唐书》。

理论的角度否定了"圣贤不为利"的古老命题,提出了圣君贤臣必善理财的崭新观点。此外,他还指出了理财与聚敛有重要区别,提出理财必先生财的观点,彰显出其丰富的理财思想。

明朝张居正针对赋税沉重、土地兼并严重的情况,实行了"一条鞭法"的改革。张居正主张取财有制,用财有节,"天地生财,自有定数。取之有制,用之有节则裕;取之无制,用之无节则乏。"① 他反对不顾人民的承受能力横征暴敛,反对赋税负担不均,官吏贪污舞弊,豪强兼并偷漏等现象和行为。推行"一条鞭法"以后,赋役合一,按亩计税,结束了实行两千多年的赋役分别征收的历史,扩大了货币税的征收范围。明末黄宗羲反对日益苛重的赋税征收。他说:"吾见天下之田赋日增,而后之为民者日困于前",指出江南的田赋特重,有些田亩将一年的产量"尽输于官,然且不足"。针对使人民苦于"暴税"的三害,他提出的赋税主张是:"重定天下之赋",标准"以下下为则";征收田赋"必任土所宜",生产什么缴纳什么,不强求一致;重新丈量土地,按土质优劣计算亩积,据等征税,消除因土地质量不同而带来的赋税负担不均的问题。②

清朝康熙五十一年,实行"摊丁入地"改革,宣布"滋生人丁,永不加赋",将人头税并入土地税,使税负与实际负担能力相符,一定程度上减轻了农民负担。"摊丁入地"改革,完成了赋役合一的历史进程,彻底废除了实行两千多年的人头税,削弱了农民对国家的人身依附关系,客观上为农业、工商业的发展提供了条件,促进了经济发展,由此也成就了历史上的康乾盛世。

综上可见,理财思想对于一个国家政权的巩固、国家的兴衰更替以及社会发展具有极为重要的意义。

二、中国古代经典的理财思想

中国古代有许多重要的理财观点和原则,在先秦时期即已形成。《尚书》中的《禹贡》就提出过"任土作贡",这是中国文献有记载的最早的理财思想。《周礼》中的《天官冢宰》和《地官司徒》,提出了封土建国、财权分理、赋役

---

① 《张文忠全集·论时政疏》。
② 《明夷待访录》。

并重、任土所宜、均平负担、节用、分田制禄、食贡有差及救荒等理财思想；在国家收入和支出的关系上，提出了量入为出的财政原则。这些理财思想是我国早期宝贵的文化财富，本文择其经典的理财思想进行总结梳理。

（一）量入为出

量入为出就是以收定支，在既定的收入条件下，根据国家财政收入数额来确定支出数额的理财原则。最早出现量入为出思想的是在西周时期，史料中比较明确的论述是载于《礼记·王制》中："冢宰制国用，必于岁之杪，五谷皆入，然后制国用。用地大小，视年之丰耗，以三十年之通制国用，量入以为出"①。这句话的意思是，冢宰②在编制国家财政支出预算时，必须在每年年底制定，这时各种租税谷物都已经收进来了，按照土地的大小和年成的好坏，通算三十年以编制支出预算，根据收入计划支出。在量入为出理财思想指导下制定财政方针时，《周礼》还提出了"九赋以制九式"③的思想，即以特定的收入安排支出的财政原则，这是中国历史上最早的专税专用思想及财政控制的最早模式。

西周以后，量入为出逐步成为各个朝代理财思想的核心和基础。春秋时期的孔子主张在财政收入上要贯彻"薄敛、富民"原则，在财政支出上要贯彻崇俭抑奢的思想，"礼，与其奢也，宁俭"④。孔子把收入和支出有机地联系到一起，认为财政上该征收的要征收，该使用的就要使用，能俭省的一定要俭省，体现了量入为出的理财原则。

到了战国时期，管仲对量入为出的理财思想做了进一步的发挥。他认为，"取于民有度，用之有止，国虽小必安；取于民无度，用之不止，国虽大必危"⑤，意思是说，取之于民的要有节制，不能竭泽而渔，支出一定要符合节约的原则。"地辟而国贫者，舟车饰，台榭广也……舟车饰、台榭广，则赋敛厚

① 《礼记·王制》。
② 冢宰是当时治理国家的大臣。
③ 《周礼》："九赋之财以制九式国用"，其中，"邦中之赋，以待宾客之式；四郊之赋，以待刍秣之式；邦甸之赋，以待工事之式；家削之赋，以待匪颁之式；邦县之赋，以待币帛之式；邦都之赋，以待祭祀之式；关市之赋，以待羞服之式；山泽之赋，以待丧荒之式；币余之赋，以待好用之式"。
④ 《论语·八佾》。
⑤ 《管子·权修》。

矣"①。他认为，地辟而国危的原因是由于不注意"用之有止"造成的，因此，应当薄征，取之有度。正是由于管子坚持量入为出的理财思想来治理国家，才为齐桓公成为战国七雄打下了雄厚的经济基础。

万历年间，内阁首辅张居正提出要开源节流，量入为出。开源就是要发展农业，农商并重。因为"古之为国者，使商通有无，农力本穑。商不得通有无以利农，则农病；农不得力本穑以资商，则商病；故农商之势常若权衡"②。开源的同时节流，"开利源，节漏费"。他强调量入为出的重要性，为治国者所不能忽视。"夫古者，计三年所入，必积有一年之余，而后可以待非常之事，无匮乏之虞。乃今一岁所出，反多于所入；如此，年复一年，旧积者日渐消磨，新收者日渐短少。目前支持，已觉费力，脱一旦有四方水旱之灾。疆场意外之变，何以给之？此皆事之不可知、而势之所必至者也"。

（二）藏富于民

藏富于民即是在使人民富足的基础上充实国家财政。儒家的观点最具有代表性："百姓足，君孰与不足；百姓不足，君孰与足"③。体现了国家的租税收入是来自人民以及培养税源的财政思想。儒家认识到从生产与消费的对比关系考察对理财的影响。"生财有大道，生之者众，食之者寡；为之者疾，用之者舒，则财恒足矣"④。这句名言与"节其流"、"开其源"⑤ 一起，成为后代必须遵循的理财原则。

墨子期盼国家富强，把富国视为治国的正当目标，把增加国家财力视为治理国家、安定社会的前提条件。他认为，"官府实而财不散"，进而达到"官府实而万民富"⑥ 的目的，就是说，只有国家富强了，老百姓才能富裕。认为，劳动创造财富，"下强用事，则财用足矣"，"贱人不强用事，则财用不足"⑦，他认为，百姓努力劳动，就能丰衣足食，反对不劳而获，同时，主张保护私有财产。

关于藏富于民的看法，历史上的理财家的观点可以概括为两派。一派以商

---

① 《管子·权修》。
② 《张居正集》（第三册卷三十七）。
③ 《论语·颜渊》。
④ 《大学》。
⑤ 《荀子·富国》。
⑥⑦ 《墨子·尚贤》。

鞅为代表。他主张"国富民贫"论，即百姓要穷，国家财政要富。"治国之举，贵令贫者富，富者贫。贫者富，富者贫，国强"。儒家则主张在百姓富足的基础上充实财政，特别反对财政上的"聚敛"，提出"财聚则民散，财散则民聚"①。

另一派以王安石为代表。王安石认为，理财的目的在于富国、强兵。善理财者，民不加赋而国用饶足。那么，如何理财？王安石提出理财要同整个社会生产相结合，"因天下之力以生天下之财，取天下之财以供天下之费"②。为了改变宋朝积贫积弱的局面，王安石实行了以"理财、整军、富国、强兵"为目的的财政改革，变法内容主要包括青苗法、农田水利法、免役法、市易法、方田均税法和均输法。通过变法，达到"因天下之力以生天下之财，取天下之财以供天下之费"的目的。

唐时的刘晏把《易经》的理财观与《大学》的理财观结合起来认识生财与理财问题。认为理财有人为分疏之意，生财有生生不穷之意。对财政与经济的关系有明确认识，注意培养税源，认为"户口滋多，则赋税自广，故其理财以爱民为先"③，因而提出了"厚人而薄财，损上以益下"的理财原则，因为"少损者所以招大益"、"暂薄者所以成永厚"④，这符合当时封建国家的长远利益。

（三）节用思想

春秋时期齐国著名的政治家、思想家晏婴，认为治国之道要遵循"伦理的财富观"。他认为，个人获得或追求物质财富，要有一个社会伦理限度，只有在一定的"德"的限度内，个人财富才可长久保持；超过一定限度，财富则十足为害，"如布帛之有幅焉，为之制度，使无迁也"。个人获得或追求物质财富决不可漫无边际。晏婴本人生活十分简朴，认为"处富贵而失伦，谓之逆道"⑤。

荀子是战国时期著名思想家，其理财思想有许多值得借鉴之处。《富国》是《荀子》中的名篇，集中反映了其政治、经济、治国及理财思想。他提出："足国之道，节用裕民，而善藏其余。节用以礼，裕民以政"。⑥ 这里讲的"节用以

---

① 《礼记·大学》。
② 《王临川集·上仁宗皇帝言事书》。
③ 《资治通鉴》卷一百一十六。
④ 《陆宣公奏议·均节赋税恤百姓》。
⑤ 《晏子春秋》。
⑥ 《荀子·富国》。

礼"就是在符合礼的前提下,尽量节省财政开支,做到"德必称其位,位必称其禄,禄必称其用。"①"礼者,贵贱有等,长幼有差,贫富轻重皆有称者也。"而"人之生,不能无群。群而无分则争,争则乱,乱则穷也。"可见,"隆礼"和"明分"是节用的精髓。

孟子提出"节用而爱人"的理财思想。他呼吁人们要懂得"生于忧患,死于安乐"的道理。"何以聚人曰财,理财正辞,禁民为非曰义"②。财物的用度要有正当说法,禁止民众铺张浪费,才是合理的理财方法。

《管子》主张节用,反对奢侈浪费。在理财活动中,"国侈则用费,用费则民贫,民贫则奸智生,奸智生则邪巧作"③,"不知量,不知节,不可谓之有道"④。过分消费或俭用都不是真正意义上的节用。那么,怎样做到节用呢?《管子》认为,节用的关键在于"度"(标准和制度)的把握上,必须"审度量,节衣服,俭财用,禁侈泰,为国之急也"。⑤

墨子的理财思想主要表现在"节用"上。他认为,"俭节则倡,淫佚则亡"⑥,"力时急则自养俭,生财密其用之节。"无论是公共消费还是私人消费,都应当"节用",这里的"节用"有强烈的降低成本费用意识。他生活俭朴,注重实践,强调纪律,富有牺牲精神,在先秦诸子中是最接近平民的。关于节用的内涵,一般人多理解为节俭财物,实际上墨子的解释则更重在提高生产效用,即把节用与生产紧密联系起来。

在财政支出上,法家反对君臣奢侈,玩物丧志。认为开支过大,必然加重赋税,打击人民的生产积极性。但他们不同意孔子"政在节财"的观点,认为理财的重点是开源,而不是节流。该办的事办好了,国家富裕,开支大一点也没关系。

唐朝名相陆贽,主张"均节赋税"、"养人资国"以发展社会经济。他十分同情民间疾苦,对赋税繁重的情况极为不满,他论述经济问题的中心就是"反聚敛"。"取之有度,用之有节,则常足;取之无度,用之无节,则常不足"⑦、

---

① 《荀子·富国》。
② 《周易·系辞下》。
③ 《管子·八观》。
④ 《管子·乘马》。
⑤ 《管子·八观》。
⑥ 《墨子·辞过》。
⑦ 《资治通鉴》。

"少损者招大益也……暂薄者所以成永厚也。"① 取之有度，用之有节被后人看作是具有持续发展的理财思想。

（四）专卖思想

国家实行官营专卖是增加财政收入的一项重要制度。专卖思想来源于春秋时期齐国的"官山海"的财税改革。"官山海"，又称"官山府海"。当时的齐国临海，经济资源丰富。齐桓公问："何以为国"？管子曰："唯官山海可耳。"② "官山海"就是以山海为官产，实行盐铁专卖，将税加于盐铁价内，消费者购买时无形中缴纳了盐铁之税，即寓税于价。如何官山海？《管子》规定：当时每人平均食盐 3 升，升盐加 2 钱，每人每月多支付 6 钱，万乘之国，人口 1000 万，仅盐专卖一项，就可收入 6000 万钱，而原来规定 100 万个成年男子每月交 30 钱的人头税，才得收入 3000 万钱，而且人"必嚣号"，社会不安。铁专卖是规定每件铁器的专卖价格，每一针加价一钱，30 针为一人头税等。国家通过"官山海"制度控制和垄断了山林川泽的资源。

晚唐刘晏的理财思想体现了"以人为本"的执政理念。他认识到"因民所急，而税之，则国用足"。③ 民之所急莫过于日常生活必需而又不容易找到替代的物品，盐是人民生活的必需品，人人都需要，由于其供求弹性较小，无论盐价高低，均可卖出，所以适当加价，不会引起销售量的急剧变化，对这种商品征税可以获得较稳定的收入。因此，刘晏理财的重点之一就是放在盐政的改革与整顿上，主张政府通过控制物资和市场物价等经济手段来取得财政收入，而不是单纯依靠增加税收来达到目的。他提出的"知所以取人不怨""因民所急而税之"思想为选择专卖商品确定了一个重要原则。刘晏的财政改革促进了"安史之乱"后社会经济的恢复和发展。

之后，相继的封建各王朝都把国家专卖作为增加财政收入的一项重要制度，相继实行了盐专卖、茶专卖、铁专卖、酒专卖。山泽的其他产品也采用专卖办法，例如，木材可以分成大中小三等，各等之租若干，任何人交付规定的租金即可入山采伐柴薪、建筑木材或棺椁木材。官山海巩固了新出现的封建政权，

---

① 陆贽：《均节赋税恤百姓》。
② 《管子·海王篇》。
③ 《新唐书·食货志四》。

为封建政府控制财源找到了一条新的途径。

（五）隆礼重法

隆礼重法就是理财要有制度可遵循。在中国历史文献记载中，最早出现"理财"一词，是在《易经·系辞》中就有"理财正辞，禁民为非曰义"的记载，说明古人已经认识到理财需要遵循一定的制度，无论对于财物的征收和使用都要有正当的理由，禁止民众不合理的开支和浪费，这是理财的正道。

荀况认为，治国理财必须礼法并用，他说"隆礼重法，则国有常"①。为了避免社会的争斗和动乱，人君应"明礼义以化之，起法正以治之，重刑罚以禁之，使天下皆出于治，合于善也"②。

《管子》认为，理财要"明法审数"。这里的"明法"就是指理财要有制度；"审数"就是对各项收支进行审核，做到心中有数，以防止舞弊和差错。注重运用计数方法进行理财活动，提出运用若干必要的计数指标来检查财务政策的执行情况和考核、评价理财效果。《管子》中多次出现过"计数"一词，是指"计算数据并进行筹划"，具有理财含义。"仓廪实而知礼节，衣食足而知荣辱，上服度则六亲固。"③　就是说，粮仓充实就知道礼节；衣食饱暖就懂得荣辱；君王的享用有一定制度，六亲就紧紧依附。管仲抓住了治国理财的根本，经过多年的治理，齐国很快强盛起来，成为春秋第一霸。

法家主张以法作为治国理财的根本，代表人物主要有商鞅和韩非。韩非强调"以法为本"，实行集权式的理财方略，做到"事在四方，要在中央，圣人执要，四方来效"④。在法家看来，实行法治，比儒家以礼义治理国家要好。实行法治，将法"编著之图书籍，设之于官府，而公布于百姓者也"。一国的君臣上下都以法为判断是非、指导行为的标准，就能"使群臣不游意于法之外，不为恩惠于法之内，动无非法"，这样做，有利于君令的统一贯彻⑤。

---

① 《荀子·君道》。
② 《荀子·性恶》。
③ 《史记·管晏列传》。
④ 《韩非子·杨权》。
⑤ 《韩非子·难三》。

三、古代经典理财思想的历史启示

中国财税的历史经历了数千年漫长的历程，在理财思想上也留下了丰富的遗产。以上所述只是从中国璀璨的历史中采撷到的几点微光，但其理财的道理都是通用且是经典的。研究我国古代经典的理财思想，从中总结和把握理财的一般规律性知识，合理扬弃，做到"知古而不泥古"、"观往而鉴今"，这对于当前提升国家治理能力、建立更为科学高效的财政体制，从而建立有中国特色的现代财政理论具有重要的历史启示。

（一）汲取经典的理财思想，提升治国理财的能力

古代的理财思想，从维护封建统治、理顺财税分配、协调国家与农民、需要与可能等诸多关系出发，在各个历史时期的理财领域都发挥了重要作用。我们应当继承前人的宝贵财富，学习中国古代经典的理财思想，掌握理财原则和理财思想，去粗取精，更好地了解中国国情，提升理财家治国理财的能力。党的十八届三中全会提出了全面深化改革的总目标之一就是要"推进国家治理体系和治理能力现代化"，国家治理体系的完善程度及治理能力的强弱，是一个国家综合国力和竞争力的重要标志。对于财税理论和实际工作者而言，治国理财的能力具体体现在：生财、用财和治财三个方面。

首先，生财。生财是理财的重要手段，为了生好财，就要注重社会经济的发展，合理地培植税源，保护税本，开源节流，防止侵害国民经济的发展。

其次，用财。用财是理财的最终目的。自古至今，解决好财政问题基本上有两个渠道，即"开源"和"节流"。通过"开源"来组织财政收入，确保财政支出的需要；通过"节流"来提高财政资金的使用效率。节俭思想是古代经典的理财原则，也是中华民族传统文化中宝贵的精神财富。尽管当前我国GDP增长迅速，财政收入有了大幅增长，但财政支出项目多，财政负担依然沉重，在这种情况下，"节流"显得尤为重要。要提高执政者的用财能力，一是从政府自身做起。在政府消费行为中，奉行节约原则，精打细算、俭朴行政，杜绝浪费。二是要调整和优化财政支出结构，严格控制一般性财政支出，但又要保证重点支出的需要。三是通过深化公共财政改革来提高资金使用的规范性、安全

性和有效性。在安排财政支出时，要按照节约原则，将节俭思想真正运用于财政支出上，减少不必要的开支。除了体制改革和政策制定外，更重要的是贯彻执行，在制定合理的财政预算约束的基础上，强化对财政预算执行过程的监督，提高财政透明度，确保支出效果，以达到合理有效地节约财政支出的目的。

最后，治财。财政工作者要把量入为出和量出为入财政原则结合起来，在财政收入上提倡采用量入为出，在财政支出上则主张用量出为入。量入为出和量出为入是中国古代处理财政问题的两大原则，在进行财政预算和财政管理中，根据经济形势的需要，将二者有机结合，管理好财政。

（二）正确处理国家与民的关系

通过对历史上经典理财思想的分析，富国裕民是各代理财家所信奉的理财思想。国家财政不足，就会增加赋役，致使民负过重；民负过重使百姓丧失生产积极性，进而造成国家财政收入不足，以至于匮竭。富国裕民思想的实质，就是如何协调国家（君）与民、民与民之间的利益关系问题。一般来说，这些关系处理得好，顺应了经济发展的规律，促进了生产力的发展，缓和了阶级矛盾，就会出现国富民强的局面。否则，就是相反的局面。

古代经典理财思想启示我们，在国家与民的关系上，宜选择"多予、少取、放活"的财政政策。国家就要少收一点税，多给老百姓一些实惠。首先，"多予"。对农民，实行"以税惠农"，让农民长期休养生息。对企业来说，实行减税政策，鼓励、支持和帮助企业发展。其次，"少取"。从国家租税收入方面来看，先秦各家除商鞅坚持重税政策外，其余都赞成轻税政策，即所谓"薄赋敛"或"薄税敛"。当前，我国经济飞速发展，财政收入连年增长，国家实行"少取"的财税政策具有良好的经济基础。最后，"放活"。就是要对农村和企业采取灵活的政策，尊重农民的生产经营自主权，尊重农民的创造，消除所有制歧视，例如，对进城务工就业的民工给予国民待遇，降低城市化的门槛，让民工能够"沉淀"下来；采取有效措施鼓励企业采取各种措施发展生产。

（三）完善财政税收法律制度

古代理财家主张隆礼重法。规范的税收体系"税权法定"，政府必须受到法律和人民的限制按照法律权限进行征税。税收体制改革绝不是简单的宏观调控政策选择问题，当前，依法征税已在全国上下形成高度共识。税收法定原则，既契合依法治国理念，又是深化财税改革必须的法制配套措施。这就要求我们遵循宪法原则，建立"一税一法"的税收法治，今后在增值、消费、房产、资源、环境、土地、关税、契税等税种内，作有选择性的逐步突破，包括增值税在内的各项税收，均涉及政府、企业、个人、家庭的切身利益，无论是立法还是征缴对象与比例的调整，均牵一发而动全身。所以，国家税收立法将基于"成熟原则"审慎推进，最终将纳税人权利上升到宪法的高度，有利于树立纳税人的主体意识和权利意识，矫正传统的"纳税义务观"，实现纳税人权利与义务的对称，实现税法从"国家征税之法"向"纳税人权利保护之法"转变。

专题四

民国时期的财政思想

民国财政思想是中国财政制度现代化过程中的一个重要组成部分。中国近代财政改革思想的产生和发展，有其特定的历史条件：中国资本主义的发展，在经济上为近代财政改革思想的产生和发展，提供了可能性和必要性；西方财政思想在中国的传播，为近代税制改革提供了全新的理论依据；历届政府的财政困难或政治体制改革，则是促成财政改革思想产生和发展的直接因素。晚清时期，尽管从西方引进了一些外来的财税理论，但传统的财税思想仍有相当大的势力。1912 年以后，西方财税理论在中国的传播又上了一个新台阶，传统的财税思想事实上已退出历史舞台而逐渐被西方财税理论所取代。

一、北洋政府时期财政思想的发展

民国初年，百废待兴，为了集中财力，解决财政困难并巩固政权，必须结束晚清时期财政和税制极度紊乱的状况，因此，北洋政府不得不重视财政改革，从而推动了该时期税制改革的发展。同时，北洋政府是中国数千年封建专制政体覆灭后的产物，它披着全新的近代共和政体的外衣，标榜"立宪政治"，这使它不得不从事与其政治体制相配套的财政体制改革。清末"预备立宪"时的一些未竟"事业"，诸如实行预决算、划分国家税与地方税等，还必须继承下去。此外，资本主义经济的进一步发展带来了一系列新的经济现象与社会问题，也促使人们思索如何通过税制改革来应对它们，如本时期交易所税的出现、举办宅地税的筹议，则与交易所、房地产业的兴盛有关；而所得税与遗产税思潮的兴起，则与当时资本主义经济有所发展后出现了部分高收入群体有关。

（一）周学熙的财政思想

1912 年 7 月，周学熙担任财政总长。他认为，当时财政困难的主要根源有两个："一曰紊乱"；"二曰枯竭"。造成财政紊乱的原因有四个：一是财政系统不明，国家收支与地方收支未明确划分，"中央拥考核之虚名，各省操征权之实柄，中央需款则求之各省"。二是财政不统一。各省有藩司、盐使、关道以及各种税局，均拥有征收的权力。三是新政繁兴，岁计日绌。旧有税收不足供应，于是巧立名目，苛索于民，税目税项千百种，"省与省殊、县与县异"，毫无系统。四是负担不均，农商小民苦于苛索，巨商富室竟至"无丝毫贡献"。他还分析了造成财源枯竭的原因：一是信用不坚，难以利用公债调剂预算不敷。二是币制不统一，比价变动影响国库收支，使国用日绌。三是银行基础未立，无法进行金融的灵活调剂。四是产业不发达，工农业生产凋敝。①

在周学熙提出的施政纲领《整理财政总计划书》中，分析了当时税制紊乱以及不合近代租税原则之处，提出要通过对税制的整理，使"租税统系分明"、"文明先进国最良之税制推行于吾国"。其税制改革方案的主要内容有以下几点：

1. 划分国、地收支，分清中央与地方的权限和国家与地方财政的权限。他明确提出了国家税与地方税的划分范围。其成果是 1912 年 10 月 31 日，北京政府财政部设立的财政调查委员会拟订出《国家税地方税法（草案）》及《国税厅官制（草案）》送呈并印发。1913 年 11 月 22 日，财政部正式颁布《划分国家税与地方税法草案》，这是我国历史上第一个以中央政府行为划分国地两税的法案。

2. 统一税收征收权。"地方税项，应归地方团体征收，或由国家代征，国家税项，应归中央政府管理，或用委托方法，此理之至明者也。"讨论了税收征管机构的设置问题，主张建立垂直征管机构和专管队伍，提议将关税、盐税划归财政部管辖，在各省设国税厅，直隶财政部，办理国税事宜，省以下相应设分厅、支厅。此举主要是为了加强中央财权。其成果则是划分国地税后，北京政府在各省设立国税厅，直隶财政部负责征收并管理国家税。1913 年 1 月 10 日，袁世凯即已任命全国 22 个省的国税厅筹备处处长，分赴各省筹备国税厅事宜。

3. 厘定税目。"以删繁就简为改良税目之要策"，是为解决人民颇有怨言的

---

① 国家税务总局：《中华民国工商税收史纲》，中国财政经济出版社 2001 年版，第 46 页。

重复课税、苛捐杂税问题，将国家税定为 17 种，地方税定为 19 种。周学熙主张租税普及、负担公平的原则。以所得税为例，"是税之所长，适用累进之税法，与公平之原则既符，而亦易达普及之目的"①。

4. 更新税制。计划系统引进西方近代税种，他主张采用西方的财政经济思想，将税收制度"集注于富力之分配"，改变过去仅对生产或消费品间接征收的单一办法。他主张开征印花税、所得税和遗产税。

周学熙在财政整理计划中还特别提到培养税源的问题。"今日理财须以培养税源为第一义，而培养税源须以保护产业为第一义"。他认为，"保护之道，首在恢复，次言发达"，所谓"恢复"，就是"保护生产机关，使恢复其向来之纳税力"。通过"恢复"这一"治标之计"，"而后税源可裕"，达到发达产业这一"根本之图"。他指出，为消除重复课税之弊，新税推行时即当废止与之性质相同的旧税。"租税中足为产业之障碍者，无过于厘金及其他之恶税，或有类于重复之课税，自当分别蠲免轻减，归并裁汰"②。

为"救财政之穷"，周学熙还主张发行有信用的公债以筹划财政收入。他担心国民缺乏对公债的信任及使用习惯，因此，指出举办公债须具备三个条件：一是"扩充流通公债之机关"，以银行及股份懋迁公司③作为发行公债的媒介；二是"广求公债之用途"，允许以公债"充银行发行钞票之准备及其他公务上之保证，且许民间随意买卖抵押"；三是"确实公债之担保"，主要以契约及印花税作为担保的"确实可靠的财源"。以上条件具备后，再拟订举债总额、目的及其利率标准，以此取得国民的信用④。

周学熙还提出建立中央银行，健全银行系统，使之能调剂全国金融，以宽裕国家财力；并提出以"量出为入"作为制定国家预算的基本原则等主张。

周学熙以后，熊希龄、陈锦涛、周自齐、李思浩等历任财政总长都提出过自己的税制改革方案，内容与周学熙的方案大同小异，无非是整顿旧税、推行新税、划分国、地二税等，均以西方财税理论为借口，而其真正的意图在于财政榨取。由于北洋政府的腐败无能，这些改革方案多半没有得到认真的实施，但无疑促进了当时财政改革思想的发展。

––––––––––––––––––

① 侯厚吉、吴其敬：《中国近代经济思想史稿》（第三册），黑龙江人民出版社 1984 年版，第 416 页。

② 贾士毅：《民国财政史》（上册），商务印书馆 1917 年版，第 166～168 页。

③ 股份懋迁公司，即现在所说的证券公司。

④ 贾士毅：《民国财政史》（上册），商务印书馆 1917 年版，第 155 页。

（二）孙中山的财政思想

孙中山（公元 1866 ~ 1925 年）是近代中国向西方寻求救国救民"真理"的代表人物，是中国革命的伟大先行者，他的财政思想和政策主张在中国近代财政思想史上有着重要影响。

1. "平均地权"纲领体现的财政思想。孙中山对中国农村土地所有权高度集中和封建租佃关系的不合理性比较关注，但他把解决中国农村贫富不均的重点放在受近代文明影响甚巨、地价上涨幅度较大的通商口岸和现代交通线附近的农村。他认为，这些地区贫富差距扩大的趋势愈演愈烈，其原因之一是地主尽享地价上涨之利，这是没有道理的，因为地价的上涨是由于社会改良和工商业进步的结果，故这种改良和进步之后所涨高的地价，不应归地主所有。孙中山主张，应趁中国地价尚未全面上涨时，及早解决上涨带来的少数人暴富的问题。其主要构想如下：

第一，按地价征税。孙中山一改中国"照面积纳税"的旧制，主张按地价征收土地税，"贵地收税多，贱地收税少。贵地必在繁盛之处，其地多为富人所有，多取之而不为虐。贱地必在穷乡僻壤，多为贫人所有，故非轻取不可"①。孙中山这一从量税改革为从价税的税收思想，是对中国传统土地税收制度的重要改革，目的是使土地所有者的税负趋于公平。

第二，核定地价，涨价归国。孙中山认为，因社会改良和工商进步所致的涨高的地价，"不应归之私人所有"，增价的部分应全部归国家所有。孙中山不赞成没收地主土地给无地农民的"快刀斩乱麻"的办法，反对"夺富人之田为己有"的暴力剥夺方式，他主张核定地价，保护地主既有产权，即由地主自由申报地价，并在地契中载明国家需要的时候，可按地主报价收买土地。孙中山认为，此法可约束地主按实际地价报价，"如人民料国家将买此地，故高其价，然使国家竟不买之，年年须纳最高之税，则已负累不堪，必不敢。即欲故低其价以求少税，则又恐国家从而买收，亦必不敢。所以有此两法互相表里，则不必定价而价自定矣"②。

最早的平均地权方案并未考虑如何解决农民土地问题，直至 1912 年 8 月，

---

① 《孙中山全集》（第二卷），中华书局 1982 年版，第 320 页。
② 《现代经济常识百科全书》，长河出版社 1980 年版，第 31 页。

他在北京与袁世凯谈话时才第一次明确提出"耕者有其田"的主张①。又自1924年起，才正式将解决无地农民的土地问题列入平均地权纲领。但孙中山论及"耕者有其田"的办法时，曾提出两种不尽相同的方式，他认为，政府可依靠联络起来的农民作为基础，对于地主"照地价去收重税"，"如果地主不纳税，便可以把他的田地拿来充公，令耕者有其田，不至纳税到私人，要纳税到公家"。这是把违法地主的田地没收，交原佃户"有其田"。如果地主仍愿意纳重税，那就采取另一种"和平解决"方式，要农民与政府合作，"慢慢商量"解决的办法，使"农民可以得利，地主不受损失"。那么，这两种方式如何配合，能否实现呢？他设想的是通过财政征课方式来实现耕者有其田的理想，也就是说，用征税和购买土地的和平方式解决土地问题。

2."节制资本"纲领体现的财政思想。孙中山"节制资本"思想渊源于辛亥革命胜利之初，而作为经济纲领则是他在1919年所写的《三民主义》中才正式提出的，节制资本纲领可概括为两个方面，即节制私人资本和发展国家资本。

从财政上看，他把由国家资本经营的银行、铁道、航路等有关国民生计之大企业收入视作国家财政收入的主要来源之一。他曾将国家财政的收入来源分为三种：第一种是地价税，他认为，这是"最易施行于中国"的课税项目，其具体课征方式已如前述。第二种是铁路收入。鉴于当时美国铁路收入已有流入私人手中的趋势，他特别强调铁路"由政府直接管辖，故其金额收入，将供政府之使用"。第三种是矿业收入。以上三种收入，"大抵可以即时征收，且极便利"。至于其他尚待开发的税源，亦指"各种公共兴办之事业"，如自来水、电厂、瓦斯、森林等。在他看来，上述各种收入，"将供给国家政费之需而有余"，其余额又可用来兴办教育及慈善事业②。总之，国家财政收入除以征收地价税为其主要来源之外，应把重点放在国有企业收入的不断增加上，这是孙中山发展国家资本思想的又一重要内容。它和19世纪末期以来许多思想家一味强调由私人集资兴办近代工商企业而国家只需收取捐税的思想，也是不同的。

孙中山在提出"平均地权"以解决农村贫富悬殊问题的同时，还提出了在城市消除两极分化的"节制资本"的主张："凡本国人及外国人之企业，或有独占的性质，或规模过大为私人之所不能办者，如银行、铁道、航路之属，由国

---

① 凤冈：《三水梁燕孙先生年谱》，中华书局1927年版，第23~28页。
② 《孙中山全集》（第2卷），中华书局1986年版。

家经营管理之，使私有资本制度不能操纵国民之生计"①。

除了限制私人资本的活动空间外，孙中山还主张通过税收这个工具"节制资本"。他认为，"国家的财源完全取之于一般贫民。资本家对于国家只享权利，毫不尽义务，那是很不公平的"。"资本家的入息极多"，他认为，外国实行的所得税就是节制资本之一法②。又说"行这种办法，就是用累进税率，多征资本家的所得税和遗产税"。

3. 利用外资。在经济落后的中国，要发展实业，第一个要解决的便是利用外资的问题。首先，孙中山批判当时流行的视借外债为蛇蝎的错误思想，他说："惟借债修路一事，在前清之时已弊政。国民鉴于前者之覆辙，多不敢积极主张。殊不知满清借债修路，其弊端在条约之不善，并非外资即不可借。"③ 他进一步运用外国经验，证明新兴国家在缺乏资本而又不能不大兴近代工业的条件下，非借外债不可的成功先例，指出："美洲之发达，南美阿根廷，日本等国之勃兴，皆得外债之力。"④ 因此，只要能坚决维护祖国的主权，亦即利用外国的资本和人才之权决不授之外人，便不至发生弊害。故发展经济之权，"操之在我则存，操之在人则亡"⑤，只要做到"使借债之条约，不碍主权，借债亦复何妨。"⑥

在《实业计划》中，他提出了利用外资的几个关键点：第一，借债须分别向几个国家进行，不能集中于一个国家。第二，可以按照借债合同雇用外籍技术人员，此等人员必须按照合同规定履行义务，合同期满时留用与否由我国决定，不得苛求勒索。第三，必选有利之图以吸外资，以免不利于偿还。第四，从事经办借债人员必须具备有关的知识，才不会受到外国资本家蒙骗，利用外资，应采取"纯粹商业性质之办法"，即与外国资本家或公司商借，不要通过外国政府商借，以"杜绝外来之干涉"⑦。

孙中山的财政思想，尽管均未超越资本主义范畴，但的确是代表了那个时代的一种精神。对于财政问题，虽然他没有比较系统的论述，但他所提出的

---

① 《孙中山全集》（第9卷），中华书局1986年版，第120页。

② 同①，第367页。

③ 《总理全集》第2集，《建设铁路问题》。

④ 《总理全集》第2集，《民生主义与社会革命》。

⑤ 《孙中山选集》上卷，人民出版社1956年版，《实业计划》。

⑥ 《总理全集》第2集，《建设铁路问题》。

⑦ 《总理全书·杂著》第1集上，《中国之铁路计划与民生主义》。

一些财政观点，大多是合理的，这表明他对西方财政理论已有相当程度的正确掌握。最为独特之处还在于，他的基本经济纲领都是以财政手段的运用为核心。例如，平均地权以地主自由申报地价为纳税基础；耕者有其田以重征土地税方式迫使地主出卖土地，作为农民获得土地的来源；节制私人资本以实行所得税为主要手段；发展国家资本作为国家财政收入的主要来源，等等。至于大量利用外资以发展国民经济，更是财政手段之充分运用。不论他的经济纲领能否实现他所预期的革命目的，其运用财政手段发展国民经济的思想都有其独到之处。

二、国民政府前期（1927～1937年）的财政思想

南京国民政府的前十年，财政思想有了很大的发展，这与当时的社会大环境有关。首先，国民政府的税制改革措施推动了税制改革思想的发展。南京国民政府成立后，为建立起支撑及巩固其政权所必需的经济支柱，促进资本主义经济的发展，按照近代西方资本主义的财政税收理论，进行了一系列改革，着手新的财税制度的建设，推进财税体制的近代化。1928年和1934年，国民政府分别召开了第一次和第二次全国财政会议，讨论并制定财政改革方案。在两次财政会议后，先后采取了划分国、地收支、建立预算制度、收回关、盐两税主权、修订海关税则、逐步改革盐制与盐税、裁撤厘金、创立新税、废除苛杂、建立地方税体系、进行币制改革等一系列财政金融措施。至1936年，在税制方面，已初步建立了以关税、盐税和统税三个税种为主体的国家税系统以及以田赋、营业税、契税为主体的地方税系统。国民政府对税制改革的重视，以及适应市场经济发展的近代财税体制的逐步建立，为财政理论的研究创造了良好的前提条件，激发了学术界探讨税制改革问题的热情。国民政府所推行的税制改革政策和措施，在相当程度上决定了当时税制改革思想的探讨主题，学术界在税收领域里的研究，不少是围绕官方在税制改革中所存在的问题而展开的。

其次，从20世纪20年代起，随着政局的相对稳定，中外学术交流非常频繁，留学学习西方经济学的人数大量增加，西方财税科学在中国的整体传播水平、层次有了明显的提高，学术研究氛围良好，这一切推动了当时中国的财政税收理论与思想的空前大发展。财政学论著大量涌现。据不完全统计，这一时期出版的财政学著作有百余部，占整个近代财政学著作的一半以上，既有国外财

政学原理的译作，也有自撰的财政学概论以及个别财政学理论的专题研究和财政史著作，其中以 1935 年商务印书馆出版的李权时的《财政学原理》，何廉、李锐合写的《财政学》和尹文敬的《财政学》三部理论著作水平较高，影响较大，这些论著既介绍了西方财政理论的潮流知识，又开创了中国特色的财政学，在财政和财政学的含义、支出、收入、公债、预决算、战时财政等方面的论述都具有一定的学术创新。

在南京国民政府前期的财经人物中，宋子文的财政思想对中国财政制度的近代化起到了较大的推动作用，这是由其独特的地位决定的。1925～1933 年，宋子文先后出任广州国民政府、武汉国民政府和南京国民政府的财政部长，作为国民政府著名的理财家，他是中国近代许多财经制度的奠基者。因此，宋子文财政思想的特色就是运用西方财政理论和实践的成果改造中国不合时宜的财政制度。

（一）统一财政论

统一财政是宋子文的财政思想和主张中最具特色的一个方面。早在 1925 年 9 月下旬，宋子文出任广州国民政府财政部长兼广东省财政厅长之初，便十分明确地提出了统一财政的主张："限一月内，将广东财政统一，将各处军队霸收机关，及一切枝节名目扫除，无论国家任何税饷，一概直接交财部或财厅收"①。

首先，宋子文分析了造成财政不统一的原因。他认为，"政府财政之难以统一，皆因军政及民政之未统一，而帝国主义者及军阀，实为统一财政之大障碍"②，即军队和非财政机关办理税收、截留税款是造成财政不统一的根源，并进一步阐述了实现财政统一的必要性和可能性。他指出：国民政府成立之始，就极为重视财政，因财政对于全国人民之经济的影响，实至巨大也。欲遵依孙总理之遗嘱，而从事于种种建设中国之计划，非先使国家之财政及经济有坚固之基础不可。改善广东财政之首要的计划，在统一广东财政而直接受辖于财政部。统一财政实为统一广东、统一民政及军政、取消个人霸有民政及军政之权的步骤。军政及民政均已统一之后，国民政府自能将孙总理所萃精神通过统一

---

① 《广州民国日报》，1925 年 9 月 24 日。
② 《广州民国日报》，1926 年 1 月 4 日。

财政的计划实现①。显然，宋子文已经认识到，统一财政与统一政治、统一军事是相辅相成的，而实现统一财政，则是巩固政治统一和军事统一的重要措施。这一认识，是在总结了以往孙中山在广东的革命事业的坎坷经历后所得出的；也是宋子文在粤两年多的政治生涯的切身体会。此后，这一认识成为宋子文主持财政的首要原则。1928 年，宋子文指出，财政的不统一是民国以来中央财政始终难以摆脱困境的重要原因，财政是否统一，可视为政治是否统一、中央是否具有权威的标志②，统一财政应当包括财政规章、财政行政、财政用人和财政收支四个方面的统一③。

宋子文统一财政的主张，体现了国民政府当局实现政治统一的愿望，因而得到了自孙中山到蒋介石国民党中央主要决策者的支持。从其历史作用来看，在广东时期，统一财政有助于广东革命根据地的统一和国民革命军北伐军费的及时募筹。在南京国民政府成立后，统一财政服务于蒋介石政权的巩固。统一财政的思想和主张，除了其当时的政治功用外，还反映了社会产品分配和再分配过程应该有序化以及对统一权威的客观需要。这种在统一权威之下的有序化，毕竟是社会生活和流通赖以正常进行的前提之一。

（二）预算论

关于厉行预算的论述，是宋子文的财政思想的重要方面。早在广东时期，宋子文就提出了必须实行预算的主张，即财政的健全运作，必须依据预算。在他的建议下，国民政府设立了预算委员会，并在 1925 年 12 月提出了广东财政史上第一个预算。宋子文认为，建立这个预算的目的，在于"代替从前颠倒之财政政策，使国家之财政得按照预算施行"；应当"制造精确的预算使国家之财政能依一定之系统进行"；并且他把"建立收支相符之国家及地方的预算作为当时国民政府在改善财政制度方面""最重要的事项"之一，仅列于"统一财政"之后④。

除了预算的必要性及重要性之外，此时期，宋子文在预算问题上还提出了下列观点：国家之预算，即所有国家之收入及支出，均须包括在国家预算之内，

① 《广州民国日报》，1926 年 1 月 8 日。
② 《申报》，1928 年 7 月 2 日。
③ 《申报》，1928 年 7 月 8 日。
④ 《广州民国日报》，1926 年 1 月 8 日。

此预算须经国民政府之批准；国民政府须将国家及地方之各种税项之收入和支出，详细划分清楚；若无政府之特许，任何机关及团体不能增加其由国家预算所准许的费用；在建立预算时，须将各种收入从长计较，及须限制国家支出，使得收支相符，而无不敷之弊；地方预算须呈交国民政府，国民政府可以决定其支出及收入，并得限制其税项之征收，若不敷时以国家款项资助之；当决定收入预算时，国民政府宜注意非税项之收入①。

宋子文提出了预算制度下财政支出的理想运作模式："预算为岁计之标准，酌剂全局，贯彻政纲，胥在于是。凡预算编成以后，经费如何支出，应由主管机关按月编成支付预算，送由财政部核查。如属相符，再发支付饬书，交由金库照额支付。如有预算外用途而无关要政者，不得率请追加。预算之款目，亦应遵照会计法，不得滥用。证凭单据，由审计院严加考核，真者准予报销，伪者逐款剔出。务使涓滴归公，以重国帑"②。可见，作为在西方系统接受过现代经济学教育的财经领袖，宋子文非常推崇西方体现三权分立理念的现代预算体制，即"预算制度，恒经过立法、司法、行政三层程序，由行政机关编制预算，由立法机关决定预算，由审计机关考核预算"③。

（三）税制改革论

宋子文一直把税收视为最主要的财政收入手段，因而，他对税收及相关问题有较多论述。

早在任广东省商务厅厅长期间，宋子文就谈到税收问题。他提出，为了保护国货，应采取积极的措施，首先是对国货"减轻额外捐杂，减免一切捐，以保商本"④。显然，宋子文认识到，税收的强制性与无偿性是构成货物成本的重要方面；税收负担是否合理（包括以捐的形式的变相征税），将直接影响到相关货物的营销状况，从而具有调节社会生产与流通的作用。

关于整理和改革税收制度的原则，宋子文的观点概括如下：

---

① 《广州民国日报》，1926 年 1 月 8 日。

② 《申报》，1928 年 7 月 2 日。

③ 中国第二历史档案馆：《中华民国史档案资料汇编》（第 5 辑，第 1 编），江苏古籍出版社 1986 ~ 1994 年版，第 197 ~ 198 页。

④ 中国第二历史档案馆：《中华民国史档案资料汇编》（第 4 辑，下），江苏古籍出版社，第 1160 页。

1. 对华商与外商实行平等待遇。1928 年 5 月底，宋子文在就任财政部长后向国民政府提出的第一份财政部报告书中指出，华商与洋商必须坚持一律征税，"在华之中外人民，均应缴纳同一之法定税收"，"纳税以平均负担为原则，华洋各商均须一致，力昭公允。若整理收入而专注于国内，既为本党政策所不许，亦非吾人整理之本旨"①。同时指出，为发展本国实业起见，对于本国及外国货称之税率须有分别，外国货物之税率应较本国货物为重②。

2. 运用税收政策调节消费。他以烟酒税为例指出，"烟酒为有害之消费品类，文明国家寓禁于征，课税均重。""盖国家征税之中，仍寓有预防痹害之意，庶几利国福民，兼筹并顾"③。

3. 建立近代税收体系。该体系由直接税和间接税两部分组成，其中，直接税分行为税（遗产税、印花税、兑换券发行税等）、收益税（矿税、特种营业税等）和所得税（一般所得税和特种所得税）三类。间接税分关税（出口税和进口税）、通过税（子口税和邮包税等）和消费税（盐税和货物统税等）三类。宋子文认为，以直接税项为最公平之征收，但仍应尽力推广间接税项，因间接税项之征收方法简单易为，且又容易管理，而人民亦鲜知有此担负④。

4. 主张税收为人民之负担，不宜加重。主张废除一切扰商害民之苛捐杂税，代之以少数基本之税项，如农税、商业税、工业税、手作业税等；除法定之税项外，各地方人员无增加税项及附加税之权；各种供特别用途、特别税捐，须缴纳国库而依预算支取；废除厘金，代以一种不同税率之货物捐；商人承买饷税之制度与国家人民均无利益，宜逐渐废除之；税项简化后，征收税项之方法亦须同时简化，各地之独立征收税项机关宜取消之，财政部所派出之各属财政所宜管辖所属之税收事宜⑤。

5. 关税自主。宋子文非常清楚关税对于中国财政的重要性，以及数十年来所谓"协定关税"制度的危害性。在他出任南京国民政府财政部长之初便指出，"吾国关税，受协定之拘束，妨害税收，损失主权，至堪痛惜。"⑥ 后来，他又谈

① 中国第二历史档案馆：《中华民国史档案资料汇编》（第 5 辑，第 1 编），江苏古籍出版社 1986 ~ 1994 年版，第 521 页。

② 《广州民国日报》，1926 年 1 月 8 日。

③ 《财政日刊》，第 436 号，1929 年 5 月 3 日。

④ 《广州民国日报》，1926 年 1 月 8 日。

⑤ 《广州民国日报》，1926 年 1 月 8 日。

⑥ 《申报》，1928 年 2 月 23 日。

道，"关税向为收入大宗，而担保内外债款，关系国信尤巨"①。因此，他极力主张中国应尽快实行关税自主，这一主张在1928年7月25日签署的中美关税新约里得到了体现，规定"历来中、美两国所订立有效之条约内所载关于在中国进出口货物之税率、存票、子口税并船钞等项之各条款，立即撤销作废，而应适用国家关税完全自主之原则"②。

可见，宋子文对于构建中国的税收体系，提出了初步设想。今天看来，虽然他的设想不尽完善，但已经体现出促进民族工商业、减轻税负、税率划一等基本主张。不过，在当时的条件下，由于多种因素的制约，宋子文在担任财政部长期间，中国近代税收体系并没有完全构建起来，但税制改革还是取得了巨大成就，例如，裁撤厘金、征收统税、修订关税税则等，在中国财政史上，这些都堪称是中国税收制度里程碑式的进步。

（四）公债论

1. 整理债务。宋子文在出任南京国民政府财政部长之初，就谈到过，"国民政府未尝否认且将不否认中国所有正当债务"，并称"财部正谋所以处置之方，以昭信用"③，这实际上表示了将承认北洋政府的若干积欠债务，并作整理偿付。到1928年6月北洋政权覆亡后，宋子文公开提出了"整理国债"的两项基本原则：一是内外债凡有确实抵押品者，维持原案继续执行；二是清理内外债，其无确实抵押品者，设立整理委员会，分别审查整理之④。显然，宋子文认为，南京国民政府应当继承前北洋政府的"正当"债务（包括内债与外债），一方面，照常支付以关税、盐税作抵押的债务；另一方面，清理无确实担保的积欠债务。在清理债务问题上，宋子文也提出了若干新的观点和主张，主要观点如下：

宋子文认为，整理积欠同整理国税收入一样，是整理财政过程中不可偏废的方面。他曾对两者的关系作了如下说明："整顿收入，谋辟利源，使庶政得渐次设施，此为积极之办法。清理债款，俾巩国信，使金融得有活动余地，此为消极之办法。是故欲求财政裕如，既当从积极方面锐意进取，尤须于消极方面

---

① 中国第二历史档案馆：《中华民国史档案资料汇编》（第5辑，第1编，财政经济（1）），江苏古籍出版社1986~1994年版，第177页。

② 同①，第360页。

③ 《申报》，1928年7月2日。

④ 宋子文：《财政部施政大纲电》（1928年7月1日），《国闻周报》第5卷，第28期。

力加清理，此固不可偏废者也"①。在他看来，整顿国税收入将直接导致财政增收，固然是积极的理财措施，极为重要，但积欠债务属于财政支出，若不加清理，整个财政支出预算便无法确定，偿付本息愆期，更会影响中央政府的信用。所以，必须如同关注财政增收一样，对整理积欠旧债予以重视。

宋子文认为，整理积欠债务，应设立专项基金，组织专门委员会。他提议，国民政府每年在关税新增收入项下拨出 500 万元，"专作整理国债之用"；另组织整理内外债委员会，该委员会专门"审核关于无确实担保之内外债，并研究清算及整理办法"②。

同时，宋子文还提出了内外债同时共案处理的主张，即把经过审查后列入整理范围的"各项内外债，将来归入一方案内，同时整理，无分轩轾，发昭公允。"他的具体设想是：把各种不同的内外债归并清理，然后，按相同的原则予以偿付。这一原则首先是从债务的期限入手，先清偿短期欠款，清偿方法之一，乃是发行长期公债、收回短期公债，其实际效果是从总体上延长了积欠债款的清偿期，亦即减少了每年的偿债支出，从而使财政负担能够承受。应当说，宋子文的理债思想的本质，是希望通过对偿债义务的正式承认，换取债权方的一定让步，这在当时具有可行性。

宋子文这项内债整理方案的指导思想之一，便是通过"减息展期"来减少国民政府每年在偿付积欠内债方面的支出，缓解财政困境。经此内债整理后，政府在债务上的支出，每年约可减省一万万元。事实上，任何理债方案，都须以减轻财政负担作为首要指导原则。然而，宋子文的理债方案跳出了以往单项债款分别整理的定式，体现出了通盘整理的思路，即把数目繁多、情况各异的积欠内债，整理为利息率、付息周期、付息担保基金完全一致；只是各债的清偿年限在延长一倍之后仍各不相等。这就为内债偿付管理上的由无序到有序、由纷繁到简明划一的转变，确立了新的指导思想。1933 年 10 月宋子文辞职后，继任财政部长的孔祥熙分别对若干重大积欠的外债进行整理；1936 年又以发行统一公债的方式对各项内债作更彻底的清理。这在相当程度上，借鉴了宋子文的理债思想。

2. 举借债务。早在 1928 年 7 月，宋子文发起并主持的全国财政会议通过了

---

① 中国第二历史档案馆：《中华民国史档案资料汇编》（第 5 辑，第 1 编，财政经济 (1)），江苏古籍出版社 1986 ~ 1994 年版，第 535 页。

② 中国第二历史档案馆：《民国外债档案史料》，档案出版社 1991 年版，第 34 页。

《发行公债限制案》，该提案明确规定，"属于国家债务，应专由财政部经理发行。订借省市债务，由省市政府经理发行。国民政府所辖各部有须举债，应指定基金，请由财政部办理将款拨支不得自行举办。省市政府范围，由省市财政厅局办理，其他各厅局不得自行举办"。提案还特别指出了财政部对于地方举债的最终决定权①。这反映了当时宋子文关于集中举债权的主张，其核心观点，便是把地方举借新的权利加以限定，使之受制于中央政府；而中央各职能部门的举债权，则应统一归于财政部。

宋子文还批评中央财政依赖借债度日的行为，认为以国税的收入抵借债款的做法，是"挖肉以补疮"，将导致严重的不利后果。在他看来，政府一味举债，不仅导致政府财政状况的日益窘迫，而且势必牵连向政府提供垫借款的国内银行，从而使得中国的金融市场将不得不受制于实力雄厚的外国银行。这种状况，是当时具有较强民族主义意识的宋子文所不愿看到的。所以，他一再主张，不能无限制地依赖发行债券来弥补财政赤字，对财政困境"亟宜早筹根本办法，使国家财政趋于正规"②。特别是经过1932年2月对国内各债券进行整理，国民政府曾未举内债达一年之久。对此，宋子文评论说："吾国一年来不举一债，而能收支相抵，国内信任政府之心，益趋坚定。政治不必日随公债市场之涨落而变动，私家银行亦毋需再行接济政府，得以全副精神，专注于扶助工商事业，故至内债整理后，政府付款能力予以大增，同时又切实避免举行新债"③。对以往依赖举债维持中央财政的反思与针砭，对无需举债而使政局、金融、社会经济正常运作的赞许、向往，是宋子文债务思想中值得肯定的方面。

关于举借外债，宋子文指出，应该遵循"不损主权，有益于国家财政，有利于建设事业"的原则④。在宋子文直接参与的借债交涉中，以及在他代表国民政府签署的外债合同中，这几项原则有较具体的体现。抗日战争时期，他直接参与了中英平准基金借款、中美钨砂借款和金属借款、中美平准基金借款和中美5亿美元借款的谈判交涉，并签署了各项借款合同。这几项借款，中方均以国税的收入作担保；特别是中美5亿美元借款，经过宋子文的力争，中方实际

① 中国第二历史档案馆：《中华民国史档案资料汇编》（第5辑，第1编，财政经济（3）），江苏古籍出版社1986~1994年版，第3页。

② 宋子文：《中华民国18年会计年度财政报告》，《财政公报》，第44期，1931年4月1日。

③ 宋子文：《民国19年20年财政报告》（1932年12月20日），《国闻周报》第10卷第2期，1933年1月9日。

④ 宋子文：《在全国经济委员会第一次全会上的报告》，《国闻周报》，1935（13）。

上获得了不计利息、不用任何担保、不规定期限的巨额借款，对国民政府的财政经济状况帮助极大。[②]而在中、美的平准基金借款交涉中，宋子文坚持债款一次性拨足，反对分月逐次拨付，以免中国的财政金融在相当长的时间里受制于美国。

　　总的来看，宋子文的财政思想有着明显的阶段性，他的许多财政思想是在广东时期提出或萌生，而在南京国民政府财政部长任期内得以进一步发展和趋于成熟，并将部分付诸实践，反映了当时他对中国财政改革的迫切向往和对改革方案的反复选择，也是不同财政观点和主张冲突交汇的体现。20 世纪 30 年代中叶以后，宋子文的财政思想基本没有重大发展，固然与他不再担任财政部长有着直接的关系，但也反映了这样一个历史事实，即国民政府再也没有实施过任何真正意义上的重大财政改革。

三、国民政府后期（1937～1949 年）的财政思想

（一）税制改革思想

　　抗日战争爆发后，国民政府出于战时需要进行了一些税制调整。由于战前统税、盐税和关税三大税收入急剧减少，旧税制已不能适应战时情况，国民政府遂以食盐战时附加税、货物税和直接税取而代之，开辟了战时"新三税"。此外，国民政府在税收方面的另一个重要措施是 1941 年将田赋划归中央并改征实物，其后又实行粮食征购和征借，田赋"三征"等措施的实行，避免了通货膨胀对税收的不利影响，使军粮的供给有了保障。

　　必须指出的是，国民政府后期，税收收入在国家财政收入中所占的比例并不高：各年平均 9.6%，其中最高为 1937 年的 22.4%，最低为 1940 年的 5.2%[①]，占收入绝对比重的是银行垫款。可见，国民政府实际奉行的战时财政政策，是以通货膨胀为获取财政收入的主要手段，而税收政策只占从属地位。

　　同时，国民政府还重视专卖在税制结构中的地位。专卖，最初是作为战时财政措施被提出来的，但人们并不将其视为纯粹的战时财政措施，如学者田树滋曾说，"专卖事业，本为抗战期间所创办，负有战时财政收入之使命。惟专卖

---

　　①　杨荫溥：《民国财政史》，中国财政经济出版社 1985 年版，第 116 页。

事业，系合理之财政收入，即在平时，各国亦多视为岁入骨干"①。因此，他们认为，专卖不应在战后被裁废或缩小范围，并且还主张扩大其范围，使其在未来中国税制中占有重要地位。这是国民政府后期税制改革思想中的一个突出现象。

（二）取消省级财政的思想

在财政管理体制上是取消省级财政的思想，1935 年颁布的《财政收支系统法》，由于诸多缺点，未得到实行。抗战爆发后，国民政府军费支出猛增，导致地方税加重；而地方事务也较以前更繁，故县支出不敷更巨。国民政府遂欲将省级财政取消，重新划分国、地税项。1941 年 3 月，国民党五届八中全会通过《改进财政收支系统统筹整理分配案》，将全国财政分为"国家财政"与"自治财政"两大系统。所谓"国家财政"，是合并以前的中央财政与省级财政；所谓"自治财政"，就是以前的县级财政。1941 年 6 月，国民政府召开第三次全国财政会议，通过了财政部提出的《遵照八中全会通过改定财政收支系统实施办法案》。嗣由财政部制定《改订财政收支系统实施纲要》，由国民政府于 1942 年 11月公布。

国民政府此举与学术界一些人的想法不谋而合。早在 1939 年，著名学者尹文敬就著文指出，"以我目前地方之有限税收，以之应一级地方政府之支出，或尚虞拮据，若以之支应省县两级政府之支出，无论如何分配均不能使之敷用，结果惟交受其弊而已！"他认为我国地方财政有两大症结："其一即自清末划分国地财政以来，皆以省为地方财政之主要单位。省之幅员太大，又易为地方势力所盘踞财政不足，则要索于中央。财源充裕，又形同独立，政治因而分裂，财政由此紊乱。其一则地方税入，根本不足以应用两重政府之需要，如不能另辟新的巨额税收，势惟有从节省或削除某级政府之支出着手耳。"为此他提出了一个改革建议：即变更省政府现在之地位，使返于明以前之督察性质，废止"省"一级之地方财政，并入国家财政之中。以县为地方财政单位，划全部田赋及其他杂税捐，作县之税入，藉以充实其财政基础，而谋地方自治事业之发展②。

① 田树滋：《我国战后财政复员问与复员准备》，《财政学报》，1994 年第 2 期。
② 尹文敬：《战时财政论》，中央政治学校 1940 年版，第 168 页。

（三）调整战后国地税划分的争论

由于 1942 年对财政收支系统的改订过分偏重于中央财政，不少学者开始考虑战后国地财政收支系统的调整问题。为此，关吉玉提出了战后国地税收划分的两大依据：即"国家及地方之需要"和"租税之性质"。前者是指国、地财政系统的租税，"应以完成地方自治需要为准"。他指出，战后民主政治的前途，寄托于地方自治的完成，而地方自治的实现，则多赖于健全的地方财政。故充裕地方税源，巩固自治基础，是国地税收的划分"标的"。后者是指某税如其税源分布集中而非普遍于各省，应归中央，其分布普遍平均者则应属地方，他指出，惟税源虽平均普遍，而须由中央统筹整理者，仍应当暂归属中央，俟整理完毕，再划归地方。根据这两个标准，他主张营业税应全部划归地方；土地税于整理完毕后，应划归地方；中央划拨地方税的成数，应具伸缩性，不必用固定比率，等等①。可见，关吉玉对地方财政的利益考虑还算是比较充分、周到的。

在抗战期间，国民政府为了战时需要而对税制改革、财政体制改革等尤为重视，开辟了战时新三大税，取消省级财政等。在抗战胜利后为适应新形势的需要，又在诸多方面进行了调整，这在相当程度上推动了本时期税制改革思想的发展。但此时的中国处于"非常时期"，因此，很多改革措施都只是停留在表面并未真正实现。

（四）民国时期的理财思想对我国当代治国理财的启示

20 世纪 20 ~ 40 年代是中国经济思想史学科系统研究发端的中心时期，恰值中国社会大变革的历史时期，也是学术思想大发展的重要时期。鉴于强盛国力，抵御外侮和发展国家经济的现实需求，推动和促进了实业发展与理论探索。西方经济学的传入和马克思主义的传播，为中国经济研究的发展提供了学术参照。掌握西学理论又致力于献身本国发展的一批留学生归国，成为探索本国经济学的中坚力量，中国财政思想史作为一个独立分支学科就是基于这样的时代背景和学术基础而产生的。此时，由中国学者撰写出版的财政学著作，如陈启修著

---

① 关吉玉：《中国税制》重庆经济研究社 1945 年版，第 329 ~ 330 页。

《财政学总论》、李权时著《财政学原理》、何廉、李锐著《财政学》等，都是民国时代的产物。

民国财政思想是我国财政制度现代化过程中的一个重要组成部分。中国近代财政改革思想的产生和发展，有其特定的历史条件：中国资本主义的发展，在经济上为近代财政改革思想的产生和发展，提供了可能性和必要性；西方财政思想在中国的传播，为近代税制改革提供了全新的理论依据；历届政府的财政困难或政治体制改革，则往往是促成财政改革思想的产生和发展的直接因素。中国近代社会的半殖民地半封建性质也必然会给近代财政改革思想打上深深的烙印。这些因素以不同的形式或程度贯穿近代各时期，决定着近代财政改革思想的进程。

特别值得一提的是，西方财政制度对中国近代财政改革思想的影响。西方近代财政制度是在资本主义生产关系下，以近代财政原则为宗旨逐渐建立起来的，其重要标志就是以所得税为代表的近代直接税于18世纪末在英国创立及19世纪在资本主义各国普遍推行。中国近代财政思想的发展，最终导致国民政府时期初步形成了中国近代的财政结构。

专题五

从国家财政到公共财政

　　财政伴随着国家的产生而出现。不论是何种经济形态，财政都在国家实现其职能的过程中扮演着重要角色，因此，通常我们也将财政称为"国家财政"。在自然经济状态下，君主统治着国家，国家财政的表现形态为"家"、"国"难分的"家计财政"。在高度集中的计划经济体制下，国家财政表现为"大一统"的"供给财政"、"生产建设财政"。在我国由计划经济逐步向社会主义市场经济转型的过程中，原有的财政模式已经不能适应新的形势发展需要，必须作出相应的调整。"公共财政"由于强调财政的"公共性"、强调"公共需要"的满足以及有利于弥补市场缺陷和克服"市场失灵"而逐步被人们认识和接受，并被用来对国家财政进行变革和创新，因此，从某种意义上说，公共财政是国家财政发展到一定阶段的必然选择。

一、国家财政的产生和发展

　　国家要发展，就需要完成其相应的职能，而财政状况的好坏将会直接影响到国家职能实现的程度，从而影响到国家政权的稳定与否，因此，历代统治者都非常重视财政的作用。从自然经济状态下的"家计财政"，到计划经济条件下的"建设财政"，再到社会主义市场经济体制下的"公共财政"，国家财政在不断地变革、发展和创新。

　　（一）奴隶制社会国家财政的萌芽和产生

　　中国有史料可考的财政活动，可以追溯到公元前21世纪的虞夏，"自虞、夏时，贡赋备矣"①。自夏朝中国进入奴隶社会到春秋时期奴隶制度的崩溃，这一时期的国家财政模式是典型的"家"、"国"不分的"家计财政"。"溥天之下，莫非王土，率土之滨，莫非王臣"②，国家即天子，天子即国家。这一时期的国家财政思想被收录和整理在《周易》、《尚书》、《周礼》、《礼记》、《诗经》等经典文献中，其中，《周礼》对财政机构、财政制度的记述尤其全面，因而，有"一部周礼，半部理财"③之说。当然，这些思想比较简单、粗糙，我们可以将其称为国家财政思想的萌芽。

1. 以"食"、"货"为首的国家财政思想。《尚书·周书·洪范》中讲述了治理国家的大政方针："一曰食，二曰货，三曰祀，四曰司空，五曰司徒，六曰司寇，七曰宾，八曰师"，由于当时是农业立国，这八项政策主要是为了发展农业生产，因此，又被称为"农用八政"。在这"八政"中，"食"与"货"被放在了首要的位置，足见其重要性。在自然经济条件下，为了确保有足够的粮食和其他生活必需品满足国家的需要，国家就必须制定相应的政策鼓励农业生产和商品流通。"洪范八政"即是从国家的角度论述"食"与"货"的政策，其目的就是促进农业生产和商品流通的发展，以增加财政收入，保证财政支出。后世班固在撰写《汉书·食货志》的时候，采用了"食"、"货"两字，构成"食货"一词，遂成为国家财政的代名词，并逐渐演变成"国家财政"的概念。

2. 贡和赋不仅是天子（国家）赖以生存的经济源泉，而且是控制诸侯的重要手段。贡，即土贡；赋，即军赋。"贡"、"赋"是夏、商、周三代主要的财政来源。夏、商之时，天下分为九州④，天子在朝中设官管理财政收支，各州设伯（牧伯），既管理人民、土地，又管理赋税收支。这时，各州除必须按时、按质、按量将赋、贡上缴天子外，中央与各州的关系实质上是互不统属的。因此，天子控制诸侯的主要手段就是"贡赋"。《尚书》中有这样的记载："公曰：'……汝其敬识百辟享，亦识其有不享。享多仪，仪不及物，惟曰不享。惟不役志于享，凡民惟曰不享，惟事其爽侮。'"⑤ 这是周公对成王说的一段话，周公告诉成王，要查验哪些诸侯进贡了，哪些诸侯没进贡，进贡的也要看是否诚心，如果

---

① 《史记·夏本纪》卷2"太史公曰"。
② 《诗·小雅·北山》。
③ 王安石：《临川文集》卷70"答曾公立书"。
④ "九州"是中国的别称之一。古代中国人将全国划分为九个区域，即所谓的"九州"。根据《尚书·禹贡》的记载，九州分别是徐州、冀州、兖州、青州、扬州、荆州、梁州、雍州和豫州。
⑤ 《尚书·周书·洛诰》。

连诸侯都不进贡或者不诚心，老百姓就更不进贡、不诚心了，所以，对不进贡的诸侯就要出兵讨伐。用政权控制财权，再用财权巩固政权，这是国家财政的重要特征。

3. 官营经济思想的出现。管仲主张，用发展经济而非横征暴敛的方式达到富国裕民的目的，既要保证国家财政的需要，又要对百姓"取之有度"。那么，如何发展经济以增加财政收入？《管子》说："岁有凶穰，故谷有贵贱；令有缓急，故物有轻重。然而人君不能治，故使蓄贾游市，乘民之不给，百倍其本"①。为了避免商人获得"百倍其本"的利润，管仲主张分商人之利，以利国家，主要包括"官山海"、"官天财"、"重粟之价"等思想。也就是说，国家要对粮食、盐、铁、山林川泽等产品实行国家垄断经营，即后来人们所说的专卖。官营经济不仅有利于国家对市场进行宏观调控，也是国家财政收入的重要来源。

4. 量入为出的国家预算思想。《周礼》有这样的记载："廪人掌九谷之数，以待国之匪颁、赒赐、稍食。以岁之上下数邦用，以知足否，以诏谷用，以治年之凶丰"②。这是说，主管粮仓的官员，要掌握好粮食的数量，以备国家的各项支出，根据年成的丰歉安排支出，要计算财政收入能否支付财政支出，调节年成的丰歉。《礼记·王制》篇载："冢宰制国用，必于岁之杪，五谷皆入，然后制国用。用地大小，视年之丰耗。以三十年之通，制国用，量入以为出。"③其中描述的预算计划包括制定预算的时间、制定预算的要素、预算计划的数据分析、制定预算的原则。这里不仅提出了量入为出的财政原则，同时也展示了中国古代原始的国家预算思想。这些思想充分体现了国家作为一个"理财"主体所具有的基本经济理性。

理财还有规范社会的作用。《易传·系辞下》中说："理财正辞，禁民为非。曰义。""辞"，言辞，即是说：治理财物要言正名顺，（以义）禁止民众为非作歹。唐·孔颖达的解释说："言圣人治理其财，用之有节，正定号令之辞，出之以礼。禁约甚为非作歹，勿使行严，是谓之义。义，宜也，言以此行之而得其宜也"④。"理财"包括聚财和用财。聚财，就是向百姓收取税赋，用财，就是蓄养民众。聚和用都要讲"义"，聚之有理，用之有道。"禁民为非"，也要用"义"，而不是靠武力、刑罚。这里强调了帝王、政府与官员的示范作用，不仅

---

① 《管子·国蓄》。
② 《周礼·地官司徒·廪人》。
③ 《礼记·王制第五》。
④ 《周易正义》。

仅是一举一动，而且包括一分一厘地使用。

（二）封建社会国家财政的巩固、发展和没落

自公元前 475 年的战国开始，中国历史进入封建社会，在长达 2000 多年的封建统治中，涌现出了大量的财政改革家，他们的思想不管是否被统治者所采纳而应用于实践，都直接或间接地推动了国家财政思想的进一步巩固和发展。同时，尽管这一时期仍属于"家计财政"的国家财政模式，但"皇财"和"国财"已逐步分离，这使得国家财政的作用更加突出，国家财政的思想也日益成熟。但到了 19 世纪中叶，鸦片战争爆发，中国进入半殖民地半封建社会。帝国主义列强的入侵，一系列丧权辱国条约的签订，使得中国的社会经济遭到严重破坏，内外交困的清政府面临严重的财政危机。在这种背景下，一些有识之士开始学习西方的先进理论，并将之融入国家财政的变革中，封建主义的国家财政思想逐步瓦解。

1. 战国时期的国家财政思想。

（1）墨子关于国家财政职能的初步认识。墨子认为，"上有以洁为酒醴粢盛以祭祀天鬼，外有以为皮币，与四邻诸侯交接，内有以食饥息劳，将养其万民，外有以怀天下之贤人。"① 国家要应付各项支出，如祭祀、外交、民生等，所以，国家财政要充实。在这里，墨子已经认识到，只要国家存在，就必不可少地要开展一系列活动，而要保证国家顺利地开展这些活动，就必须保证国家有充实的财政。

（2）商鞅统一国家财政的思想。商鞅主张，国家在行政管理上应实行统一的集中管理，即"上壹"。按照商鞅的说法，"圣人之为国也，壹赏，壹刑，壹教"②。在这一思想的指导下，秦孝公十二年"并诸小乡聚，集为大县，县一令，四十一县"。③ 而行政管理上的统一必然会表现在国家财政上的统一。商鞅说："訾粟而税，则上壹而民平；上壹则信，信则臣不敢为邪"④。一方面，按粮食的产量征税，实行统一的税率，能使百姓的税负趋于均平，而且统一由国家征收，不再由诸侯各自征收；另一方面，在统一的制度下，征收赋税的"臣"不敢自

---

① 《墨子·尚贤中》。

② 《商君书·赏刑》。

③ 《史记·秦本纪》。

④ 《商君书·垦令》。

作主张，为非作歹。应该说，商鞅统一国家财政的思想为秦统一天下打下了坚实的经济基础。

2. 秦汉"大一统"的国家财政思想。

（1）"大一统"的财政管理体制的确立。秦始皇统一中国后，在商鞅变法的基础上和李斯"天下一统"思想指导下，统治者顺应历史潮流，竭力推行郡县制，积极构建大一统的政治制度，原来以血缘为基础的分封制逐渐被以地缘行政管理为特征的郡县制取代，以周天子为代表的贵族统治被大一统的专制制度所取代。适应政治体制转变的需要，集中统一的国家财政体制逐步确立，即以皇帝为轴心，实行国家、郡、县三级财政，国家财政管理部门称"治粟内史"，所有的财政收支均由治粟内史统一调度并直接听命于皇帝。下设太仓令、丞，主管天下谷藏，平准令、丞，主管天下物价。郡、县虽然设立财政机构，但不过是在治粟内史统一指挥下的具体征管机构，而无支配财政收支的权力。乡也设置财政官员，但乡官是由县设置的，相当于县的派出机构。因此，财政权牢牢掌握在皇帝手中，实行统收统支。这种"天下统一"的统收统支的财政管理体制对后世影响深远，直到清代，都没有发生实质性的改变。

（2）皇家财政和国家财政各自独立。随着私有观念的强化和"天下一统"思想的发展，皇帝已经认识到皇家之财与国家之财并非同一概念。例如，秦朝的李斯曾建议秦始皇："诸子功臣，以公赋税重赏赐之"①。这里的"公赋税"就是指国家的税赋。与此相对应的是"私赋税"，即皇室的税赋。为了管理皇家的财政收入，就要设立皇家私赋税管理机构，于是出现了"少府"一职，而国家"公赋税"的管理者为治粟内史。当然，这种划分在当时并不是很严格，经常会出现公私不分或公私互用的情况，但毕竟将皇室财政与国家财政进行了分离，为以后国家财政的进一步发展和完善奠定了基础。

3. 三国、两晋、南北朝时期鲍敬言关于国家财政产生的认识。鲍敬言是东晋初年的道学家，在他之前，很少有人提及国家财政是如何产生的，为什么会产生国家财政这一范畴？然而，这正是研究国家财政所必须解决的首要问题。鲍敬言认为，没有国家，也就没有财政。在古代，无君无臣，也无国家，是一个大同世界。当然不会有聚敛，不会夺民财。然而，通过以强凌弱、以智诈愚的行为，产生了君和臣，出现了统治者和被统治者，有了君臣才有百官，设置了宿卫（即军队）和各种统治机构，修筑了严城深池，才有了国家，便出现了

---

① 《史记·秦始皇本纪》。

君与臣的种种费用，于是就向百姓征收赋税和徭役，这就产生了国家财政。在中国历史上，尽管这种认识忽略了国家财政的公共性的一面，但对于国家财政思想的发展，鲍敬言毕竟是迈出了重要的一步。

4. 唐朝的财政管理制度所体现的国家财政思想。

（1）财政管理机构的设置体现了国家财政的集中统一。唐朝是中央集权制的封建专制国家，其最高统治者是皇帝，下设中央与地方各级统治机构。中央统治机构设置为"三省六部"，① 地方设州、郡、县三级。国家财政管理机构主要为户部，其职能为"掌天下土地、人民、钱谷之政、贡赋之差"；地方财政的管理机构包括节度使、都督府（分为大、中、小三类）、州、府、县等。在这种管理体制下，户部统管天下财政出入，地方政府只有征收赋役之责，而无支配财政收支之权，每年年终，由少尹到中央进行上计。县内虽设专管财政收支的官吏（如司功佐、司仓佐、司户佐），但只起"通知"的作用，并无自主支配权。地方财政支出一般按年初中央核定的数目留存，余数皆上缴或就地入归国库。这种管理体制，充分体现了唐朝国家财政集中统一的思想。

（2）财政监察、审计制度的完善体现了国家财政的权威。自隋开始，生产力的进一步提高推动了经济的不断发展，这为唐朝提供了充实的财政来源，但财政收支扩大的同时，贪污、盗窃、吞占财政资金的问题日益严重。为了保证财政收入及时、足额入库，保证财政资金的安全，唐朝统治者不得不重视财政的监察、审计，因而促进了财政监察、审计思想的发展和完善，不仅监察、审计机构设置更加合理，而且监察、审计的内容也更加明确。从机构设置来看，唐朝的监察、审计分为两个机构，分别是负责监察的御史台和负责审计的刑部中的比部；从监察、审计的内容看，既包括财政收入方面的赋敛、徒役课征、逋欠之物和籴等所入，也包括财政支出方面的经费、俸禄、公廨、勋赐、军资、械器，等等。财政监察、审计制度的完善，充分体现了国家在财政活动中的作用和权威，同时，也为国家财政收支活动的正常运行提供了制度上的保障。

（3）国家财政收支核定制度使财政进入了由国家统一编制预算的阶段。国家预算思想在西周时就已经出现，汉代的"秋冬岁尽，各计县户口、垦田、钱谷入出，盗贼多少，上其集（计）簿"②。其中的"上计"，将国家预算的必要

---

① 皇帝是全国军事、政治、经济的最高主宰，拥有绝对权力。辅佐皇帝处理全国军政要务的主要是三省，即尚书省、尚书省、门下省，其中，尚书省管的事最多，下设吏、礼、兵、刑、民（后改称为户部）、工六部，分管各项政事。三省的最高长官为宰相，六部的最高长官为尚书。

② 《后汉书·百官志第二十八》"属官县、邑、道、侯"条注。

性提到了一个新的高度。唐朝初年，"旨符"取代"上计"制度，每年由地方层层上报，层层统计，层层抄写。但这一制度在执行的过程中，容易产生劳民伤财和地方作弊造假的现象。为了克服这些弊病，唐玄宗采纳了李林甫的建议，将以往需要年年上报的财政收支数字，演化为基本定额，编成五卷，每年地方政府只根据新形势，对定额之数略加调整，称为"长行旨符"，于是，"长行旨符"取代了"旨符"，"上计"制度逐渐完善。尽管这一制度在当时仍存弊端，但却标志着封建国家预算制度进入了由国家统一编制预算的阶段。

5. 两宋时期"治乱兴衰"基础上的国家财政思想。

（1）赵普集中国家财权的思想。据《续资治通鉴长编》记载："建隆二年（公元961年），太祖召赵普问曰：'天下自唐李以来，数十年间，帝王凡易八姓，战斗不息，生民涂地，其故何也？吾欲息天下之兵，为国家长久计，其道何如？'普曰：'……此非他故，方镇太重，君弱臣强而已。今所以治之，亦无他奇巧，惟稍夺其权，制其钱谷，收其精兵，则天下安矣。'"[①] 这里赵普所说的"收其精兵"，就是军事上的"强干弱枝"思想，而"制其钱谷"就是财政上的"强干弱枝"思想。具体而言，"制其钱谷"就是改变过去节度使把持地方财政，将大量财物以留使、留州的名义攫为己有的弊端，令各州财政除留必需的经费外，一律上缴，由中央财政机构——三司统一管理。至此，财政大权再次完全集中于皇帝一人之手，国家财权高度集中的改革完成。

（2）张方平的财政调控思想。张方平[②]与王安石同朝为官，其专著《食货论》是中国财政发展史上第一篇财政专论，是中国封建社会财政学说体系初步形成的标志。在其中的"轻重"一节中，张方平论述了国家（君）应该如何运用财政手段调控经济的问题。他认为，财政是国家平衡万物的根本，他说古代的皇帝没有不按轻重原理进行调控的，只有根据具体情况进行必要的调控，才能平衡各种物资的价格，而调控机制则掌握在皇帝手中。国家的调控机制主要是财政，国家运用财政手段，依据"以予之行，而不见夺之理，使民由之不知其故"的原则，调节长、短、盈、虚、实、衰，以达到天下均平。国家运用调

---

① 《续资治通鉴长编》卷2。

② 张方平（1007～1091年），字安道，号"乐全居士"，谥"文定"，睢阳（今河南商丘）人。景祐元年（1034年），任昆山县（今属江苏）知县。又中贤良方正科，迁睦州（今浙江建德东）通判。历任知谏院、知制诰、开封知府、翰林学士、御史中丞、滁州（今属安徽）、江宁府（今江苏南京）、杭州（今属浙江）、益州（今四川成都）等地长官。神宗朝，官拜参知政事（宰相），反对任用王安石，反对王安石新法。

控政策管理国家财政，可以使百姓富足，国家财力充实，弱国成为强国；反之，不懂运用调控政策管理国家财政，就会使百姓贫穷，国家财力匮乏，强国沦为弱国。

6. 明清时期由盛到衰的国家财政思想。

（1）明清时期的国家财政思想遭受到的考验。明清王朝处于中国封建社会后期，这一时期，社会生产力进一步发展，资本主义萌芽开始出现，商品经济日渐活跃。然而，此时国家的政治却趋于黑暗，各种社会矛盾日益激化，这极大地束缚了经济的发展，封建生产关系成为生产力发展的桎梏。在各种矛盾交互错综的背景下，国家财政思想遭受到了严峻的考验。这一时期的国家财政思想多为原有财政思想的局部调整，其调整的目的主要是为了维护王朝的统治，但这些调整都没有能够挡住封建王朝的没落和瓦解的步伐。

（2）赋税改革贯穿这一时期的国家财政改革。

一是明朝的"一条鞭法"。明朝建立之初，朱元璋主张宽赋役、与民休息、藏富于民的财政思想对维护国家的稳定、发展生产起到了一定的作用。但明朝中期以后，财政状况日益恶化，赋役制度的破坏严重影响了国家赋役收入，而财政支出却逐年增加，以至于"岁入不能充岁出之半"①。于是出现了以兴利除弊为宗旨的变革赋役制度的思想，其中，影响最大的莫过于张居正的"一条鞭法"。"一条鞭法"手续简便，易于实行，同时能在一定程度上延缓土地兼并，对豪猾之民规避赋役、转嫁赋税有一定的限制作用。实行"一条鞭法"后，只要有田就要出役，赋役合征，这就限制了官僚的免役权，使国家赋税收入大有增加。万历十年至十五年，太仓积粟得到充实，"公府庾廪，委粟红贯杇，足支九年，犹得以其赢余数十百钜万，征伐四夷、治漕，可谓至饶给矣"②。"一条鞭法"所推崇的赋役合一思想，标志着中国沿袭两千余年的丁、产并行的赋役制度，正在向以物（田）为课税对象的租税制转化，自此，劳役制度渐趋消失，这是中国赋税史上的重要转折。"一条鞭法"的推行，主观上是为了维持明王朝的封建统治，客观上却起到了促进生产的作用。

二是清朝的"摊丁入亩"。清初沿用明万历年间的"一条鞭法"征收赋税，即把地丁银摊向地亩征派，但不彻底，弊端较多。康熙年间实行赋役制度改革，固定了丁银，宣布以后滋生人丁永不加赋。丁税不因增丁而增加，在一定程度

---

① 《明史·食货志二》"赋役"。
② 明·张居正：《张文正公集·附录一》"文忠公行实"。

上使百姓的丁税负担固定下来，使用"按户征收、因地加赋"的原则，不致因户丁与地亩多寡造成赋役失于公平。同时，可以促使流徙人口乐于归籍，以扩大垦耕，使按亩征收的田赋可以增加。康熙五十二年（1713 年），御史董之燧提出"统计丁银、按亩均派"的建议，此建议被康熙采纳，并在雍正时期全面推行，最后完成了赋役合一的改革。

（3）封建主义的国家财政思想逐步瓦解。从明朝到清朝初年，以赋役改革为核心的国家财政思想，尽管给国家带来短暂的发展与繁荣，财政危机一度缓解。但与此同时，西方世界却在工业革命的基础上实现了生产力的飞跃发展。而闭关锁国的清王朝，终因逆历史潮流而逐步被西方国家的坚船利炮打开了大门。随着封建经济基础的逐渐瓦解，封建主义的国家财政思想开始衰落。同时，国家财政改革也加强了对西方资本主义财政思想的接纳与吸收。

一方面，国家财政收支规模和结构发生了显著的变化。大量的战争赔款加速了清政府对老百姓搜刮的同时，为了与帝国主义列强相抗争，清政府新增了许多开支，因此，这一时期，不仅国家财政收支的绝对额急剧膨胀，而且国家财政收支结构也不断转变。在财政收入方面，从传统的以田赋、盐税为主逐渐转变为以田赋、关税、盐税、厘金为主；在财政支出方面，除了传统的支出，还出现了赔款、外债本息和洋务费用等新项目，军费支出中出现了购置新式炮舰、编练水师和新式陆军等开销。

另一方面，出现了运用商业资本为国家财政服务的资本主义倾向。这一时期涌现出的财政改革者大多看到了商业资本对国家财政的重要作用。例如，魏源、包世臣在改革漕运制度的过程中，都主张采用发达的商业运输组织代替封建制度下的运军、运丁的运输组织，将付给运军、运丁的运输组织的费用，转付给商业运输组织，从而降低了运费，减少了国家财政支出，也相对减轻了百姓的赋役负担，同时增加了商人的财富，这无疑有利于商人进行资本积累。

在内外力量的巨大冲击下，封建社会的"家计财政"模式不仅无力解决千疮百孔的国家财政危机，而且其自身的矛盾和问题也决定了这种模式已经不能适应历史潮流，改革路径从体制外转到体制内已成为历史必然。

（三）计划经济体制下国家财政的强化和统一

从 1949 年新中国成立到 1978 年十一届三中全会召开之前，中国实行高度集中的计划经济体制。在这种体制下，国家在资源配置、生产消费等活动中处于主导和支配的地位，几乎所有的经济活动都依赖政府的指令性计划，因此，计划经济也被称为"指令性经济"。适应这种经济体制的需要，国家财政思想也达到了空前的强化和统一。

1. 集中统一管理国家财政。新中国成立后，毛泽东对国家财政的经济政策做了新的设想，其基本点之一就是对全国财政经济工作的统一管理和统一领导。1949 年 3 月 20 日，中央作出《关于财政经济工作及后勤工作中若干问题的决定》，决定建立中央财政经济委员会，以便对整个解放区财政经济工作实行统一领导。1950 年 3 月中央作出统一国家财政经济工作的决定，将财政管理权限集中在中央，一切财政收支项目、收支程序、税收制度、供给标准以及人员编制等都由中央制定，全国总预算与决算要由中央政府批转执行；在财政体制上，实行"统收统支"高度集中的财政管理体制，中央集中绝大部分财政收入，一切支出皆由中央拨付①。这一财政管理体制，保证了国家对有限财力的集中分配和使用，有利于国民经济的快速恢复。

2. 国家意志主导政府财政。如何在最短的时间内使中国由落后的农业国变为先进的工业国，提高人民的生活水平，是新政府确立的首要目标。但是，"要想在封闭且贫穷落后的农业国进行大规模的、迅速的工业化建设，必须依靠政府的强制力量，在国民经济内部通过自我剥夺完成工业化需要的资本积累。"②以国家意志为主导的计划经济体制便有利于这种"自我剥夺"的实现。在这种国家需要大于公共需要的政策取向下，计划配置和国家财政的关系被界定为"计划定调子，财政拿票子"。于是，国家财政成为政府进行资源配置和收入分配的最有力工具。

（四）市场经济体制下国家财政的调适与革新

从 1966 年开始，长达十年的"文革"浩劫，使刚刚出现了生机和活力的中国经济和社会又一次陷入了严重的危机之中。国民经济遇到巨大挫折，国家财政几近崩溃。直至 1978 年十一届三中全会作出了改革开放的新决策，中国的经济才逐渐结束了在徘徊中艰难前行的局面，这一时期通常被称为经济转轨时期。

---

① 项怀诚：《中国财政体制改革六十年》，《预算管理与会计》，2009 年第 10 期，第 2 页。

② ［美］威廉·E. 哈拉尔著，冯韵文，黄玉馥译：《新资本主义》社会科学文献出版社 1991 年版，第 115～116 页。

1993 年，十四届三中全会通过了《中共中央关于建立社会主义市场经济体制若干问题的决定》，从此，中国开始进入社会主义市场经济时期。伴随着改革开放的逐步深化和社会主义市场经济的日渐成熟，国家财政思想也在进行着不断地调适和革新，逐步向公共财政的方向过渡。

1. 建设型财政模式逐渐衰落。所谓建设型财政模式，是指国家财政的行为导向为国家基本建设需要，国家财政要服从和服务于国民经济的恢复和发展，国家财政的主要功能是"发展经济，保障支出"。这种财政模式运用国家的强制力，把财政资金集中于国家的经济建设，在公共服务方面，仅仅保证人民最基本的生活需要。这种财政模式始于计划经济时期，其发展却贯穿了计划经济时期和经济转轨时期，甚至改革开放之后，仍然具有相当的影响力和作用力。直至社会主义市场经济体制的逐步确立，这种财政模式已经无法适应新形势的需要，因而，财政模式的改革迫在眉睫，建设型财政模式逐渐衰落。

2. 分级财政管理体制逐步建立。中央集中统一管理的统收统支的财政管理体制，尽管在国民经济恢复时期起到了集中力量办大事的重要作用，但其弊端亦随着经济的发展日益显露。为了解决政府对企业、中央对地方"管得过多、统得过死"的问题，充分发挥地方的主动性和创造性，中央以财税体制改革为突破口，逐步建立起分级管理的财政体制。1979 年、1984 年两次"利改税"改革之后，财政收入分为中央财政固定收入、地方财政固定收入以及中央和地方共享收入三类。1985 年"划分税种、核定收支、分级包干"和 1988 年中央地方大包干的财政体制实行后，出现了"两个比重"的问题，即国家财政收入占国民生产总值的比重和中央财政收入占全国财政收入的比重严重失调，政府行政能力和中央调控能力明显下降。为了解决这一问题，1994 年，中央提出了确立"分税制"的财政体制。依据事权和财权相统一的原则，合理划分中央和地方的收入。随着社会主义市场经济的发展，国家又逐步有针对性地对财政管理体制进行了局部调整，从而初步理顺了中央与地方、国家与企业的分配关系。

3. "效率优先，兼顾公平"成为财政执行收入分配职能的原则。改革开放以前，我国虽然实行按劳分配原则，但实际上是长期坚持了平均分配原则。这是由于社会主义制度建立后的几十年时间里，过分强调社会主义的优越性，片面理解人民当家做主的权利，缺乏领导组织大规模社会主义建设的经验造成的。十一届三中全会之后，党中央彻底否定了平均主义的分配原则，确立了"效率优先，兼顾公平"的原则，鼓励一部分人先富起来，先富带动后富，最终实现共同富裕。这不仅是社会主义收入分配思想，同时也是国家财政分配思想。在这一原则的指导下，我国对财政、信贷、价格、税收等多方面进行了体制改革，在促进经济开放和发展的同时，逐步解决了财政分配中公平与效率相统一的难题。

4. 财政支出结构由满足国家职能实现为主转变为以满足公共需要为主。与建设型财政模式相适应，国家财政支出的主要部分被用在了国家基本经济建设需要上，而与公共需要相关的民生支出只占了很小的一部分，人们的基本生活物资是"凭票供应"。改革开放以来，国家财政的收入管理体制发生了很大的转变，而财政支出管理体制一直明显滞后。1998 年，国务院提出改革政府机构，转变政府职能的目标。2005 年初新修订的《国务院工作规则》又提出，国务院及各部门要加快政府职能转变，全面履行经济调节、市场监管、社会管理和公共服务职能。伴随着我国政府由"全能政府"转变为"服务型政府"，国家财政支出也逐步从满足国家职能实现为主转变为满足社会公共需要为主。国家在医疗、教育和住房等关系"民生"的公共需要领域进行了一系列的改革，不断加大财政投入力度，扩大财政支出规模，优化财政支出结构，提高财政支出效益。

二、公共财政思想的萌芽

自 1998 年底起，我国政府提出要构建公共财政的基本框架以来，公共财政就逐渐成为我国财经领域的一个热点问题。理论界对我国建立公共财政的必要性和可能性也做了较为全面、深入的探讨。那么，何谓"公共财政"？国内关于公共财政思想的主要观点有哪些？这里先就这些问题进行简单梳理。

（一）"公共财政"的探源

在西方，"财政"一词源于拉丁文 Finis，原指结算支付款项。在 16 世纪，德国文献中采用"Finanz"，意为对欺诈等行为的裁定与罚款。到 18 世纪曾狭义地指国家收入。后来西欧各国使用的英文 finance 一词，因其原意泛指一切财务。为了加以区别，一般对国家的货币收支惯用 public finance（公共财务）。公共财政理论的奠基人是 18 世纪英国经济学家亚当·斯密，他在 1776 年发表的《国民财富的性质与原因研究》（简称《国富论》）一书中，将政府财政的管理范围和职能限定在公共安全、公共收入、公共服务、公共工程、公共机构、公债等范围，确立了公共财政思想的基本框架。此后，许多经济学家都对公共财政思想的发展作出了重大贡献，但他们都仅是在经济学论著中涉及财政问题，并未形成独立完整的财政学体系及著作。直到 1892 年，巴斯塔布尔出版了《Public Finance》一书，才开始改变了这种状况。[①] 此后，使用"Public Finance"的著作便越来越多。

在我国，最早见到"公共财政"的提法，始于 20 世纪 80 年代初的一本译著。当时，安徽财贸学院张愚山教授在翻译出版美国哈佛大学经济学家阿图·埃克斯坦的《Public Finance》一书时，正式使用了《公共财政学》的书名。从此约定俗成，人们将市场经济条件下的财政称为"公共财政"，而将自然经济和计划经济条件下的财政称为"国家财政"。

1998 年 12 月，财政部部长项怀诚在全国财政工作会议上提出了初步建立公共财政的基本框架的设想，国务院副总理李岚清则强调，调整财政支出结构，逐步向公共财政的职能转变。2000 年 7 月，李岚清副总理和项怀诚部长在全国财政会议上又先后指出：要建立稳固、平衡、强大的国家财政，同时，要重点推进支出管理改革，加快建立公共财政体系。

（二）国内关于"公共财政"思想的主要观点

自中央提出建立公共财政的基本框架以来，有关公共财政的争论就没有停止过，而争论的焦点主要集中在"公共财政"与"国家财政"的关系上。一种观点认为，公共财政与国家财政是一个概念，并没有本质区别，之所以称"公共财政"，完全是中英文翻译上的问题；另一种观点认为，"公共财政"与"国家财政"有本质区别，不能相互否定和替代，更不能混为一谈。但不管是持哪一种观点，多数人都认识到在社会主义市场经济条件下，传统的国家财政已经不能完全适应社会的需要，借鉴西方公共财政模式，改革我国的财政体制已经是大势所趋。

1. 张馨教授关于公共财政的思想。厦门大学经济学院教授张馨是中国较早提出"公共财政"理论的学者之一，其理论特色在于，将"公共财政"与"双元财政"两种理论结合起来进行研究，前者是对西方财政理论的一种借鉴，后

---

① 张馨：《"国家财政"还是"公共经济"：西方财政学根本思路问题探讨》，《财政问题研究》，1997 年第 5 期，第 32 页。

者是对中国财政改革的一种探索。

（1）对"公共财政"的概念作了详尽的探究。理论界的一些人认为，英语里的 Public Finance 与中文的"财政"一词的意义完全一致，之所以出现"公共财政"一词，完全是误译。针对这一观点，张馨教授从几个方面有力地驳斥了这一说法。①

首先，在英语中，与"财政"有关的词，除了 Public Finance 之外，还有 Public Economic 和 Government Finance 等。其中，与"国家财政"意思最接近的是"Government Finance"，很显然，两者从字面上理解，就不一样。自从1892年巴斯塔布尔的《Public Finance》问世以来的百余年间，冠以这三类书名出版的英语财政学教材，绝大部分使用的是"Public Finance"，而非"Government Finance"。

其次，西方国家对"公共财政"的强调，有其深刻的历史渊源。西方财政学之所以要强调财政活动上的"公共性"，是由于不是所有的财政活动都具有公共性质。封建社会君主"家天下"的理念使得国家财政变为由王室主导的"家计财政"而非"公共财政"。公共财政的出现，是与资本主义制度建立后，市场经济的形成紧密相连的。市场经济体制下，私人部门和公共部门划分明晰，政府作为公共部门为满足公共利益和公共需要提供必要的服务，这是人们将其财政称为"公共财政"的根本原因所在。

最后，对"公共财政"一词的正确理解，对我国借鉴西方公共财政模式、发展社会主义市场经济具有重要的意义。"财政"包含了它是"以国家为主体的分配"的基本含义；而"公共"则表明了它只是"为市场提供公共服务"的财政。两者的组合"公共财政"一词表明了它是与市场经济相适应的财政类型，是为市场提供公共服务的国家财政，是整个财政史中一个极为重要的发展阶段和类型，但它并不与国家财政完全等同。理解了此种含义，在借鉴西方公共财政模式的时候，就不至于产生将"公共财政"与"国家财政"对立起来的结果。

（2）对"双元财政"模式的系统阐述和肯定。双元财政论是关于我国财政新模式的一种理论②。所谓"双元财政"，即双元结构财政的简称，指的是社会主义市场经济条件下相对独立的公共财政和国有资产财政组成的有机统一体，是与单元（结构）财政相对独立的社会主义财政模式。该理论最早由叶振鹏教

---

① 张馨：《论公共财政的存在》，《福建财会》，1996 年第 11 期，第 16 页。
② 张馨：《双元财政论评述》，《中国经济问题》，1999 年第 1 期，第 6~12 页。

授于 1993 年提出，同年 6 月下旬，在厦门大学召开的"全国第七届财政基础理论研讨会"上，叶振鹏和张馨共同提交了题为"论双元财政"的论文，较为全面地介绍了双元财政论的基本观点。该论文指出，由于国家的社会管理者和资产所有者双重身份的分开，决定了我国财政在社会主义市场经济下，将形成处于市场外的公共财政和市场内的国有资产财政两大部分，从而形成双元财政结构。

此理论一经提出，就引起了学术界激烈的争论。为此，张馨教授不仅从西方的公共产品理论和我国的社会主义市场经济体制改革实践两个角度阐述了双元财政模式在我国的必要性和可行性，有力地回应了学术界的质疑。同时，他还针对社会主义市场经济发展的实际情况，对"双元财政"理论的表述做了一些修改，将"国有资产财政"改为"国有资本财政"，从而使双元财政理论更加完善。

（3）对我国建立公共财政的必要性和困难进行了论证[1]。关于我国建立公共财政的必要性，张馨教授认为，建立公共财政，是市场经济对我国财政提出的根本要求，也将是市场取向的必然结果，这是由以下基本原因决定的：第一，市场要求政府弥补自身缺陷；第二，政府为市场提供公共服务；第三，政府只进行非营利性活动；第四，政府行为法制化。[2]

对于财政公共化改革在我国遇到的困难，张馨教授也进行了全面的分析。他认为，我国财政公共化改革的难点主要表现在：第一，全面地触动既得利益的问题；第二，根本转变传统的工作方式和思维观念的问题；第三，根本约束政府行为的问题；第四，人代会对政府预算的决定与监督的问题；第五，社会公众行使"主人"权利的问题；第六，双元财政的问题。

2. 高培勇教授关于公共财政的思想。中国社会科学院财政与贸易经济研究所所长高培勇教授，是我国研究公共财政思想的重要学者之一。他不仅对公共财政理论有系统的阐述，而且长期致力于中国公共财政建设框架的构建和公共财政改革实践。关于公共财政理论，他的观点主要集中在以下几个方面：

（1）公共财政的定义和特征。公共财政是以满足社会的公共需要为口径界定财政职能范围，并以此构建政府的财政收支体系，由此而形成的政府收支活动模式或财政运行机制模式。其基本特征：一是公共性，即着眼于满足社会公

---

① 张馨：《财政公共化改革难点探析》，《浙江财税与会计》，2003 年第 11 期，第 2～4 页。

② 张馨：《我国为什么要建立公共财政》，《福建财会》，2001 年第 8 期，第 9～10 页。

共需要，具体包括提供公共物品或服务，调节收入分配和促进经济稳定增长；二是非营利性，即政府管理理念上的重大变化，政府不是赚钱的机器，其价值取向应该是谋取公共利益的极大化；三是规范性，即政府收支行为规范化，具体包括以法制为基础，全部政府收支进入预算及财税部门总揽政府收支。①

（2）公共财政是重构财政运行机制，解决中国财政困难的必然选择。导致中国多年财政困难的原因之一，就是财政机制运行本身存在严重的问题。在传统的财政运行机制下，一方面，财政收入以低价统购农副产品和低工资为条件，得以"超常"扩大，财政收入占国民收入的比重在相当长的时期保持在 30%（1978 年为 37.2%）的高水平。另一方面，财政支出在大而宽的财政职能范围格局下，规模"超常"，负担沉重。为了提高被这种传统的计划经济体制几乎窒息掉了的国民经济活力，中国的经济体制改革以财政"还账"的"减税让利"方式来激发各方面的积极性。两次"利改税"及包干制的实施，在调动地方积极性的同时，使得财政收入占国民收入的比重一降再降，由 1978 年的 37.2% 降至 1993 年的 17.5%。与此同时，财政支出不但未能相应削减，反而承受着越来越大的上升压力。这两个"超常"并存于中国社会，必然导致财政运行机制与整体经济体制变革之间的不协调。财政改革势在必行，于是出现了消除"越位"，补足"缺位"以及纠正"错位"的说法。与此同时，市场经济条件下的政府职能范围，是以"市场失灵"为标准，从纠正和克服"市场失灵"出发来界定的，这正是"公共财政"的基本功能，而且这与我们旨在通过调整财政收支结构，改革财政运行机制的初衷是一致的，于是"公共财政"便被作为一种理想的财政模式加以追求，也就成为一件自然而然的事情。②

（3）公共财政理论研究中的误区。高培勇认为，要真正构建起有中国特色的公共财政框架，就必须破除一些理论认识上的误区。

首先，公共财政并非西方国家的舶来品，公共财政在中国的提出并非空穴来风，而是经历了一个由浅入深的认识过程。公共财政思想在中国的产生和发展始终是围绕中国的财政困难、财政运行机制的调整和社会主义市场经济体制的建立而展开的。

其次，公共财政并非国家分配论下的二级科目，而是对传统意义上的国家财政的替代，这种替代淡化了国家财政的阶级性，因此与传统的国家财政有着

---

① 高培勇：《如何理解公共财政》，《北京财会》，2002 年第 9 期，第 7~9 页。
② 高培勇：《论重构财政运行机制》，《经济理论与经济管理》，1995 年第 3 期，第 7~10 页。

本质的区别。

最后，公共财政并非局部性的仅限于支出一翼的调整。公共财政从一开始仅仅是针对财政支出结构的调整，拓展到对收入结构，再到收入行为和收入机制的调整，进一步延伸到理念问题，又从理念上牵涉出游戏规则，于是又回到操作层面，因此，它不仅是覆盖上层建筑和经济基础、财政理念和财政运行规则的整体的、全方位的变革，而且是革命性的变革，涉及方方面面，是一种脱胎换骨性的革命，是一种翻天覆地的变化。①

（4）中国公共财政建设框架。2003 年 6 月，高培勇承接了中国社会科学院 A 类重大课题《重要战略机遇期的公共财政建设》。课题研究将公共财政建设同中国建设服务型政府、完善社会主义市场经济体制、全面落实科学发展观、"十一五"规划等重要的背景结合起来，充分论证了公共财政建设的必要性，认为公共财政建设是一场制度变革，是一场以公共化为取向的财政制度变革。同时，在分析中国公共财政建设的特殊背景和公共财政的本质特征的基础上设计出了公共财政建设施工方案和验收标准——标识公共财政建设方向的"路线图"和刻画公共财政建设进程的"考评卷"，即"一条主线、三项职能、四个层面、十大指标"，简称"1 + 3 + 4 + 10"体系。

其中，"一条主线"指公共财政建设指标体系是以公共性——满足社会公共需要——为灵魂并以此作为贯穿始终的基本线索；"三项职能"指中国公共财政建设指标体系按照资源配置、收入分配和经济稳定三项职能作为基本定位；"四个层面"指中国公共财政建设指标体系覆盖了基础环境建设、制度框架建设、运行绩效建设和开放条件下的公共财政建设四个层面的内容；"十大指标"是指中国公共财政建设指标体系由十大一级指标构成：政府干预度、非营利化、收支集中度、财政法制化、财政民主化、分权规范度、均等化、可持续性、绩效改善度和财政国际化。②

3. 邓子基教授的公共财政思想。厦门大学邓子基教授是我国财政学界"国家分配论"的主要代表人物之一，他认为，国家分配论就是"国家财政论"，并对此进行了长期、系统的研究。然而，其思想不是一成不变的，在新的形势下，邓子基教授及时完善了自己的理论，他在坚持"国家分配论"的国家财政思想

---

① 高培勇：《如何理解公共财政》，《北京财会》，2002 年第 9 期，第 4 ~ 6 页。
② 高培勇：《中国公共财政建设指标体系：定位、思路及框架构建》，《经济理论与经济管理》，2007 年第 8 期，第 41 ~ 45 页。

的同时，也主张应当积极借鉴西方"公共财政"的有益成分，将其发展为我国财政新的发展模式。

（1）对"国家财政"与"公共财政"的关系做了较充分的论述。针对财政学界和实践部门在对"国家财政"和"公共财政"这两个重要范畴的内涵及其相互关系上的理解存在较大的争议和分歧的情况，邓子基教授在对不是以公共财政排斥、否定、最后替代国家财政，就是以国家财政排斥、否定、直至替代公共财政这两种不可取的、片面的错误倾向进行批判的基础上，又对"国家财政"和"公共财政"的关系进行了再梳理，提出了自己的观点。[①] 他指出，一方面，"国家财政"与"公共财政"在财政概念、财政职能、财政运行轨迹、财政运行模式所体现的分配关系等方面存在一致性；另一方面，在财政本质、理论基础、所有制基础、财政要素等方面，"国家财政"和"公共财政"又有不同。因此，要构建适合中国社会主义市场经济体制发展需要的公共财政框架，就必须对两者的关系有全面的认识。

（2）对双重（双元）结构财政论的肯定与发展。在不同的经济发展时期，我国财政采取了不同的财政模式。适应于建立社会主义市场经济体制的需要，有必要借鉴西方的公共财政模式，对我国计划经济时期的"大一统"财政模式进行改革，建立起公共财政与国有资本财政并存的"双重（双元）结构财政"。国有资本财政是原有财政存量中的主要部分，公共财政是原有财政增量中的主要部分。在"有所为、有所不为"原则的指导下，存量的国有资本财政的比重相对降低，增量中公共财政的比重相对提高。因此，可以说公共财政是中国传统国家财政模式的创新和发展，是国家财政改革的方向。

此外，还有其他许多学者对公共财政模式在我国的适用性进行了多方面、多角度的论证，应该说，公共财政的理论体系在我国已经有了一个初步的轮廓。然而，相对于西方几百年的公共财政理论和实践发展历程，我国的公共财政理论尚处于起步阶段和萌芽时期，要使其真正成为我国财政改革的方向和指引，尚需时日。

---

① 邓子基：《正确认识"国家财政"与"公共财政"》，《福建论坛》，2000年第10期，第4~8页。

三、国家财政和公共财政的关系

国家财政与公共财政作为两种不同的财政运行模式，应该说各有优缺点。社会主义市场经济的建设离不开对我国传统的国家财政思想精华的继承，也离不开对西方公共财政思想经验的借鉴。因此，有必要对两者的关系做一个梳理，从而使"国家财政"和"公共财政"在为政府实现其职能服务的过程中，能够做到各显其长，各尽所能。

（一）国家财政与公共财政的区别

通过对比分析可以看出，国家财政与公共财政并没有本质上的区别。这里所列的不同，都是有约束条件的，是相对的，而两者的联系是绝对的。我们之所以要在绝对联系的基础上对相对的不同进行发掘，就是为了更好地各取所长。这也是为什么我们有充分的理由和依据，借鉴西方公共财政的理念和方法以发展和完善我国公共财政思想的原因所在。

1. 财政的基本属性不同。

（1）国家财政的基本属性是阶级性。国家财政是以国家（政府）为主体进行的分配活动，财政伴随国家的产生而产生，是国家实现其职能的工具。国家财政是苏联根据马克思、列宁的国家学说提出来的。按照马克思主义的国家学说，国家是阶级斗争的产物和阶级统治的机关，而国家财政的目的就是提供国家机器正常运转和国家政权得以维护所需要的物质基础，因此，国家财政也具有阶级属性。

（2）公共财政的基本属性是公共性。公共财政的提法来源于西方经济学说，它强调财政的公共性，认为财政是政府为了提供公共产品和公共服务，以满足公共需要而进行的社会产品分配活动。西方公共财政学说将社会需要分为私人需要和公共需要，私人需要通过私人商品来满足，公共需要则要通过公共商品来满足。公共商品的非竞争性和非排他性决定了以竞争盈利为目的的市场机制不能提供公共商品，因此，公共商品的需要只有通过非市场机制来满足。

2. 立论基础不同。

（1）国家财政的立论基础是国家干预。国家财政的阶级属性决定了国家在财政分配中的主导地位。我国现存的财政体制，是由计划经济体制下形成的国家财政沿革而来。在计划经济体制下，国家政治体制高度集权，政府是资源配置的主体，财政就是服务和服从于政府职能的需要。在这种资源配置方式下，政府是"全能的"，其职能覆盖了从生产到投资，从流通到消费，从供给到分配，从企业到家庭的社会政治、经济、生活的方方面面。这种国家干预的财政资源配置方式在一定的社会经济条件下，的确起到了恢复生产、恢复经济的重要作用，但一旦经济需要转型，就会产生尾大不掉的问题。

（2）公共财政的立论基础是市场失灵。公共财政是在对市场失灵的分析和问题解决的基础上而形成的。在市场经济条件下，市场失灵的表现主要有：一是市场无法满足社会对公共产品的需求。这一方面是因为公共产品具有非竞争性和非排他性，无法通过市场形成成本补偿机制和价格机制，另一方面是因为有一些公共产品，如国防，私人资本是无权进入的，还有一些公共产品，如基础设施、生态环境、科教文卫等，其投资回报期很长，私人资本是不愿进入的。二是市场无法解决社会福利和收入分配不公平的问题。市场机制的最基本特征是价格围绕价值上下波动，其最大的价值在于有利于效率的提高。但如果政府不加干预，自发的市场调节很容易引起收入差距的扩大，造成社会收入分配不均。

此外，市场失灵还有无法解决外部性、容易产生不公平竞争以及不利于宏观经济稳定等表现。而这些问题的解决，只能依靠政府的公共财政职能，因此，公共财政的职能主要定位在市场失灵的领域。

3. 财政收入的依据不同。

（1）国家财政的收入依据是"权力论"。国家财政理论认为，税收是国家凭借政治权力强制征收的，具有强制性和无偿性。在我国，财政收入除了税收外，还有公共收费、国有资产收益、公债等其他非税收入。正是这种政治上的强制力，使得我国的财政收入一直很难规范，税收占全部财政收入的比重一直低于西方发达国家。大量的非税收入，尤其是一些不合理、不规范的收费，很多情况下难以认定和计算，形成了大量的体制外收益，而这对国家财政收入是一个很大的威胁，不利于税收征管和充分发挥税收的积聚和经济调控等作用。

（2）公共财政的收入依据是"交换说"。公共财政理论提出，税收是国家与纳税人之间的一种利益交换关系，公众和政府是交换的双方。在这种关系下，一方面，公众要想获得政府提供的公共产品和享受政府提供的公共服务，就必须付出一定的代价；另一方面，政府为提供公共产品必须从社会公众那里获得交换补偿，这种代价与补偿之间是一种交换关系，具体表现就是，用所纳税额购买对应的公共产品，税收转化为"税收价格"。①

4. 财政支出的重点不同。

（1）国家财政的支出侧重于经济活动。计划经济体制下，国家不仅是政治主体，还是经济主体、投资主体和竞争主体。财政的支出重点在于满足基本经济建设需要，国家在支配国民经济命脉的钢铁、煤炭、化工、铁路、民航及高新技术等基础产业部门投入了大量的人力、物力和财力，这种投入有时甚至是不计成本的。这种侧重一方面，与我们的经济基础薄弱有关，另一方面，也与市场经济的不完善有关。因此，在这种体制下，想要通过市场的作用实现经济结构的合理调整，是非常困难的。

（2）公共财政的支出侧重于民生消费。市场经济条件下，政府从许多曾经"越位"的领域，尤其是一些竞争性的生产建设行业退出，并将其交由市场，通过价格机制和市场竞争进行运作和优化。这不仅使这些行业的生产积极性得到了激发，也使公共财政支出能够向教育、住房、医疗、养老等民生领域倾斜。从总体上看，2006 年是一个明显的分界点。当年社会文教费支出为 10846.2 亿元，占财政总支出的比重上升到 26.83%；而经济建设支出则为 10734.63 亿元，占财政总支出的比重下降到 26.56%。社会文教费比重与经济建设费比重的差距从 1978 年的 -50.98% 变为 2006 年的 0.28%。在新中国历史上，这一年是首次社会文教费超过经济建设费用的支出。数据显示，2008～2012 年，中央公共财政用于民生的支出累计 16.89 万亿元，年均增长 21.1%，占中央公共财政支出的比重稳定在三分之二以上。2013 年的财政预算对民生领域倾斜力度继续扩大，该年度中央财政将用在与人民群众生活直接相关的教育、医疗卫生、社会保障和就业、保障性安居工程、文化方面的支出安排合计 15712.5 亿元，比上年预算数增长 13.5%，比上年执行数增长 9.6%；用在公共交通运输、节能环保、城乡社区事务等方面与人民群众生活密切相关的支出安排合计 17150.03 亿元。②

5. 研究方法不同。

（1）国家财政侧重于定性分析。所谓定性分析，是指根据社会现象或事物所具有的属性和在运动中的矛盾变化，从事物的内在规定性来研究事物的一种方法或角度。它以普遍承认的公理、一套演绎逻辑和大量的历史事实为分析基

---

① 邓子基：《"国家财政"与"公共财政"》，《时代财会》，2001 年第 1 期，第 15 页。

② 2006～2013 年的财政预算报告。

础，从事物的矛盾性出发，描述、阐释所研究的事物。国家财政的研究更多是运用定性分析的方法，运用历史的、思辨的思维逻辑对大量的历史材料和生活经验进行总结、归纳，从而找出国家财政发展的脉络和轨迹。

（2）公共财政侧重于定量分析。所谓定量分析，是对社会现象的数量特征、数量关系与数量变化进行分析的方法。公共财政的定量研究是对各项具体收支数量及相互之间的比例关系进行研究，在确定研究目标和基本假定的基础上，运用计量工具，建立数量模型，然后，运用所收集到的财政收支数据对模型进行检验和调整，直至满意为止。这种方法不仅能对现实的财政问题进行分析，还能够对未来的发展趋势作出预测，从而能够为决策者制定决策提供科学的依据。

（二）国家财政和公共财政的联系

1. 国家财政与公共财政没有本质区别。

（1）从财政产生的条件来看，国家财政与公共财政并无本质区别。财政的产生离不开三个基本条件：剩余产品的出现为财政的产生提供了经济基础，使得财政分配有了物质对象；国家的形成为财政的产生提供了政治前提，使得财政分配有了主体支持；公共需求的满足为财政的产生提供了动力源泉，使得财政分配有了明确目的。从这个角度来看，财政、国家财政、政府财政、公共财政，其本质是一样的。

（2）从财政存在的依据来看，国家财政与公共财政并无本质区别。只要国家存在，就必须组建政府行使其职能，政府行使国家职能就需要筹集经费，政府筹集经费、支出经费的活动就是财政活动。不管是自然经济状态下的国家，还是计划经济状态下的国家，或者是市场经济条件下的国家都应遵循这一原则，因此，所有财政形态存在的客观依据都是相同的。

（3）从财政的职责功能来看，国家财政与公共财政并无本质区别。财政的职能一般包括资源配置、收入分配和宏观调控。财政的资源配置职能着眼于促进资源的有效配置，财政的收入分配职能致力于促进收入分配的公平，财政的宏观调控职能服务于宏观经济的稳定和社会的稳定。尽管在不同的经济条件下，财政的职能作用范围有所不同，作用程度亦有区别，但其基本的职能定位是没有区别的。

（4）从财政运行的轨迹来看，国家财政与公共财政并无本质区别。财政运行一般包括"收、支、平、管"几个基本程序，即财政活动是财政收入、财政支出、财政平衡、财政管理等运动过程的统一体。其中，财政收入是财政活动的前提条件，是财政主体必须取得的可供支配的财力；财政支出是实现财政职能的必由路径，是对财政资金的分配、使用和管理；财政平衡是财政收支运行的控制手段，通过不同的平衡手段，可以达到财政收支绝对不平衡下的相对平衡；财政管理是财政运行顺利进行的保障，通过计划、组织、指挥、控制、协调等一系列管理活动，使得财政运行能够平稳、有序、高效地进行。国家财政也好，公共财政也好，其运行都要遵循这样的一般轨迹。

2. 公共财政成为国家财政改革和发展的方向。

（1）经济体制的转型要求传统的国家财政必须进行相应的改革。在传统的计划经济体制下，国家财政在确定政府和市场关系时的逻辑是，只要政府能做的，就不让市场插手。为了适应这种职能安排，国家对财政进行集中的统收统支，由此带来的是国民经济的活力渐失，各方的积极性难以调动。随着社会主义市场经济体制的逐步确立，政府和市场的关系逐步转变为市场做不了、做不好或不愿做的事情，政府才介入。只有这样，才能够充分发挥市场的作用，激发经济的活力。为适应这种职能安排，国家财政要进行相应的调整，要逐步从竞争性的领域退出，将关注的焦点逐步转移到以教育、就业、医疗、社会保障和住房为代表的基本民生领域。

（2）公共财政为国家财政的改革提供了新的路径指引。改革开放政策实施以来，我国的财政体制以财税改革为突破口，进行了几次大的调整，分别是：1979 年以"利改税"为核心的工商税制改革；1980 年"划分收支、分级包干"，1985 年"划分税种、核定收支、分级包干"和 1988 年"收入递增包干、总额分成、总额分成加增长分成、上解递增包干、定额上解、定额补助"的以"分灶吃饭"为核心的财政体制改革；1994 年开始的以"分税制"为核心的财政体制改革。通过这一系列的改革，地方的积极性被调动起来，经济潜能得到极大释放，财政收入持续快速增长，"两个比重"的问题明显缓解，财政的宏观调控能力进一步增强。

然而，这些改革从总体来讲，是建立在各方利益博弈的基础上的局部调整，而且主要涉及以税收为主的财政收入体制的改革，因此，这种改革是不彻底、不完善的。随着经济的发展，贫富差距的日益加大，各种社会矛盾逐渐显露，市场在发挥其高效配置资源的作用同时，其容易导致收入分配不公的弊端也日益显现，在这种情况下，包括财政收入、财政支出、财政运行、财政体制在内的全方位的财政改革势在必行。公共财政由于注重财政的"公共性"、注重公共需要的满足，有利于我们寻求从财政支出的角度对财政体制进行革新而逐渐成为国家财政改革的新的方向和路径选择。

（3）我国目前的经济状况和政治环境为公共财政的实践提供了有力保障。一方面，改革开放 30 多年以来，我国的经济发生了翻天覆地的变化，GDP 年均增速接近 10%，创造出了世界罕见的"中国奇迹"。在经济总量不断扩大的同时，财政收入总量也随之扩大，年均增幅达到了 20%，随着财政收入的不断规范，税收占财政收入的比重日益提高，成为财政收入的绝对主体。交通、通信、水利等基础设施建设全面推进、加快发展，人民的物质文化水平大幅度提升。这些都为公共财政的实践提供了重要的经济来源。

另一方面，国家对以建立公共财政框架为核心的财税体制改革给予了极大的政治支持。1998 年底，全国财政工作会议提出了构建公共财政基本框架的奋斗目标；2003 年，中共十六届三中全会召开并通过了《中共中央关于完善社会主义市场经济体制若干问题的决定》，提出进一步健全和完善公共财政体制的战略目标；2007 年，党的十七大报告将"围绕推进基本公共服务均等化和主体功能区建设，完善公共财政体系"确定为深化财政体制改革的基本方针。2012 年，党的十八大报告进一步指出："加快改革财税体制，健全中央和地方财力与事权相匹配的体制，完善促进基本公共服务均等化和主体功能区建设的公共财政体系，构建地方税体系，形成有利于结构优化、社会公平的税收制度，建立公共资源出让收益合理共享机制。"以公共服务均等化为着眼点和基本原则，国家在公共产品的提供上，不仅重视量和质的提高，而且重视结构的调整，财政支出由经济建设领域向民生服务领域大幅度倾斜。这些政治支持为公共财政的实践提供了巨大的政策空间，标志着我国公共财政理论与实践推进到了一个新的阶段。

综上所述，"公共财政"概念在我国的提出已经有 20 多年了，在经过了一系列争论、研究与不断的发展之后，总体上讲，公共财政作为一种财政运行模式，其核心思想已经被大多数人接受，尤其是结合我国建设公共服务型政府，实现公共服务均等化、构建民生财政等目标，公共财政的理念不断地被运用于实践，并取得了一定成效。但与此同时，我国仍处于社会主义初级阶段，我国的社会主义市场经济体制仍处于起步阶段的基本国情，决定了我国在借鉴"公共财政"经验的同时还不能放弃"国家财政"，甚至还要"理性回归计划经济时代的某些好制度"，如免费或者低价提供住房、义务教育、医疗，不过这其中的一些内容是提供给低收入者的。

专题六

中国古代赋税制度的变革

赋税制度是一个国家重要的典章制度，直接关系着国家的国计民生，是国家赖以生存的基础。马克思指出："国家存在的经济体现就是捐税"①。中国古代也不例外。赋税制度在中国古典税收体制中居于主导地位，其成功与否，直接影响着经济的繁荣，政权的稳定，乃至国家的兴亡。中国的赋税制度起源于夏、商、周的奴隶社会到封建社会，这项制度逐渐成熟。在几千年的封建社会中，以农业为主的经济结构，决定了缴纳税赋杂役的主体是农民。而以农业立国的中国古代国家，其主要财政收入来自于农业赋税。为了国家机器的正常运转和满足剥削阶级的利益，赋税徭役往往名目众多，加之皇权不能有效监督地方，各地乱收费现象严重，民不聊生，成为盛世衰败、政权更迭的主要导火索之一。为了维持统治的稳定，历史上实行了多次赋税改革。综观中国古代社会的赋税史，计有八次具有划时代意义的赋税制度改革，即贡（夏）助（商）彻（周）、初税亩、租赋制、租调制、租庸调、两税法、一条鞭法以及摊丁入地。这八次重大的赋税制度改革，每一次改革都较前一次有所发展并日趋完善。

一、古代的赋与税

在中国古代，历朝统治者都非常重视农业，以"农"为本。关于古代赋役制度演变的过程和规律是中国财政制度变迁的重点和难点。那么，中国古代的赋和税有什么关系呢？

"赋"，在中国古代有特定的含义。《汉书·刑法志》中有"有税有赋，税

---

① 《马克思恩格斯选集》第一卷，北京：人民出版社 1972 年版。

以足食，赋以足兵"的记载。《汉书·食货志》中说"税谓公田什一及工商衡虞之人，赋共车马甲兵士徒之役"。这说明，古代的赋和税是有区别的。赋的用途是供应军需；而税则是指课之于土地和工商各业，用以支付祭祀和奉养百官等费用。后来，税泛指对工、商、矿业给官府上缴款项或实物。它是国家为了维护政权机关的存在，对人民进行的一种强制征课。

自秦汉到明清，赋税是通指按地、丁、户征收的田赋（即农业税），即国家直接向人民征收实物、货币和农产品；但不包括杂课。例如，汉代的赋共有三项，即按人征收的税项——人头税（口赋、算赋）和成年男子的代役金（更赋，即免役税，以钱而免除力役者），以及按户征收的税项——家庭资产税。

清末以后，赋税一词不再区分正税与杂课，而成为包括各种税在内的一种总称。在词义上，也不再有什么实质性的差异。赋和税逐渐演变成一种通用的财政概念。

二、中国古代赋税制度变革的历程

（一）贡、助、彻

赋税制度是伴随着国家的产生而出现的。中国的赋税制度起源很早，"自夏虞时，贡赋备矣"，这说明中国古代赋税起源于夏商周的奴隶社会，夏商周的赋税制度分别实行贡法、助法、彻法。贡、助、彻，是部落首领或受封的诸侯向国王（周天子）缴纳一定的贡赋，是我国赋役制度的雏形。

夏商周赋税制度的依据是田赋制度。夏、商、西周三代的田赋制度有什么特点呢？三代的土地属于分层分级的奴隶主占有制，其"授民授疆土"的分赐单位和耕作方式是井田制。这一田制决定了三代的田赋征收分别采用贡法、助法、彻法，即"夏后氏五十而贡，殷人七十而助，周人百亩而彻。贡者贡也，助者助也，其实皆什一也。"①

夏代的贡法。"贡"是中国古代出现最早的征课方式，是一种定额课征制，即对所授土地，按连续几年收获量的平均数定一税率，确定应纳土地税额。以后不分丰年还是歉年，都按这个定额征收。这是国家出现后的早期田赋征收制

———————

① 《孟子·滕文公上》。

度。贡法虽征收方式简单，便于管理，但缺乏税制应有的弹性，有悖于合理负担原则，最终被"助法"取代。

商代实行助法。"助"指藉民力以耕公田（农民助耕公田、"同养公田"），收入全部上缴，相当于力役形式的地租（"公田藉而不税"），是劳役课征形式。"助法"以共耕定年定亩的面积作为计算标准。在生产工具落后，生产力低下的情况下，这种税制是可行的，但随着生产力的发展，"助法"势必为"彻法"所代替。

周代实行彻法。"彻"（通）是打破公田与私田的固定界限，先由生产者在耕作季节统一经营（即农民在公田上"通力而作"）至收获时才把田地的十分之一划为当年的公田，按公田数量的比例征课，其上生产的农产品上缴，即"什一而税"，是向实物课征的过渡形式。

贡、助、彻制度的演变，反映了赋税制度的进步。"同养公田"在赋税形式上就是劳役赋税。在生产工具落后，生产力低下的情况下，这种税制是可行的。但随着生产力水平的提高、劳动工具的改善，土地私有化的加剧，劳役赋税的赋税制度越来越显示出其本身的制度缺陷。一方面，征收征管成本过高，土地名义上是国有的，而实际上则是为各级奴隶主分级占有，这一形式使得各级奴隶主必须加大对奴隶们同样公田的监管；另一方面，依附于井田制的劳役赋税制度极大地降低了劳动者在公田上的劳动积极性，使得公田劳动产出下降。到春秋中期，铁制农具和牛耕的出现，使得公田之外的私田被大量开发，耕地面积日益扩大，贵族领主对私田的狂热追求使得公田日渐荒废，国家岁入难以为继。各国不得不改变劳役地租的赋税制度。公元前594年，鲁宣公宣布实行"初税亩"，开始了不分公田、私田一律缴纳赋税的制度。

（二）初税亩

春秋时鲁国最早开始对井田及井田之外的私人所占有的土地，按亩征收田税的新税制，即"初税亩"。《春秋》记：鲁宣公15年（公元前594年）"初税亩"，即不论公田、私田，凡占有土地者，均须按占有田亩的多少征税。根据实有的土地面积大小按土地产量征收十分之一的税，即"履亩而税"。

"初税亩"的实质是承认私田的合法地位，是我国田赋的开端，是税收制度由征收劳役转向征收实物的重大的社会变革。"初税亩"的推行是生产力的发展引起土地所有制由王有制向私人占有制的巨大变革在赋税制度上的体现。从土地所有制发展史来看，这是第一次以征收田税的形式，是我国征收土地税的开始。它从税法上承认了农民对土地的私有权。土地可以买卖，这对促进新兴的地主阶级的出现，发展社会经济起了很大作用。"初税亩"代表了时代的进步，适应了社会发展的需要，此后，各诸侯国相继进行了以"履亩而税"为特征的田赋改革。如秦国的商鞅变法："废井田，开阡陌"；"初租禾"（不分公田、私田，一律征收土地税，承认私田存在的事实）为商鞅废除井田制打下基础；均平田税，訾粟而税等。随着履亩而税的推行，租税收入逐年增加。魏文侯："今户口不加，而租赋岁倍，此由课多也。"

（三）租赋制

秦汉时期的税制实行田亩、户口、身、丁并重的租赋制度，即按田征租（以实物征收）、按人征赋（以货币征收），由单一的对地税向二重的对地、对人征税转化。

人头税始于秦代。公元前359年～公元前352年，秦孝公任用商鞅，大规模地推行两次变法，史称商鞅变法。其中一项变法内容就是实行按人征收军赋的制度（人头税、口赋）。秦朝又称"口钱"，即人头税，用于充当军费来源（"秦以户记，岁200文"）。在整理户籍、造籍上册的基础上，"以其食口之数，赋而重使之"。[①]

汉代把秦的人头税目加以修改和法制化，设立对少年儿童课征的人头税"口赋"和对成年人课征的人头税"算赋"，并逐步完善和发展，在"轻田租、重人税"的思想指导下，人头税税率不断提高，甚至成为汉代收入的主要来源。

汉代田赋实行轻徭薄赋政策，田租最初"什五税一"，文帝曾12年免收田租，景帝时三十税一，此后成为定制。东汉初增加为"什一之税"，公元前30年，又恢复"三十税一"的制度，至东汉末年基本没有改变。

秦汉时期，人头税大于土地税。以身、丁为征收对象的人头税主要有算赋、口赋、献赋、户赋。算赋，就是课于成年人的人头税，每人每年120钱，为一算，用以购置战车、骏马、武器装备等。口赋，即口钱，就是课于未成年人（7～14岁，武帝时改为3岁）的人头税，每人每年20钱，汉武帝后增为23钱，用以补充军费开支。献赋，类似于贡赋，要求郡国等地方官以当地

---

① 《商君书》卷一。

人口数，每人每年征收 63 钱，送缴中央政府以充当向皇帝的献费，是算赋和口赋以外的另一种人头税目。户赋是在封邑之地按户征收的赋税，属人头税性质。封邑内民户除缴纳田租外，还纳户赋，每户每年 200 钱，作为封君列侯的"私奉养"。

（四）租调制

曹魏（公元前 220 年～公元前 265 年）时期，曹操在屯田制的基础上推行了租调制。租调制就是按田征租、按户出绢绵的税制。具体规定如下：

（1）废除了口赋、算赋制度，将秦汉时的户口税和人头税合并为户调。以户调取代了秦汉以来的口赋、算赋、户赋等人头税，使农民负担有所减轻。

（2）改变了两汉以来实行的什一税、三十税一的比例税制，改为定额税制，做到了增产不增税，这对于鼓励农民发展生产和提高单位面积产量有一定的作用。

（3）将秦汉征收货币改为征收绢、绵、丝、麻等实物。曹魏田租、户调都征收实物，适合军阀割据、货币难于流通的需要，既便于农民缴纳，又能满足国家需要。

西晋（公元前 265 年～公元前 316 年）时期，实行占田、课田制。占田、课田制是均田制的一种形式，也是实施中国古代第三大主流税制——租庸调的基础。其规定如下：规定丁男为户主者，每年纳绢 3 匹、绵 3 斤；丁女及次丁男为户主者减半，边远地区民户的户调，纳规定数目的 2/3，更远的纳 1/3，即编在政府户籍上的每个成年男子和女子，都可以占有一定数量的田地，并负担相应的田租。随着占田制的实行，西晋的统治者对租调制进行了改革和发展，特别是对户调制的改革，纳税标准按每户劳动力的强弱不同而纳税。

北魏推行均田制，并对租调制进行全面改革，实行了新租调制。规定：一夫一妇每年出帛（麻乡出布）一匹，粟 2 石；15 岁以上未婚的男女 4 人，从事耕织的奴婢 8 人，耕牛 20 头，分别纳相当于一夫一妇的租调，废除按户等征收租调的"九品混通"制。北魏新租调制与"三长制"配合，使户调制更系统周密。"三长制"就是基层行政组织，规定 5 家立一邻长，5 邻立一里长，5 里立一党长。三长的职责是检查户口、管理农民、征发租调力役，"三长制"代替了魏初的宗主督户制，使地主豪强的隐户减少。

（五）　租庸调制

唐朝前期以轻徭薄赋的思想改革赋役制度，实行租庸调制——均田制掩蔽下的身丁税课制度。租庸调制的基础为均田制，即国家按标准给百姓授田。租庸调制是在均田制基础上，计丁收取赋役，其课征对象是田、户、丁，即"有田则有租，有家则有调，有身则有庸"。具体地讲，"租"就是田赋，按田征收，是农民以课税形式每年向官府缴纳一定量的实物地租；"调"就是人头税，即按户征收的家庭手工业品，按人头缴纳一定量的绢或布。"庸"，也称"输庸代役"，是以丝绢等实物抵充徭役的代役金，即在服徭役的期限内，不去服劳役的可以纳绢或布代役。隋朝的"庸"规定50岁以上者可以"输庸代役"，而唐朝的庸不再规定年龄限制。

租庸调制是古代比较成熟的封建租税形式，是中国"古代粟米之征、布帛之征和力役之征的完备形式"，它反映了封建国家赋税管理的日渐成熟和完善。与前代田赋制度相比，唐初的租庸调制突出的变化是在赋税与徭役的转换上，特别是以庸代役的普遍化、制度化以及加役免税，不仅体现了赋役制度的灵活性，增加了对不同民户的适应性，而且减轻了对民丁的人身束缚，促进了唐代前期经济的恢复和发展，以及财政收入的稳定增长。唐朝初期的租庸调制将劳役课征方式改为实物课征，体现了赋役合一的思想萌芽。

（六）　两税法

唐朝中叶，杨炎提出并实行了两税法。其主要内容是：

1. 财政原则："量出以制入"，即政府先预算财政支出规模，然后再据以确定全国应征赋税总额（公元前779年全国各项税收总额包括租庸调、户税、地税、各项杂税等作为新税征收的标准额），再摊派到各地征收。

2. 课税主体："户无主客，以见居为簿"，即不分主户、客户，一律按现居住地的户口登记簿为准纳税，对于不定居的商人按定居商人的标准纳税。

3. 课税客体及课税原则："人无丁中，以贫富为差"，即一律依据贫富和拥有的土地、资产的多少来纳税，原来享有蠲免赋役特权的官僚、贵族、僧道户等也不例外。

4. 对租庸杂徭的处置及纳税期限："其租庸杂徭悉省"。将租、庸、杂徭都并入两税，"今后除两税外，辄率一钱以枉法论"。分夏秋两次征收，夏税完纳时间不得超过六月，秋税不得超过十一月。

5. 计税依据："以贫富为差"、"率以大历十四年垦田之数为准而均征"，即新税制中户税仍以资产多少为标准定出各户的等级，地税以公元前 779 年的垦田数为标准，各州按旧有数额分摊于各地。

6. 计税手段和纳税物品："定税之初，皆计缗钱，临时折征杂物，多配绫绢"，即以货币计税，实际征收时再折纳实物。

7. 中央与地方的财政分配原则：三分制——上供、送使、留州。

两税法在我国赋税史上具有划时代的意义。它将各种赋税统一征收，简化了税制；开始了以资产为课税客体的历史，扩大了纳税面；推行以银定税，开创了以货币计税的先例，使全国有了统一的计税标准；扩大了商品生产和交换的范围，刺激了商品经济的发展。两税法以资产、田亩为本，改变了自秦汉以来的以身、丁为本的赋税征课制度，成为中国古代赋税制度变革的重要分水岭。

（七）一条鞭法

明朝张居正在全国推行一条鞭法。一条鞭法将原来的田赋、徭役、杂税"并为一条"，折成银两，把从前按户、丁征收的役银，分摊在田亩上，按人口和田亩的多寡来承担。其重要特点是：赋役合并、正杂统筹；课征对象是田亩，纳税形态是以银折收；课征方式是官收官解，直接由地方官吏办理；官府所需力役出钱雇募，不得无偿征调。

一条鞭法是我国赋税史上的一次重大改革，具有重大意义：（1）赋役合一，标志着我国沿袭了近两千年的赋役平行制向近代租税制转化。（2）以银代役，使农民对国家的人身依附关系有所松弛，为工商业发展提供较多的劳动力；官府以银雇役，促进了雇佣关系的发展。（3）赋税征银，适应了商品经济发展的需要，促进了货币地租的发展，有利于农业商品化和资本主义萌芽的增长。（4）扩大了负担面，在一定程度上起到均平税负的作用；官收官解，减少了胥吏营私舞弊的现象。

（八）摊丁入地

摊丁入地，也称地丁合一或丁随地起。摊丁入地的实行，是中国赋税制度的又一次重大改革，它对清朝的统治和以后中国社会的发展产生了重大的影响。摊丁入地的做法为：

首先，固定丁额。康熙五十一年（1712 年），清政府宣布以 1711 年全国钱粮册中的成丁数及丁银额为永定常额，以后额外增丁，不再增收，即"盛世滋生人丁，永不加赋"。1711 年的丁数是 24621324 口，丁银额 335 万余两。

其次，摊丁入地。把丁税平均摊入田赋中，征收统一的地丁银。各地丁税均派入各地地粮之内，不论富绅势家，还是贫室农民，都必须依制输纳。

摊丁入地作为我国封建社会最后一次重大的农业赋税制度改革，在财政发展史上有着重大意义。

1. 简化了税收原则和手续，取消了征税的双重标准，只按土地的单一标准征税，土地多者多纳税，从而体现了按负税能力纳税的思想。

2. 摊丁入地使徭役彻底归于田亩，削弱了封建国家对农民的人身控制，行之两千多年的徭役退出历史舞台，农民有了更多的人身自由，封建国家对农民的人身控制进一步松弛，削弱了农民对国家的人身依附关系，客观上为农业、工商业的发展提供了条件。

3. 具有里程碑意义的是，摊丁入地完成了赋役合一的历史进程，彻底废除了自汉唐以来实行两千多年的人头税；在客观上起到了鼓励人口增殖的作用。此后，中国人口数量急剧增长，在一定时期内为社会提供了大批新生劳动力，对我国社会经济的发展具有积极的意义。此法实行后，清朝出现的康乾盛世和乾嘉之治都与这种税法的实施有着密不可分的关系。但是，当人口数量的增长超过了社会的承受能力，它所带来的是更多的负面效果。

摊丁入地作为一种历史性的政策选择，实施过程中出现了一些弊端，例如，在执行中仍对没有土地的农民和产粮地区征税；"永不加赋"并未实现，不少地区丁银的实摊额超过了原额；为了补偿熔销碎银为银锭的损耗而多征的火耗加重了农民的负担等，这些问题使摊丁入地的成果随着时间的推移逐步失去。

综观上述我国古代赋税制度变革，不难看出，我国古代的赋税制度的类型大体可以分为以下几种：一是以人丁为主要征税标准的赋税制度——租赋制、租调制、租庸调制；二是以土地和财产为主要征税标准的赋税制度——两税法、方田均税法、一条鞭法和地丁银；三是征收货币的赋税制度——募役法、一条鞭法和摊丁入地。

三、中国古代赋税制度变革的演进规律

赋役制度和国民经济的关系最为密切，从以上分析的我国古代赋税制度的变革可以看出，赋役的历次变革有一个共同特点，都是在旧的租税制度不能适应变化了的经济形式，赋税征课困难，不能满足财政需要的情况下，才不得不采取新的课征形式，进行赋役制度改革。尤其是我国古代的三次重大的赋税制度改革，虽然发生在不同的历史时期，但都有着惊人的相似之处。

首先，改革的背景相似：大都是由于原有的财税体制弊病丛生，难以为继；收费名目繁多，数额巨大，管理失控；贪官污吏滥用职权，坐收坐支，中饱私囊，国家财政状况危机日深；农民不堪重负，破产逃亡。

其次，改革的内容相似，基本上是改费为税，统一税制，化繁为简，官收官解。

最后，改革的效果大体相似。既省费便民，规范了收费管理，扩大了税基，增加了中央财政收入，加强了中央财权的集中统一，又在一定程度上限制了地方政权越权收费和地方官吏巧立名目，强取豪夺的腐败行为，有利于整顿吏治。

然而，这三次税费改革由于当时封建社会政治经济的局限性和法制的不健全，加上改革措施本身的一些不科学性和不完善，最终都未能彻底解决乱收费和滥收费问题。归纳起来，我国古代赋税制度变革的演进规律是：

（一）征课内容：由劳役—实物—货币形式发展

征课内容上，由劳役—实物—货币发展，实物、劳役与货币三条线，货币税逐渐取代实物税和劳役。由劳役赋税向实物赋税的变革——以"初税亩"为标志。"初税亩"税制改革的意义在于解放了依附于奴隶主的劳动者，国家对土地资源和人力资源的双重占有，变为通过按照土地征收地税和按照人头征收人口税和力役、兵役等赋税的形式，变相实现国家对土地资源和人力资源的占有和控制。劳动者由依附于奴隶主提供劳役、兵役、力役等，转变为参与土地产出的分配，只是将劳动产出按照定额或分成的方式上缴给国家。这就在很大程度上提高了劳动者的生产积极性，提高了劳动产出，也缓解了统治者的财政压力以及降低以往的征收、监管成本，劳动者为了获得属于自己更多的产出，也有积极性进行劳动工具、耕作方式上的创新，推动了社会进步。

　　实物赋税向货币赋税的变革——以一条鞭法为标志。税制改革不是单纯沿着自身完善的路径演化的，而是与它所处的政治、经济以及社会环境形成共生关系，实物赋税向货币赋税的变革反映了商品经济在古代发展的历程。实物赋税尽管有着相对于劳役赋税的上述种种优点，但是，同时也存在着向土地所有者征收粮食作物、农副产品的种种缺陷。一方面，实物赋税制度中的征收成本、储存成本、运输成本以及各级政府的贪污损失成本过高；另一方面，实物赋税使很大一部分产品不能在市场上流通，一定程度上限制了中国古代市场的培育和发展。因此，必然随着时代的发展被另一种赋税征收方式代替——货币赋税。

　　在明朝以前，尽管在秦汉时期就已经实行了丁口税以钱的方式征收，并且力役也可以以钱代役，唐朝时期也采用户税纳钱、地税纳实物的方式。但是，秦汉以来统治者重农抑商的治国方略，决定了在这一时期内赋税以实物为主，真正实现实物赋税向货币赋税变革的是在明朝中期经过了纲银法、一串铃法、提编法等赋税制度改革的实践后，明中期宰相张居正推行一条鞭法的实施，政府将力役和实物形式逐渐变革成为货币形式，计亩征银，地税征银，赋役合并统一征银的推行，实现了实物赋税向货币赋税的变革。

（二）征管标准和方式：由对人到对物，由繁到简

　　税收征管能力对税制改革的收益和成本产生一定的影响，它可以使税制在相当范围内产生报酬递增效应，也可以在相当范围内降低制度安排的操作成本。赋税征管标准和方式的变革反映了统治者的治理思路和治理水平。伴随着中国古代赋税制度的变革，征管标准和方式上的变革是其中的重要组成部分。

　　具有划时代意义的是两税法中的以资产为标准的课税。对之前一直占主要地位的以身、丁为标准的课税有很大的进步意义。所以，以两税法为标志，征税标准由以人丁为主逐渐向以田亩为主过渡，人头税在赋税中所占比例越来越小。另外，两税法本身也简化了征管手续，改变了以前租庸调的征收体系，简化了附着于庸调的多重杂役。

　　在以后宋元的历史发展过程中，实行的赋税制度无不是对两税法的修补，直至明朝的一条鞭法开始了赋和役基本合一，再到清朝摊丁入地实现赋役合一，全部依照土地为标准征税并全部实行货币化，更加体现了古代赋税制度中征管方式向简化征管手续、降低征收成本的变革。所以，税种由繁多到逐渐

减少——以一条鞭法为标志。

事实上，对于赋税征管的探索，古人一直都在进行着，比如，与之相配套的户籍制度的统一划定，土地的丈量、整理等，与赋税制度相关的管理都与赋税制度相伴相生，并影响着赋税制度变革的效果。

（三）征税时间：由不定时到基本定时

从征税时间看，由不定时逐渐发展为基本定时，以两税法为标志。两税法以前是"旬输月送无休息"；之后，两税法规定："居人之税，秋夏两征……夏输无过六月，秋输无过十一月"。这表明，纳税时间基本定时，每年税收分夏秋两次征收，夏税完纳时间不得超过六月，秋税不得超过十一月。

（四）征税负担：赋税由"不均"向"均平"发展

衡量赋税负担的税制元素为税率，但是，由于中国古代赋税涉及杂税、力役、兵役等无法统计以及政府随着政权需要变革税率的随意性以及历史资料的缺失，在税率上没有很大的研究价值。但是，从前人的研究中可以看出在土地税方面，中国其实一直本着儒家治国思想中传统的"十一税"思想。例如，夏商周时期，尽管本质属于劳役赋税，但是劳动者从公田和私田的比例上可以看出税率的轻重。《孟子·滕文公上》说："夏后氏五十而贡，殷人七十而助，周人百亩而彻。贡者贡也，助者助也，其实皆什一也。"按照孟子等人的解释，所谓"贡"，就是夏代平民向国家交纳的贡赋。贡赋的征纳方法与标准是：每户授田50亩，根据相邻年份的农作物收获量，测出一个平均数量，不分凶年、丰年，每户要将收获物的十分之一上缴给国家。所谓"助"，是指借民力以耕公田。换句话说，就是平民以劳役地租形式向国家交纳力役税。"助法"的基本精神是：商代实行井田制，以630亩之地划分为9块，每块70亩，中间一块为公田，外围8块为私田，分别授给8家。公田由8家共同耕作，收获物全部上缴国家。私田分由8家耕作，收获物分归8家所有，不再征税。孟子认为税率为十分之一。汉朝实行休养生息、轻徭薄赋政策，汉初将田租减为"十五税一"、景帝时为"三十税一"，但是，随着朝代的更迭，税率的变化也是大致随着政权的稳定，围绕着"十一税"进行小幅度调整。

中国古代赋税负担与政权的稳定有很大关系。在每个朝代都存在伴随着政权的兴衰的周期式转变，政权及社会治安的状况是反映当时社会赋税负担水平的度量表。当政权处于动荡的特殊时期，也就成为赋税负担水平的极限，同时也会掀起新政权的出现。但是，如果纵向看中国古代赋税负担的变革，按照上述的赋税制度变革的演进过程，中国古代的赋税负担变革的总体趋势是向着"均平"赋税的思想发展的。从相当于全部上缴劳动产品的劳役赋税向以定额或分成的形式上缴的实物赋税的转变，从以土地、丁身为课税标准向以资产为标准的转变，都反映了税制改革中"税收公平"的作用。一条鞭法以及摊丁入地也从整理土地的角度使得整个国家的税收向大地主倾斜，从一定程度上减轻了普通民众的负担。摊丁入地以前康熙年间更是按照当时的人口将丁银附加在土地之上，并且规定随着人口的增加"永不加赋"的方式，都反映出了税赋公平的原则。

（五）由必须服役到允许代役

农民由必须服一定的徭役和兵役发展为可以代役——以"庸"为标志。汉代征收的更赋是中国历史上最早的代役税，其与募役法一样，都可以纳钱代役。

在中国财政史上，"庸"的制度得到进一步完善是到了隋唐。隋朝的徭役制度规定：从公元 590 年（开皇十年）开始，徭役征课制度规定，50 岁以上的成年男丁可以不去应役，而改输布帛，即为庸，这在租调制中是一个重要变化。有品爵的免租免役①；唐朝的租庸调法与前代田赋制度相比，突出的变化表现在丁庸制度上，即徭役向税的转换上，这是一种灵活管理徭役的财政形式。唐朝以前，徭役是皇差，无论有事无事，成年男丁都得按规定的时间和地点服徭役。这种徭役制度，致使官府不能高效率地使用劳动力，也影响劳动人民的农业生产，浪费劳动力的现象严重。唐朝将隋朝 50 岁以上的男丁免兵役收庸的办法推广到力役，并且把年龄范围扩充，只要应役人不愿意去服役，或国家无事不需要力役时，应役人都要向政府缴纳庸布、庸绢等代替品，而对在服役中超过规定天数的则给予优待处理，超役 15 日者免户调，超役 30 日者租调全免。唐朝以庸代役的普遍化、制度化以及加役免税，不仅体现了赋役制度的灵活性，增加了对不同民户的适应性，在一定程度上可以使农民从劳役中解脱出来，而且减轻了政府对民丁的人身束缚，使农民有了一定的人身自由，从而有较多时间从

---

① 《隋书》卷 24，《食货志》；《隋书·高祖帝纪下》。

事生产，促进了唐代前期经济的恢复和发展。同时，丁庸制度也有利于统治阶级节约和合理征调使用力役，是统治阶级加强实物剥削，增加财政收入的又一手段；而且应服役天数的明确规定，使农民的徭役负担比前代有所减轻，可以说是赋役制度的一个进步。因此，隋唐实行折征代役的丁庸制度有利于促进农业生产的发展，也向现代财政迈进了一步。

（六）随着商品经济的发展，对商品征收重税

总体来看，中国古代赋税制度变化的趋势是由繁到简，这既反映了统治阶级的剥削特性，也反映了赋役制度的不断进步和成熟。但无论赋税制度的形式和名称如何变化，却不能改变农业税作为封建国家主要税种和收入来源的地位与作用，"皇粮国税"一直是农民天经地义必须缴纳的。随着历史的发展和进步，封建国家对农民的人身控制松弛；用银两征税则是封建社会后期商品经济活跃以及资本主义萌芽产生的反映。

中国古代赋税制度变革反映出的实质问题是：赋税制度的变革和调整实际上体现了生产关系或上层建筑适应生产力或经济基础的发展规律。

四、影响中国古代赋税制度变革的因素

税制变迁就其本质来讲，归根结底是对社会各利益集团的经济利益关系进行重新调整，是对现行税制不断变革、不断完善的过程。中国古代赋税制度的变迁属于政府供给主导型的制度变迁，变迁能否进行，受当时政治经济背景、政权稳定与财政状况、政府对资源的控制等多方面主客观因素的约束。

（一）政治经济状况

中国古代社会经历了由奴隶社会向封建社会的转型，在两个社会转型期间，春秋战国时期出现的"初税亩"的推行，可以说反映了政治制度和意识形态对赋税制度变革的影响。"初税亩"制度推出的时代背景是伴随着土地国有制度的瓦解，封建制生产关系的萌芽，劳动者的人身自由经历了奴隶—农奴—农民变化历程，统治者在西周末期的井田制下的"百亩而彻"赋税制度，因为田地由

"田里不鬻"向可以买卖的土地私有化的变革，使得统治者依靠公田的收入为主的财政收入远远不能满足自身运转、战争扩张的需要。因此，在新的政治制度下，劳动者的人身自由变化、生产工具的变化、生产组织形式的变化必然需求赋税制度的变化以实现当时赋税制度的功能。但是，深层次影响政治、经济制度的是生产力因素。生产力提高引起的生产工具的改进、耕作方式、粮食产量、劳动者积极性等方面的效应都会对赋税制度产生影响，例如，春秋时期出现了私田盛行的局面，与铁器工具的出现，导致私人开垦荒地效率提高有很大关系。

另一个例子是宋朝王安石变法，其中的方田均税法有着方法论上的意义。针对豪强隐漏田税，为增加政府的田赋收入，通过丈量土地，将田地的亩数、主人名字、土地肥瘠登记造册，并按照土地好坏分为五等，均定税额高低，非常符合公平税负原则。但是，由于当时宋神宗政权不稳固，以太后为主的封建贵族主导着政权的变革方向，变法以失败告终。经济的发展，以及经济发展中各个产业发展的比重的变化也影响着中国古代赋税制度的变革。比如，商业的发展，一方面使得商业税收及关税等在国家税收收入中的比重逐渐增加，从量上影响土地赋税的变革；另一方面，商业的发展促进了商品货币化的进程，为赋税制度由实物赋税向货币赋税变革奠定了基础。经济发展中相应的经济制度尤其是土地制度的变革更是主导着土地赋税制度的变革。

（二）政权稳定及财政状况

政权的稳定对赋税制度的影响是显然易见的。从历朝历代来看，赋税制度在税率方面的调整，伴随着朝代的兴衰，如汉初的"十五税一"、"三十税一"的休养生息制度的实行，到汉武帝时期由于战争支出及王室其他支出的需要在赋税制度上的变化，都反映了政府战略重点及财政状况对赋税制度的影响。从整个历史时期上几次大的变革看，"初税亩"的推行源于私田的增加以及生产的繁荣，公田收入无法满足当时统治者包括战争等各方面的开支。唐中期的两税法的推行源于均田制破坏的情况下，政府陷入无地可均，自然与之相对应的无可征之丁的财政危机局面。明朝中期实行的一条鞭法更是在明朝统治者腐败，土地兼并更加严重，大地主千方百计逃税，苛税残酷，政府财力匮乏的情况下推行的。这说明政府财政状况对赋税制度变革的决定作用。如前所述，中国古代赋税制度的变迁属于政府供给主导型的制度变迁，政府进行赋税制度变革的原动力即财政状况，其次才是尽量简化征管方式，降低税收成本。

（三）政府对资源的控制

税制变迁就其本质来说，归根结底是对社会各利益集团的经济利益关系进行的重新调整，而经济利益的获取又源于各个利益集团对资源的控制。对于中国古代赋税制度，尤其是农业社会，以土地产出为主的经营方式，决定了国家对土地资源的控制，也决定了土地赋税制度的变革和调整，封建社会土地私有导致的土地兼并的现象以及由此引起的政府和大地主之间的利益分配问题，始终是赋税制度变革的一大原因。也正是土地私有以及在社会成员之间的分配决定了"初税亩"，实现了无论公田、私田都必须纳税的开端，也决定了均田制破坏后以资产课税的两税法的推行；同样也是一条鞭法开始实行的基础，即国家通过对土地的丈量、汇编来达到国家对土地的控制。王安石变法就是反映了通过各种方式力求实现增加政府对土地资源控制，增加财政收入的目的。

除了政府对土地资源的控制外，政府对人口资源的控制在古代社会也至关重要。在奴隶社会，大量对奴隶主有人身依附关系的奴隶成为100%纳税的赋税人，即是统治者通过对人力资源的控制达到获取收入的方式。在封建社会，尽管农民对地主的人身依附关系基本解除，但是，随着土地兼并的盛行，大地主和国家不仅在土地资源的分配上进行争夺，而且也存在对人力资源的控制，国家的赋税制度的调整也会影响人力资源的量的变化以及在大地主和政府之间各自的控制比例。例如，以身丁为标准的课税方式，尽管一个人、丁可以获取相当的土地，但是，由于附加在丁、身上面的其他赋役的存在，在一定程度上起到了限制人口增长的作用，由于附加在丁、身上的其他赋税的负担，也使得政府赖以课税的丁身，被迫背井离乡，转而依附于大地主。这在历朝历代都有此类例子，也正是这样的局面，促成了以丁身课税到以资产课税再到完全以土地课税的变革历程。因此，人口因素在古代赋税制度的变革中也起到了举足轻重的作用。事实上，政府对各种资源的控制影响着赋税制度的变革，反之，赋税制度的变革也在影响着资源在政府部门以及其他部门的分配。因此，衡量赋税制度变革绩效的一个重要标准即是这项制度对资源配置是否合理，是否促进了社会的发展。

五、古代赋税制度变革的历史启示

反观我国当前的税制改革，乱收费问题严重。如何减轻农民负担？中国历次赋税改革的历史为我们提供了丰富的经验与教训，我们有必要回顾历史上的赋税制度改革的状况，以吸取历史的经验教训，为我国当前的税制改革提供了有益的历史借鉴。

（一）正确处理国与民的关系：多予、少取、放活

通过对中国历史上赋税制度变革历程的分析，不难看出，历次改革的焦点都集中在四个方面：即如何解决土地兼并、赋役失均、民负过重和政府财政匮乏，这四个方面又是紧密联系着的，是互为因果的：土地兼并的结果导致赋役失均；赋役不均导致了民负过重；民负过重使百姓丧失生产积极性，进而造成国家财政收入不足，以至于匮竭。反之，国家财政不足，就会增加赋役，致使民负过重；民负过重就会使一些豪强、大户设法逃避赋役，又令赋役失均；百姓在无力缴纳赋役之时，为了生活只好卖掉土地，豪强地主又处心竭虑地兼并土地，致使土地兼并日益激烈。而解决这四个方面矛盾的实质，就是如何协调国家（君）与民、民与民之间的利益关系问题。一般来说，这些关系处理得好，顺应了经济发展的规律，促进了生产力的发展，缓和了阶级矛盾，出现了国富民强的局面，就标志着改革的成功，否则就是失败。上面所列举的中国古代赋税变革的八次改革都不同程度地取得了成功，促进了生产力水平的提高。当然，有的改革也确实符合经济发展的规律，有利于促进生产力的提高，有利于缓和阶级矛盾，但却失败了。例如，王安石的方田均税法。之所以出现这种局面，主要原因是来自统治阶级内部的阻力过大所致。因为凡是称得上改革者，总是要牺牲一部分人的利益，这部分人往往属于统治集团，当这部分人不愿意作出牺牲时，改革的预期即使再好，也难以成功。这就要看主持国政的最高统治者的支持力度如何，其实，成功的改革也会遭到部分人的阻挠，只有在最高统治者不惜牺牲自身利益而坚决果断地支持改革的情况下，才能使改革获得成功。

通过对中国古代赋役制度变革的历史分析，我们还可以得出这样一条结论：

即中国的赋税制度是在不断改革的过程中逐渐发展和完善起来的，由于国（君）与民、民与民之间的利益关系出现失衡，所以就要求改革；改革解决了失衡的矛盾，不久就又会出现新的失衡，就又需要改革。每一次改革，都会促进社会的进步和发展。历史就是沿着失衡—改革—发展—再失衡—再改革—再发展这条规律前进的。

加快农业税减免进程。目标是完全取消农业税制度，不留尾巴，不更换形式，不另立名目。这是实行"工业反哺农业"的最基本要求。在此基础上，今后还可考虑免除农产品流通和加工环节的税收。完善直接补贴机制。可充分利用农业税费改革的有利基础，与农业税计算基数挂钩，实行统一的补贴系数。

如何"多予"、"少取"？首先，"多予"，就是实行"以税惠农"，让农民长期休养生息。把国家财政用于支持农业的比重提高到10%，一年提高1个百分点；把农业科研投入提高到相当于农业GDP的1%；把新增教育、文化、卫生事业经费主要用于农村的比例明确为70%。其次，"少取"，就是不应考虑以土地资源税取代农业税，而应考虑建立城乡统一的税制。明确县域金融机构对社区的再投资义务，减少农村资金外流。改革土地征用制度，保护农民的土地财产权利。其次，"放活"，就是要尊重农民的生产经营自主权。当前尤其要防止因部分农产品供求关系的变化而重返干预农民生产经营决策的老路，不能层层下达种植面积指标。尊重农民的创造，应尽快明确农村专业合作组织的法律地位，对农村金融创新应更加宽容，给"草根金融"一定的发展空间。对农村能人在一定范围内集资兴办实业，不要乱扣"非法集资"、"扰乱金融秩序"的罪名。消除所有制歧视，对进城务工就业的民工给予国民待遇，取消暂住证、务工证，降低城市化的门槛，让民工能够"沉淀"下来。

（二）对当前我国税制改革的现实意义

对于当前我国的税制改革，与古代社会赋税制度变革相比，从制度经济学的角度上看，税制变革仍然属于政府供给的主导型制度变迁模式。但是，当今社会税制改革必须考虑纳税人的反映，以及税制改革中国际税收环境的变化等多方面因素的影响。回顾中国古代赋税制度变革中，把握好当时的各种因素获得的成功以及忽视这些因素导致的失败教训，在当今社会税制改革中仍具有一定的现实意义。

1. 税制改革必须考虑国内政治制度和经济制度背景。在税制改革中必须考虑国内政治制度和经济制度背景尤其是税制改革必须与一定程度经济体制改革、产权制度改革相适应，这在我国现如今处于经济转型时期有着重要的意义。例如，我国目前对国有企业股份制改造转型时期的企业所得税、资产转移涉及的证券交易税的规范显示了产权制度变革对赋税制度的影响。

2. 税制改革必须结合财政状况。财政状况是影响税制改革的重要因素之一，在税制改革中，必须考虑财政状况的变化，根据总量以及结构上的变化适当调整各项税收的税率、起征点等相应变革。例如，2006 年我国对农业税的取消以及个税起征点的多次调整都反映出了财政状况在量和结构上的变化对税制改革的影响。

3. 发挥税收的宏观调控功能。在税制改革中，必须适当发挥税收的宏观调控功能，保证税收制度在参与资源调配中发挥合理调配资源、促进社会和谐发展的作用。比如，对包括土地、矿产等资源利用的税收政策以及促进某些产业或者某个地区经济发展的税收政策变革，反映了税收制度在资源调控、促进经济协调发展方面的影响。

4. 税制改革的方向是公平、简化。从整个古代赋税制度变革的总趋势看，税制改革历来都是围绕着税制的公平、简化的方向变革。这与当今税制改革中所遵循的"简税基、低税率、严征管"的税制改革 12 字原则（中共十六届三中全会）有很大的渊源，我们同样可以在古代赋税制度变革的经验教训中汲取有益的理论参考。

5. 加强依法治税。历史事实表明，财政法制不健全，财政监督管理不力是导致乱收费、滥收费产生的重要原因。因此，目前，我国税费改革必须实行依法治税、依法理财、依法行政。一方面，财税法规是国家法律体系的重要组成部分，要加强财政法制建设，加大依法理财和依法治税的力度，强化对农民负担和企业负担的监督，以法律的形式杜绝非法加征的行为；另一方面，要加强依法治税和依法纳税教育，提高干部群众守法意识，形成良好的税费征收管理氛围。

（三）对"后税费时代"的启示

1. 当正税之外的杂派已经严重破坏了正常的税费和财政制度，影响到农民的生产、生活，影响到经济和社会秩序时，就必须下决心进行整顿治理，实施税费改革不可避免。

2. 彻底取消农业税，实行城乡税制一体化。从"税人"到"税地"再到"税商"，这是税收制度发展的方向。我国2006年推进的农村税费改革，彻底取消了农业税，建立起城乡统一的税收制度，使农民和城镇的个体工商户一样，出售农产品缴纳增值税，进行经营活动缴纳营业税，收入达到一定水平缴纳个人所得税。这样一种公平的税制体系，有利于农民在税收负担方面享受国民待遇，维护税收公平原则，也有利于规范各级政府与农民之间的分配关系，为彻底解决农民负担问题提供制度保障。

3. 税制改革不能简单地以增加财政收入为目标。历史上的重要赋税制度变革，其直接原因都是为了化解当时的财政危机，满足朝廷开支的燃眉之急，所以，不管是按人头征收或是按田亩征收，不管是收银，或是收粮食，改来改去其最终负担都是转嫁到了农民头上，其改革目的都是以增加财政收入为目标，因而采取的措施最终也只是把前面的苛捐杂税加以合并、简化，当政者的改革并没有在本质上改变剥削与被剥削的关系，不能带来社会生产力的根本解放。

当前我国税费改革的首要目标是减轻农民负担，保护农民应该享有的利益，因此，就必须斩断向农民乱收费乱征税的魔手，给农民这一基本的社会细胞以稳定感。考虑到当前国家总体的财政收入状况已经有了相当大的好转，更加不能把增加或满足财政收入作为农村税费改革的目标。基层财政不足问题应该通过其他途径解决。

从中国古代历次赋税政策的制定角度来看，虽然每次都实现了更高层次的制度变迁，但有些措施不够完善，有些制度设计不符合当时的经济水平，再加上缺乏配套的其他制度的保障，使改革之时不能顺畅地推行。尤其是历史上三次重大的税费改革，都是因为政府财政入不敷出，对农民开始以各种名目乱收费，最终导致税费改革失败。到改革之后不久，土地兼并的问题依然存在，赋税杂役又重新死灰复燃，农民的负担再次逐渐增加。而政府机构臃肿、支出膨胀、形成"收费养人—养人再收费"的恶性循环，是造成政府财政入不敷出的主要原因，导致收费管理失控，税费改革失败。

这给我们一个重要的警示：要确保当前我国农村税费改革的成功、彻底解决"三农"问题，农村综合配套改革是我国目前农村税费改革成功的必要条件和有力保障。首先，农村税费改革必须与机构改革配套进行，使农民负担从根本上减轻。例如，近年来，乡镇干部和工作人员急剧膨胀，财政负担不起，只能通过各种收费解决。精简乡镇政府机构，费改税的阻力会降到最低点。其次，按照量入为出原则，节省乡镇财政开支。目前，我国乡镇财政普遍紧张，甚至债台高筑。其原因之一是乡镇违背量入为出原则，热衷于搞形象工程，非生产性开支膨胀。因此，为解决乡镇财政困难问题，必须按照量入为出原则，节省非生产性开支，以堵住乡镇财政浪费和乱收费泛起的源头。

中国近代公债制度的沿革

公债是财政史研究领域的一项重要内容。债务的历史与人类生产和商业交往的历史一样古老。根据不同的债权债务关系，债务可分为私债和公债。私债是指个人或家庭之间的私人行为，是私有制萌芽以后人与人在经济关系上的一种融资行为。私债产生于氏族社会时期，比公债要早。而公债是随着国家的发展而出现，随着资本主义的成长壮大而发展的一个财政范畴，是政府以信用形式向本国居民和单位或向国外取得收入而形成的一种债务，是政府用以弥补赤字、筹集资金或调控经济的工具。一个国家的公债，既可以在本国境内发行，也可到境外发行。在国内发行的公债，叫国内公债，简称"内债"；在国外发行的公债，叫国外公债，简称"外债"。鸦片战争是中国社会制度变迁的重要里程碑，是中国近代史的开端，因而也是中国近代财税史的开端。鸦片战争失败后，中国社会及财政性质都发生了很大变化，由独立自主的封建财政变为半封建半殖民地的财政。就公债来讲，中国近代公债在这一特殊的社会历史背景下也是畸形发展的。中国近代公债制度的演进分为以下几个阶段：

一、清后期的公债

我国的公债开端于清光绪后期发行的"昭信股票"，此前政府举债只是一种偶然性的政府行为，因而，公债在我国封建社会没能发展和壮大起来，也因此在清前期以前，无正式的国家公债。正式的公债是在帝国主义列强侵入中国以后，国家才以发行债券形式，通过金融机构募债，以应付财政上的特殊需要，弥补财政亏空，但这种近代色彩的公债在半殖民地半封建社会是畸形发展的。鸦片战争以后的清政府又遭遇到接连不断的农民起义和外国侵略及战后赔款，财源已近乎枯竭。19 世纪末，甲午战争和战后巨额赔款及西方国家经济侵略的新变化，使本已相当脆弱的清末财政更加不堪重负，为应付庞大的战争消耗和战后赔款，公债成为清末经济生活中棘手而又无法回避的问题。借债成为清政府用来弥补财政赤字的一种手段，整个清后期公债的数额不断扩大，其中有内债，也有外债，但清后期外债是主要的，内债在国家中的作用还不是很大。

（一）清后期的外债

外债是政府通过借款、发行债券等形式或由政府予以担保而形成的对外国政府、银行、企业等举借的债务。它属于财政的范畴，是一种以国家信用为主体的特殊财政分配方式。同时，作为国际资本流动的一种形式，它是随着世界经济发展而出现的金融国际化的一种表现，一方面，它是国际贸易和国家战争的产物；另一方面，它又反过来为资本主义商业战争、殖民制度提供资本，成为资本主义原始积累强有力的手段和各国经济发展的强大杠杆之一。

1. 清末外债的概况。清在咸丰以前，财政虽已日渐空虚，但尚有一定数量的库存银可供支付，所以，清前期没有外债的记录。鸦片战争以后，殖民主义列强地在对中国进行商品输出的同时，还企图将赔款转作借款，以达到其不可告人的目的。清后期的外债最早发生在咸丰三年或四年（1853～1854 年）之间，当时，太平军已定都南京，小刀会占领了上海县城，为了雇募船炮镇压上海小刀会起义，由苏松太道吴健章经手，首开先河，向上海洋商借款，以雇募外国船炮攻打小刀会起义军，从此开始了中国的外债史。这笔借款规定从上海海关关税收入中扣还，借款的数额、利率不详，但仅就 1855 年和 1856 年两次在上海海关关税收入中扣还的银数来说，已达 12.7 万余两。从此开始，到甲午战争爆发（1894 年）41 年时间里，清政府举借的外债，有资料可查的共 43 项，折合库平银大约 4600 万两，不包括拟借、但不知是否借成的 25 笔。这一时期的外债占清政府收入比重比较小，基本上是随借随还，虽然这一时期外债已用关税做担保，但此时外债还没有完全具备控制中国财政经济命脉的作用。甲午战争后，对外借款急剧增加。根据余以生所著《中国近代外债史统计资料（1853～1927）》所记载，甲午战争后至清政府被推翻的 19 年中，共借外债 112 笔，折合库平银大约 12 亿余两（实收 6.6 亿余两）。此外，还有 36 笔是拟借而不知是否借成。

2. 起因。这一时期外债急剧增加的原因，除清政府政治腐败，财政困难、入不敷出外，直接的借债原因是：

一是筹措军政费用。战争是政治的继续，是政治的另一种形式，战争本身即是政治性质的行动。而"金钱是战争的神经"，为战争筹款就成了军事与外债的基本联系。晚清政府的历次对内对外战争，每次都耗费颇繁。咸丰、同治年间，镇压太平天国、捻军及边疆各族人民起义所耗军费，最低估计约在 8.5 亿两。[①] 抵抗外来侵略方面，中法战争军费用款约 3000 万两，中日甲午战争军费用款约 5000 万～6000 万两。[②] 就甲午战前的借款用途来说，其用于镇压人民起义军需的，占同期外债总额的 44%；用于备防外侮的，不过 32%。[③] 可见，战争是消耗财富的无底洞，军事借款是晚清外债的重要原因。

二是偿还赔款。在近代史上，赔款是一种特殊的历史现象，它是随着西方帝国主义列强为把中国变成它们的殖民地、半殖民地而用枪炮打开中国大门后，强加在中国人民身上的。从表面上看，虽然这些赔款，多数是中国对外战争失败而偿付的，但这种战争是帝国主义为打开中国市场，加重对中国人民的掠夺而进行的侵略战争。这些战争的消耗，对清政府财政起到了吸血和解体的作用，严重破坏了中国政府的财政平衡。甲午战争前，列强的索赔数额不大，最多也不过 2000 多万两，对中国政府的财政收支还没有产生根本性的影响。甲午战争后，中国赔偿日本战费库平银 2 亿两，而当时清政府的财政收入每年不过 7000 万～8000 万两。[④] 在巨大的赔款压力下，不得不靠向外借款支付赔款。在 1895 年、1896 年和 1898 年，清政府向俄、法、英分别借款，共计 4782 万英镑，合库平银 3.936 亿两，从此，每年支付 2000 万两银的借款本息，相当于政府年财政支出的 1/4，中国的财政收支平衡开始遭到破坏。到《辛丑条约》签订时赔款银 4.5 亿两，本息合计 9.8223 亿两。这些赔款旋即转化为年息 4 厘、为期 39 年的"欠款"，彻底破坏了中国财政金融的收支平衡。在 1914 年帝国主义在中国的资本中，这两项赔款债务占 60% 以上。[⑤] 此种情况下，清政府只得通过举借外债勉强度日。而外债又主要用于非生产性的军费与赔款，加上本息的偿还及镑价的损失，财政匮乏的程度进一步加深。这样，军费与"洋款"就形成了连锁反应式的恶性循环，陷入难以挣脱的怪圈，导致中国财政收支的彻底破坏和财政体

---

① 彭泽益：《十九世纪后半期中国的财政与经济》，人民出版社 1983 年版，第 137 页。
② 吴廷燮：《清财政考略》，线装铅印本 1914 年版，第 20 页、第 22 页。
③ 徐义生：《甲午中日战争前清政府的外债》，《经济研究》，1957 年第 4、6 期。
④ 北平故宫博物院编：《清光绪朝中日交涉史料》38 卷，1932 年版，第 25 页。
⑤ 吴承明、许涤新：《中国资本主义发展史》，人民出版社 2003 年版，第 54 页。

制的最终崩溃。

三是实业支出。面对外来枪炮的入侵，清末政治舞台上出现了以曾国藩、李鸿章、左宗棠等实力派为代表的洋务派。他们在"自强"、"求富"的思想指导下，买机器、建工厂、造枪炮、办海军、修铁路、采煤矿，开展了轰轰烈烈的洋务运动。大规模洋务事业的开展，资金来源除中央及地方拨款外，主要是来自举借洋款。以铁路借款为例，晚清时期，从铁路始建到 1911 年末，依靠外债建设的铁路总里程达 5192.78 公里，占中国自建铁路的 88.6%。① 但与大量的军事财政借款相比，铁路借款只占很少一部分，其总数不过军事财政借款的 1/5。

四是此时期的西方列强已由单纯的商品输出转向资本输出，通过资本输出来控制经济落后国家的政治、经济和军事。自 1837 年爆发世界经济危机起，西方资本主义国家日益急切图谋把国内"过剩"资本输出到国外，到 19 世纪 60 年代，贷款成为资本输出的一种重要方式。为了在中国取得更大的利益，各帝国主义列强强迫中国政府借款，以达到控制中国的目的。此时的清王朝，明知借款是"饮鸩止渴"，但也不得不借。

此外，还有一些因一时急需临时筹措而形成的外债。这些外债使清政府付出了沉重的代价，包括政治的和财政经济的损失，因为此时的外债都附带有许多苛刻的政治经济条件。

3. 经济特征。清末外债有其内在原因，更与外界即与西方资本主义的发展紧密相关，帝国主义通过外债对中国进行的经济掠夺异常残酷。在中外形势制约下形成的清末外债，与当时国际金融市场上的外债行情相比，在经济上具有掠夺性。具体来说，清末外债经济上的掠夺性表现在以下几个方面：

一是借款的利息高。当时西方发达国家之间的借款利息一般为年息三厘，最多不过四五厘，而清政府的借款利息一般高达八九厘，有的高达十厘以上。②

二是折扣大。当时国际金融市场的借款一般是九七折扣，而中国借款一般是九零至九三折扣，甚至八三折扣。据统计，从甲午战争到清灭亡，中国共借外债库平银 1203825452.94 两，但实收仅为 660535961.08 两，相当于借款原额的 54.87%。③ 仅折扣一项，帝国主义列强就勒索 5.44 亿两，占借款总额的

① 严中平：《中国近代经济史统计资料选辑》，科学出版社 1955 年版，第 190 页。
② 马金华：《中国外债史》，中国财政经济出版社 2005 年版，第 97 页。
③ 徐义生：《中国近代外债史统计资料》，中华书局 1962 年版，第 52 页。

45%以上。[1]

三是利用操纵汇价的涨落及银价下跌的形式，对中国进行勒索。当中国向外国支付借款时提高汇价，以少付银两；当向外国偿还债息时，则压低汇价以多收银两，从中渔利。另外，还利用银价下跌的形式，向中国索取镑亏。[2] 如1895年的克萨镑款（100万英镑），镑亏本息达173万余两，占实收额570余万两的30%。

四是外债多由赔款转化而来，并需由外国人指定用途，限制向他国借款，不许提前偿还；并要用中国关税、盐税以及百货厘金作担保；如到期不能还本付息，债权国有权到通商口岸直接征税，等等。这些苛刻条件，不仅使中国遭受到严重的经济损失，也使中国财政主权受到极大伤害。由此可见，清后期的外债，是束缚在中国人民身上的一条沉重的锁链，加速了中国社会的半殖民地化。

上述表明，外债在中国的出现，并不是因生产性支出的需要，而是用于雇募外国军队屠杀本民族的同胞，由此表明，旧中国外债的反动性质。而举借外债又以关税作为担保，实际上是出卖了中国的关税主权，由此也表明了旧中国外债的半殖民地性。

（二）清后期的内债

清代，由于金融业尚不发达，政府信誉低落，所以内债的重要性远不如外债，在财政中的作用也不算大。清政府发行的内债共有三次，见表7-1。

表7-1　　　　　　　　　　　清后期三次内债发行情况

时间	名称	年息	计划发行	实际发行	用途
光绪二十年	息借商款	无统一规定	无总额规定	1100余万两	筹措甲午战争经费
光绪二十四年	昭信股票	年息5厘，20年还清	1亿两	2000万两	为偿付《马关条约》第四期赔款
宣统三年	爱国公债	年息6厘，限期9年	3000万元	1200万元	辛亥革命、应付时局

资料来源：根据《中国财税史》（周春英主编，高等教育出版社2004）第186页整理。

---

[1]　孙文学：《中国近代财政史》，东北财经大学出版社1990年版，第176页。
[2]　所谓镑亏，是指中国向外国借款，一般以外国金币为本位，而中国却实行银本位。在银价下跌时，中国要按金价的比例多交银两，这个差额，谓之镑亏。

　　第一次是光绪二十年的"息借商款"。目的是筹措甲午战争经费，根据户部建议向"富商巨贾"借款，叫做"息借商款"。这项借款没有规定发行总额，也没有统一的制度规定，各地发行方法多有不同。实质上仍是一种变相的捐输和勒索，遭到商民们的反对，不到一年就停止发行。这次借款累计借到款项约 1100 余万两。

　　第二次是光绪二十四年，为偿付《马关条约》第四期赔款，发行"昭信股票"，总额为 1 亿两，以田赋、盐税做担保。年息 5 厘，20 年还清，股票可以自由买卖。为了鼓励人们购买，还规定一人应募 10000 两以上的，可以赏给官衔。然而，由于清政府信誉不高，加上地方官吏募债时趁机勒索，从中渔利，人们怨声载道，使这次募集不到一年就停止了。这次借款共借到款项不到 2000 万元。

　　第三次是在宣统三年（1911 年），由于辛亥革命的爆发，清政府为了应付时局而发行"爱国公债"，总额为 3000 万元，年息 6 厘，限期 9 年，以库部收入作为担保。然而，还未等公债推广发行，清王朝已经被推翻。总计只发行了 1200 万元，其中绝大部分是由皇室出的钱，少部分是由王公大臣认购的。这项公债后来由袁世凯政府继续发行。

　　此外，还有一些地方公债。一些地方的巡抚和总督，如袁世凯、朱新宝等为了各自的原因而在各地举债，数额多少不等，利息都是 7 厘，分 6 年还清。

　　自清代后期开始举借大量的内外债以后，中国公债制度得到进一步发展。南京临时政府、北洋政府和国民政府都发行过大量公债，但基本上都是为了用于军阀混战和进行国内战争。民国时期公债制度的运用，养肥了买办官僚资产阶级，同时，促使广大劳动人民贫困化，因而此时期的公债与资本主义国家的公债相比，具有更大的破坏性和落后性。

二、南京临时政府的公债制度

　　1911 年的辛亥革命，推翻了封建君主专制制度的清王朝，建立了中华民国。1912 年 1 月，成立南京临时政府。但由于南京临时政府存在时间短暂，仅仅三个月就夭折了，其中财政基础脆弱及财政状况匮乏窘迫对南京临时政府的夭折有着深刻的影响。

　　造成南京临时政府财政困难的原因有三个：

　　第一，南京临时政府财政拮据。孙中山在赴南京就职的前一天还"身无分文"，在他就任临时大总统之初，曾对日本友人宫崎寅藏说："如不保证在一周内给我弄到 500 万元，我当了总统也只好逃走"①。后来，幸得黄兴想办法从日本三井银行借到日金 30 万元，才渡过了组建临时政府的难关。

第二，由于帝国主义的财政封锁。帝国主义公使团掠夺中国海关税款后，1912 年 1 月开始执行《管理税收联合委员会办法》八条，把原来可以动用的"关余"卡住了。

第三，临时政府管辖下的各省都督对临时政府不予支持。地方各省处于战乱之中，截留税款严重。孙中山哀告各省都督"将应解部款，从速完缴"，但效果甚微。一穷二白的财政状况使临时政府失去了政权根基。为解决财政困难，临时政府采取了借债措施：

一是发行公债券。1912 年 1 月 8 日，"发行中华民国军需公债，定额为一万万元"，定名"中华民国八厘公债"，"以国家所收钱粮作抵"，"专以充临时政府经费及保卫治安之用"。债票分千元、百元、十元、五元四种，为不记名债票，年息八厘，自发行后第二年起每年偿还 1/5，第六年还清。公债发行后，战乱未止，故债息虽高，认购却不踊跃。除由各省都督预先领出，拨发军饷外，多数以贱价出售，政府直接募款不到 500 万元，约占总数的 5%②。

二是发行军用券。当时集中在南京的军队大约有 10 万人，为了保障军饷供应，在财政收入得不到保证的情况下，临时政府于 1 月 31 日，发行了南京军用钞票，钞票分一元、五元两种，总额为 100 万元，按比例分别支付各军，以充军饷。但因商人对军用钞票缺乏信心，拒绝收用，钱庄、米店、商店纷纷关门罢市。在一片反对声中，财政部不得不设立兑换所，每天准备 10 余万元，才能应付士兵兑换。

三是借外债。因帝国主义国家之间的矛盾和对辛亥革命的不支持，临时政府所借外债成效甚微，总计仅借得外债 828 万余元。

四是私人借款捐款。如 1 月 26 日上海资本家刘锦藻应沪军都督陈其美之请，向英商借款 15 万元。元月，由临时政府向上海的广东潮州会馆和广肇公所商人借 40 万两，约合 60 万元。向港商借 18 万两，约 25 万元③。加上个人捐款，总计不到 120 万元。

总之，南京临时政府的公债很小，还没有形成规模。而在中国近代史上形成规模的是北洋政府时期的公债。

---

① 《广东文史资料》第 25 辑，第 314 页。

② 《中华民国史事纪要》，1912 年 1 月分册，第 65 页。

③ 《中华民国史档案资料汇编》第二辑，第 133 页、第 318 页、第 334 页。

三、北洋政府时期的公债制度

从 1912 年 3 月袁世凯在北京就任中华民国临时大总统起，中国进入北洋军阀统治时期，直到 1927 年为止，前后历时 15 年。北洋政府一方面完全继承了清王朝外债的负担，本身又作新的举借；另一方面，岁入大宗来源的关税，依然被外国列强所控制，加之当时南方各省相继减免钱粮，地方各项税收又多为军阀所截留，因此，出现了中央财政拮据，待偿外债积欠累累以及军需浩繁难以筹措的境况。为解决财政困难，弥补财政空缺，北洋政府唯有借债度日。

（一）北洋政府时期的外债

1. 北洋政府时期外债的概况。北洋政府时期是中国近代史上举借外债次数最多、最滥的时期（清代 208 笔外债、南京国民政府 108 笔外债），北洋时期（不包括南京临时政府）共举借各种外债 633 笔，平均每年 37 笔，月平均为 3.1 笔，债务总额达到 15.56 亿银元。[①] 其中袁世凯时期所借外债最多，借款达 68 项，总金额达 5.6 亿元。借款年份超过 1 亿银元的有 7 年，即：1912 年为 1.6 亿元，1913 年为 3.6 亿元，1918 年为 1.4 亿元，1920 年为 1.3 亿元，1922 年为 1.3 亿元，1923 年为 1.1 亿元，1925 年为 1.3 亿元，见表 7 - 2。这些借款，按用途分为四类：军政借款、实业借款、教育借款和借新债还旧债。其中，军政借款是大宗，占北洋时期外债的 43.0%，其次是实业借款，占 28.9%，见表 7 - 3。

表 7 - 2　　　　北洋政府年度借款情况（1912 ~ 1928 年）　　　　单位：亿银元,%

年份	1912	1913	1914	1915	1916	1917	1918	1919	1920	1921	1922	1923	1924	1925	1926 - 1928
年度借款额	1.61	3.36	0.51	0.21	0.64	0.60	1.48	0.47	1.35	0.68	1.26	1.05	0.71	1.26	0.09
占借款总额	10.3	23.4	3.3	1.3	4.1	3.9	9.5	3.0	8.7	4.4	8.1	6.8	4.5	8.1	0.06

资料来源：隆武华：《北洋政府外债的借新还旧及其经验教训》，《中国社会经济史研究》，1997 年第 3 期。

① 马金华著：《中国外债史》，中国财政经济出版社 2005 年版，第 237 页。

表7-3　　　　　　　　　北洋政府时期外债分类情况　　　　　　单位：亿银元,%

借款总额	军政借款	实业借款	教育借款	借新债还旧债
15.54	6.70	4.49	0.05	4.30
100.0	43.0	28.9	0.4	27.7

注：不包括南京临时政府所借的外债。

资料来源：隆武华：《北洋政府外债的借新还旧及其经验教训》，《中国社会经济史研究》，1997年第3期。

北洋政府时期的外债对中国社会影响最大的是臭名昭著的善后大借款、铁路借款、西原借款等，袁世凯政府成为历史上"仰给外债以度岁月"的政府。

2. 善后大借款。是指1913年5月，日、俄、英、德、法5国银行团为支持袁世凯，打击南方革命势力，并为取得在华的各种权益而对袁世凯政府举借的2500万英镑，年息5厘，带有一系列附加条件的政治性借款，又称"五国善后借款"或"1913年中国五厘善后借款"。其明显的特征是资本输出，即帝国主义企图通过借款实现经济侵略，控制中国的经济命脉。

"善后大借款合同"规定：①债额为两千五百万英镑，年息五厘，折扣按九零发售，八四净收。②用途有6种：偿还1912~1913年两年赔款、六国银行垫款600余万镑；赔偿外国人因中国革命所受损失款两百万镑；划还各省历年旧欠五国银行旧债两百八十余万镑；预备裁遣各省军费三百万镑；预备中央六个月行政费和各项工程费五百五十余万镑；整顿盐务经费两百余万镑。③担保三种，即盐税、海关税和直、豫、鲁、赣四省所指定的中央税。④期限四十七年。前十年付息，后三十七年本息并付。⑤特别附加条件。强迫中国政府在盐务所内设稽核总所，除中国总办外，设洋会办1人，共同主管盐税收入大权，在审计处内设洋稽核员，凡关于借款项目之凭单必须由他签押方可生效，凡盐务收入都得存入外国银行。

这次借款使中国财政蒙受巨大损失。这笔借款名义上为2500万英镑，除去折扣，实收2038万英镑，再扣除各项移交款，净款不足1000万英镑。而四十七年到期后，共还利息达4285万英镑，再加上本金2500万英镑，共计6785万英镑。

3. 铁路借款。袁世凯在借外债打内战激起全国人民反对后，又打起创办实业的旗号借款，其中铁路借款最多。例如，1912年7月，袁世凯向东亚兴业株式会社筹借修筑南浔铁路款500万元。同月，向德国德华银行签订因津浦路北段急需临时垫款4万英镑合同。同年9月，交通部与比利时电车铁路公司签订因赎回汴洛铁路和修建陇海铁路借款合同，金额 2.5 亿法郎（400 万英镑），条件是比利时取得陇海铁路的筑路权及行车管理权。1913 年 7 月，袁世凯为镇压"二次革命"急需大量军费，与法国、比利时两国银行团签订《同成铁路借款合同》，金额 1000 万英镑，条件是把同成铁路的修筑权让给法国、比利时财团，借款则大部分充作军费。1914 年初，北京政府与法国中法实业银行签订《钦渝铁路借款合同》，借款 6 亿法郎，法国势力从此伸向西南各省。1914 年袁世凯政府以修筑宁湘铁路为名，向英国借款 800 万英镑。

4. 西原借款。1917 年皖系军阀段祺瑞重新出任北京政府国务总理，为实现武力统一中国，通过他的日本顾问西原龟山从中联系，与日本政府签订了一系列秘密借款协定，总金额达 1.9 亿多日元，总称"西原借款"。通过西原借款，日本取得了在东北修筑铁路、砍伐森林和采矿等一系列权利。

5. 工矿借款。北京政府还以共建工矿业为名，向日、英、法等国借款。如长江流域的汉冶萍公司，先后向日本借款 1800 万日元，日本控制了汉冶萍公司。有些借款名为兴建工矿业，实际上却被政府挪作军政费。

北京政府之所以能够大规模发行外债，既有其内在原因，又有其外在条件。从外因来看，当时国际上发达资本主义国家生产力高度发达，市场饱和，出现大量的过剩资本，是北京政府能够大量筹集外债收入的客观有利条件；发达国家也垂涎中国巨大的市场，为进入中国市场而积极借钱给中国政府的动因所在。这一时期北京政府的每一笔外债，背后均有一定的政治背景或经济企图。从内因来看，此时期国内战乱频繁、军需过大、财源枯竭，各级政府尤其是中央政府只能靠借债维持其生存和运转。

北洋政府时期与清政府时期的外债有显著不同：

一是期短息重、借新还旧。北洋政府时期，由于军阀混战，中央无力，政府始终处在动荡之中，以致财政枯竭。特别是到了"五四运动"以后，政府基本是靠举债度日，担保的不确定直接导致了借款的风险和债信的日趋低落，因此，大债难举，但财政窘迫，于是只好举借了大量金额不大，期限短的外债，见表 7 – 4。借期长则 1 年，最短的只有 3 个月；利息则一般在月息 7 ~ 8 厘，由于利息较高，又加上利息已先行扣除，所借款数与借款合同的数目都会有较大的差距。同时由于借款的周期过短，造成外债的一再展期，借新还旧的数目不少。因此，数额小、利率高、周期短是这一时期举借外债的特征之一。

表7-4　　北洋政府举借的短期外债1924年2月~1925年12月

订借日期	债权者	借款金额（万银元）	利率（月息）	还款办法
1924.2.14	道胜银行	50	1分5厘	3月起，分5个月在盐余中拨还
1924.2.14	道胜银行	10	1分3厘	在3月、4月盐余中扣还
1924.2.14	道胜银行	10	1分5厘	3月起，分4个月在盐余中扣还
1924.2.15	道胜银行	50	1分	7月起，每月在盐余中扣还5万元
1924.6.2	道胜银行	40	1分4厘	7月起，每月在盐余中扣还10万元
1924.6.4	道胜银行	40	1分2厘	7月~1925年4月，每月盐余中扣还4万元
1924.7.14	道胜银行	5	1分2厘	
1924.10.17	道胜银行	40	1分2厘	1925年5月~1926年2月盐余中扣还
1924.12.20	道胜银行	12	1分3厘	1925年1~3月盐余中扣还
1925.1.9	道胜银行	15	1分	1925年1~5月盐余中每月扣还3万元
1925.3.7	道胜银行	5	1分3厘	下月盐余扣还
1925.3.7	道胜银行	5	1分3厘	每月盐余拨付该行72000元款内扣还
1925.3.11	道胜银行	2	1分3厘	下月盐余或其他项收入归还
1925.3.11	道胜银行	5	1分3厘	每月72000元盐余中扣还
1925.4.7	道胜银行	15	1分3厘	5月起，3个月盐余中扣还
1925.4.10	道胜银行	2	—	下月盐余中扣还
1925.5.21	道胜银行	15	1分3厘	下月起分3个月盐余中扣还
1925.5.27	道胜银行	30	1分	1925年7月~1926年4月盐余中扣还
1925.7.18	道胜银行	5	1分3厘	下月盐余中扣还
1925.7.31	道胜银行	20	—	分30个月拨还或在盐余中扣还
1925.9.14	道胜银行	4	1分3厘	下月盐余中拨还
1925.10.14	道胜银行	7	1分3厘	11月起盐余中拨还
1924.11	中华懋业银行	5		道胜、汇理两行12月盐余中各自扣还
1925.3.24	中华懋业银行	15	1分5厘	于5月15日应交25年公债款内拨还
1925.4.15	中华懋业银行	13.5	1分2厘	5月15日该行应交25年8厘公债款内扣还
1925.4.24	中华懋业银行	50	1分3厘	俟5月10日第一批总税务司将金佛郎案内交回法国赔款拨还本部时归还
1925.5.15	中华懋业银行	20	1分3厘	自本月起分6个月归还

资料来源：《财政部部分短期借款情况登记表》，转引自马金华著：《中国外债史》，中国财政经济出版社2005年版，第246~247页。

北洋时期，外债的拖欠、展期以及借新债还旧债，是中国近代外债史上一个十分突出的现象。整个北洋时期，严格意义上的借新债、还旧债共有 78 笔，债务额累计达到 4.31 亿银元，占北洋时期债务总额的 27.7%。也就是说，每借款 3.7 元，就有 1 元还不起，需要靠借新债还旧债，其中还不包括拖欠和展期的债务在内。

二是外债资金来源，早期以欧美国家为主，后期则以日本为主。这主要是因为第一次世界大战的爆发使得欧美国家无暇东顾，同时，也反映出日本对中国经济渗透和侵略的加强。此外，前半期外债规模远大于后半期，其背后反映的是国际社会对北京政府从最初的充满希望到最后的彻底失望。

三是外债用途的非经济性。北京政府的外债用于国民经济建设的很少，即使是以发展实业为名借入的外债，也大都未能真正用于经济发展，例如，1913年借入的"中法实业借款"，名义上是为经济发展所借，实际上却被用于行政经费开支。这一方面是由于当时的政治局面所致，另一方面也说明北京政府对国家政权的基础缺乏正确的认识，将巩固政权的希望寄托在强大的军事力量上，而忽略了政权赖于存在的真正基础——国民经济。由于外债的非经济性，决定了北京政府外债资金利用率日趋降低。从前期外债资金的用途看，主要是用于军费、行政开支等。而后期的外债很多都用在了偿还旧债本息上，债务资金利用率大打折扣。

四是外债的殖民性。北洋时期许多借款都是以国家主权的丧失为代价的，西方国家向中国政府提供贷款的目的并不是为了支持中国政府，而是为了其自身在中国的政治、经济利益，其借给中国政府的每一笔贷款，都或多或少地附加了一些政治或经济条件，这些条件大多是以牺牲中国国家利益为主要内容的。例如，1913年的善后大借款就对中国的国家主权构成了严重的侵害。该借款规定的条件是以中国的关税、盐税收入以及税源充足的直隶、山东等四省的中央税为担保，且利息高（年息 5 厘）、折扣大（折扣按九零发售，八四净收）；再如西原借款，日本取得了在东北的经济特权。

（二）北洋政府时期的内债

民国初年，由于本国市场上剩余资本、闲置资金有限，筹集债务资金的难度较大，所以政府主要依赖外债收入，内债发行规模不是很大。第一次世界大战开始后，参战国自顾不暇，对华贷款随之减少，同时，北京政府所借款项不能按时偿还，更无从外国银行那里举借新债的希望，便改换手法，以关、盐两项余额为保证，靠发行国内公债和向国内银行借垫筹资。内债大规模发行是在北京政府统治的中期，即1917～1921年。这一时期，内债的名目大增，有公债、银行借款、库券等多种。发行规模最大的是1918年，长短期公债1.39余亿元。北京政府15年总计发行公债28种，总金额达6.2亿元。这些公债的利息一般为年利6%～8%之间，并可向银行按票面值五六折优惠抵押，比较易销。不少银行从事购销公债业务从中渔利，有的甚至搞投机买卖活动。

北京政府还大量发行国库券，历史上有记载的达87笔。其中有69笔是向银行发行的，7笔是向银号或公司发行的。每种库券发行额为100万～200万元，最多高达1000万元，14年合计发行总额为1.04亿元。据估计，到1925年底，北京政府所发行的国库券、盐余借款、银行短期借款和银行垫款四项合计多达1.7亿多元[1]。1918年、1920年、1921年内债均超过亿元，因为在这期间发生了直皖和直奉战争。北京政府发行的债券与库券的情况，如表7-5所示。

表7-5　　　　　　　　**1912～1926年北京政府发行的债券与库券**　　　　单位：百万元

年　　份	债券发行额	库券发行额	合　　计
1912	6.2	—	6.2
1913	6.8	2.2	9.0
1914	25.0	10.1	35.1
1915	25.8	0.4	26.2
1916	8.8	1.8	10.6
1917	10.5	0.2	10.7
1918	139.4	7.0	146.4
1919	28.4	5.3	33.7
1920	122.0	24.7	146.7
1921	115.4	29.0	144.4
1922	83.2	2.2	85.4
1923	5.0	3.5	8.5
1924	5.2	0.1	5.3
1925	23.0	—	23.0
1926	15.4	17.0	32.4
总计	620.1	103.5	723.6

资料来源：杨荫溥：《民国财政史》，中国财政经济出版社1985年版，第22页。

---

[1]　千家驹：《旧中国公债史资料》，中国财经出版社1955年版，第11页。

从表 7－5 可以看出，1912 年、1913 年内债数额不大，说明袁世凯依靠的主要是外债而不是内债。从 1914 年以后，内债数额剧增。尤其是在 1918 年、1920年、1921 年内债发行数额相当大。主要是由于这个时期军阀混战，中央政府有名无实，税款等收入大多为地方军阀截留，中央财政日趋窘困和紊乱，不得不在国内连续发行公债，以满足财政需要。

总结北洋政府时期的内债，有以下特点：

一是折扣大，利息高。由于国内资本市场资金供应紧张，再加上政府债信过低，此时期公债多以抵押给银行的方式发行，按票面价格打七八折，甚至五六折，年息在 6% ~ 8%。但还本付息时却要全额偿还。为筹集到紧急款项，一般以年利 2 分向银行借垫，加贴汇水后可达到 3 分。这就导致了以下后果：一方面由于内债发行过滥，引发了政府严重的债务危机；另一方面由于银行过度投资于公债，也造成国内金融业发展的停滞，进而使整个国民经济的发展受到严重损害。

二是公债用途主要以军政费用、偿还旧债为主。在 1912 ~ 1926 年发行的 40次公债中，50% 的用于军政费用，32.5% 用于整理及偿还旧债，10% 用于整理及调剂金融，2.5% 用于赈灾，从而导致政府财政状况的恶性循环。

三是债信低。大量内债无款偿还，给后继政府留下一个沉重的包袱。北京政府垮台时，仍积欠本息 4 亿元，使后继政府背上了沉重的财政负担。

四、国民政府时期的公债制度

南京国民政府成立后，推行了诸如统一财政、确立预算制、改革关税和盐税、裁撤厘金并开征统税等一系列增加财政收入的措施，但仍不能满足不断增加的军政开支需要，不得不采取发行内外债的方式来弥补财政赤字，债务收入仍然是政府的重要收入来源之一。

（一）国民政府时期的内债

国民政府的内债主要由面向社会公开发行的公债、国库券以及向银行和其他法人社团的借款构成。内债主要用途是军费开支，此外，尚有部分用于铁路等设施的修建或弥补政府临时性财政资金的不足，期限以中长期公债为主。

南京政府自成立当年起，就一直采用以发行内债弥补财政赤字的公债政策。根据举借内债的形式与用途，南京政府在 1927～1937 年的债务可以分为两个时期，即 1927～1933 年为第一时期，1934～1937 年为第二时期。前者举债主要用于解决赤字，后者举债已有部分借款投入生产建设。

1. 第一时期（1927～1933 年）。第一时期为宋子文任财政部长时期。由于这一时期是军事活动频仍的时期，1930 年前蒋介石统一国内、1931 年后围剿红军。在这一时期共发行 29 种国内公债，总额为 11.54 亿元。这些公债大多以关税、盐税、统税作担保。其中明确规定为军费用途的占发行债额的 19.1%，用于政费的 46.2%，用于善后的 14.7%，用于整理或调剂金融的 15.2%，只有 4.9% 用于赈灾及其他。事实上，所谓用于政费、善后，也多是用作军费支出，所以，80% 的内债是用于军政费开支。

2. 第二时期（1934～1937 年）。1933 年 10 月 29 日，孔祥熙接任财政部长后，一反宋子文的紧缩开支计划，在中央财政上实施了量出为入的赤字财政政策，前期主要服务于剿共计划，后期则为抗战准备提供了一定的财力支持。在宋子文任财政部长时期内，赤字在财政支出中的比重大体在 10%～20%，而且由于宋子文极力平衡财政收支，1932 年赤字额仅占财政实支数的 13.3%。孔祥熙上台后，赤字所占实际支出比重逐年递增，到 1934 年占 23.5%，1935 年占 43%，1936 年已达 48%。为了弥补巨额赤字，孔祥熙主要采取了发行内债的方式。但是，由于 1932 年内债整理案，使政府每年减少债务开支 1.02 亿元，而对于主要持券者银行来讲，则损失惨重，失去了持有政府公债券的信心。因此，银行对国民政府发行的债券持抵制态度，认购不积极，特别是作为当时国内银行业龙头老大的中国银行，不断减少债券持有量，使孔祥熙的赤字财政政策面临困难。最初，孔祥熙以政府控制的中央银行来应付。在上海的 28 家重要银行持有的债券总额中，由 1933 年的 0.1% 猛增至 1934 年的 32.7%。但中央银行的力量毕竟有限，便密谋控制中国银行（1928 年掺入官股，但商股仍占大多数），1935 年强制在中国、交通两银行中以债券充官股进行改组，并将私营银行中国通商、四明两银行改组为官商合营，清除了发行公债的障碍。

1934～1937 年 6 月，孔祥熙共发行内债 12.9 亿元（不包括 1936 年的 14.6 亿元统一公债），在这些公债中，弥补预算不足，周转国库（军政费）的款项占发行总额的 46%，用于救济金融和发展经济的款项占 36.5%，补助地方的款项占 16.2%（善后公债），救济灾区的款项占 1.4%。可见，这一时期弥补因军政费庞大所造成的财政赤字依然是内债发行的主要目的，但同时也应看到，用于救济金融和发展经济的内债数额开始增加，逐步实现了内债功能多样化的转变，对于金融、铁路、航运及重工业建设起到了一定作用。

抗战时期，为保证战争需要，国民政府大量发行公债，共发行公债 18 笔，见表 7-6。由于时局动荡，本币的市场信誉大大降低。许多内债发行被迫用外币或黄金为计量单位。1937~1944 年，仅财政部发行的内债总额达 150 亿元，这其中还不包括以谷麦为计算单位发行的粮食债券。在这 150 亿元的公债中，60% 不是直接向社会发行，而是以总预约券的形式向银行进行抵押，由银行垫付款给政府。这种公债发行方式的实质类似于银行透支，实际上是以货币发行来弥补政府的财政亏空，同时，八年间政府共向银行借垫款 12000 亿元。而 1945 年银行存款余额仅为 5271 亿元，超过部分，靠增发钞票解决，这也是造成抗战时期通货膨胀的主要原因。

表 7-6　　　　　　　　　　抗战时期国民政府发行的内债情况

年　份	种　类	法币公债	关金、外币公债（折合美元）
1937	5	1000	130
1938	1	30	—
1939	2	1200	—
1940	3	1200	90
1941	2	2400	—
1942	2	1000	100
1943	2	3175	—
1944	1	5000	—
总计	18	15005	320

资料来源：千家驹：《旧中国公债史资料》，中国财政经济出版社 1995 年版，第 378 页。

这 18 笔内债，有的按法币和海关金计算，有的按英镑或美元计算。这是由于通货恶性膨胀，发行以法币计算的公债已不能保值，所以改为发行以外币计算的公债。

抗战胜利后，政府内债规模不仅未随着抗日战争的结束而缩小，反而进一步扩大。由于通货膨胀严重，为了使社会认购，此时期在内债的发行上除少部分采用法币发行外，大部分采用美元、稻谷、黄金等形式发行内债，且大多以强购、派购方式发行。此时期的内债发行情况，见表 7-7。

表 7 – 7　　　　　　　　　1946～1949 年国民政府发行内债情况

年　份	项　目	发行定额	实际发行额
1946	第二期土地债券 同盟胜利黄金公债 绥靖土地债券	法币 3 亿元 美元 4 亿元 谷麦 1 千万石	3 亿元 8 千万元（美元） 1 千万石
1947	美元公债	美元 1 亿元	5299 余万美元
	短期库券	美元 3 亿元	4248 余万美元
1948	整理公债	金圆券 5.23 亿元	
	短期国库券	无定额	
1949	黄金短期公债 整理美元公债 爱国公债	黄金 200 万市两 美元 1.36 亿元 金圆券 3 亿元	200 万市两黄金 美元 1.36 亿元

资料来源：千家驹：《旧中国公债史资料》，中国财政经济出版社 1995 年版，第 378 页。

国民政府时期的内债政策，就其实质而言，有以下几个特点：

第一，它沿袭北洋军阀统治时期，依靠帝国主义支持的形式，体现着半殖民地性质。关税是其主要的担保，1937 年以后，美元、英镑等外币也成为其发行形式，意味着国民政府内债政策越来越陷入帝国主义操纵之中，最后不得不寄希望于"美援"来解决财政困难。

第二，它致力于维护以四大家族为代表的大资产阶级的利益，体现出半封建的特征。除个别公开募集发行外，绝大部分以总预约券的方式向银行抵押，银行不仅可以获得公债利息，而且还可以获得高额折扣利益。如 1927～1931 年，发行了 10.58 亿元面值的公债，实际只有 5.38 亿元，折扣利益 5.2 亿元被四大家族所控制的银行机构所攫取。

第三，它的各种负担通过各种形式转嫁到人民头上。内债以税收作担保，大量发行内债，必然导致税收的剧增，1928～1936 年，仅统税一项便增加 393%。向银行抵押公债，必然加剧通货膨胀，无疑又是对广大人民的掠夺。少数公开发行的债券，更是以摊派方式强制派给劳动人民。而发行内债所得，绝大部分用于反人民的内战，给广大人民带来的只是灾难。

（二）国民政府时期的外债

国民政府时期推行的是"包下旧债，续借新债"的卖国外债政策。南京政府建立以后，确立了"利用外国之资本技术"的方针，但北洋政府滥借外债造成的债信低下却成为南京国民政府进一步借债的障碍。西方国家表示，南京政府只有还清旧债，建立良好的债信，才有可能向外借债。为了获得外国资本的经济支持，维护政府在国际上的信誉，国民政府于 1928 年发表声明，向国际社会承诺承认前北洋政府所欠的巨额外债，并根据不同情况予以偿还。

1. 对旧外债的整理与偿付。抗战之前的十年，国民政府把承认和整理外债作为其外债政策的重点，对北洋政府所欠外债及本身所借外债进行了多次整理，被称为"整理旧债"。

具体来讲，国民政府将历届政府遗留下来的外债分为两大类进行整理：第一类是指有债约而且债约中已明确规定要由中国的关、盐两税来偿还的，即所谓"有确定担保债款"之债，南京政府将按债约的规定，按期偿付本息；第二类是指有债约、但并没有明确规定偿还方式的，即所谓"无确定担保之债款"，南京政府将"一面审核整理，一面核拨基金，专款存储"，准备逐步偿还。经过整理后，南京政府决定立即偿还和准备偿还的主要有美、法、意、英、日、比、丹、荷、瑞典等九国，共计债款 69 笔，其中日本占 1/2 以上[①]。

为偿还巨额外债，财政部只得从关税和盐税中拨出款项专做还债基金。自 1929 年 2 月起，除由关税中每年拨出基金 500 万元专款存储外，另又从盐税中拨出专项基金用于偿债。经过整理，到 1937 年时，所欠外债已经清偿了相当大一部分。其中，庚子赔款已由 1928 年的 1.28 亿美元减少到 1937 年的 0.33 亿美元；财政部负责经管的外债偿还了 0.72 亿美元（其中包括津浦铁路借款和湖广铁路借款等）；铁道与财政两部共同负责经管的债务偿还了 0.7 亿美元；铁道部单独负责的外债偿还了 1.12 亿美元，交通部负责的外债偿还了 0.17 亿美元。在 1927～1937 年，南京政府共计偿还外债 2.75 亿美元[②]。

总之，南京政府虽然在内债方面债信较低，但它在致力于外债整理、努力恢复外债债信方面做了大量工作。通过整理外债，南京国民政府的债务"信用"在国际上有了很大的提高，为而后国民政府获得大量贷款创造了有利条件。

2. 南京国民政府时期举借的新外债。随着南京政府外债整理及偿还工作的进行和开展，继续举借外债又在筹议与计划之中。事实上，南京政府建立之初，就一直想借外债，只是由于北京政府声名狼藉，债信低落，使外国资本集团对中国产生了不信任感，没有多少国家愿意借债给新政府，只得在国内举债。在

---

① 董长芝、李帆：《中国现代经济史》，东北师范大学出版社 1988 年版，第 68 页。
② ［美］杨格：《一九二七年至一九三七年中国财政经济情况》，第 124 页、第 155 页。

南京政府努力整理外债、中国债信逐步提高的情况下，西方国家答应为国民政府提供新的借贷资金，这样，南京政府还是借到了相当数量的外债。

南京政府所借的外债，有案可查的，共有 14 笔，其中包括 283.8 万英镑、3329.9 万美元、4.5 万法郎、233.1 万海关金单位、9250 万元法币[①]，具体情况见表 7 – 8。

表 7 – 8　　　　　　　　　　1927 ~ 1937 年国民政府的外债

外债名称	发行时间	币种	金额数（万元）	年息率（％）
中比庚款借款	1928 年 7 月	美元	500	6
美麦借款	1931 年 9 月	美元	921.3	4
美棉麦借款	1933 年 5 月	美元	1708.6	5
中英庚款借款	1934 年 6 月	英镑	150	6
浙赣路借款	1934 年	法币	800	—
沙生银行借款	1935 年 6 月	法币	23.8	6
浙赣路南萍段借款	1936 年	英镑	1000	—
沪杭甬路完成借款	1936 年 6 月	法郎	110	6
宝成路借款	1936 年 8 月	海关金	45000	6
浙赣路玉杭段借款	1936 年 11 月	法币	233	6
湘黔路借款	1936 年 11 月	法币	3000	6
平汉路江桥借款	1936 年 11 月	法币	1000	6
成渝路借款	1936 年 12 月	法币	340	7
广东港河工程借款	1937 年 4 月	美元	200	6

资料来源：上海银行学会：《民国经济史》，第 171 页。

南京政府通过举借外债，使中国的一些经济建设领域发生了显著变化。例如，国民政府曾多次为铁路建设举借外债，这是外债的主要投放领域之一。截至抗战爆发，全国的铁路线已有相当大的扩展，共增筑新铁路达 2328 英里，计增加 97%[②]。交通状况的改善在以后发生的中日战争中起到了明显的积极作用。当然，不可否认，南京政府举借外债也产生了严重的副作用：一方面，有利于西方国家借机向中国市场推销剩余产品；另一方面，国民政府举借外债的某些

---

① 周伯棣：《民元来我国之中央财政》，《民国经济史》，上海社会科学院出版社 1948 年版，第 171 页。

② 马金华著：《中国外债史》，中国财政经济出版社 2005 年版，第 326 页。

部分被挪作他用，主要是被直接用于军事目的，增强了南京政府的内战实力。

　　抗战时期，国民政府的财政赤字高达80%左右，为了弥补财政赤字，国民政府除了搞银行垫款以外，就是大借内债和外债，争取外援。在本期内，共发行18种内债，其中法币内债发行额150亿元，外币内债累计折成美元为3.2亿元。国民政府在举借外债，争取外援，大搞对外易货贸易方面取得很大成就。由于中国抗战既是民族解放战争，又是世界反法西斯战争的重要组成部分，因而较易得到资助；又因国民政府在抗战前，对中国积欠的旧债已基本清偿完毕而提高了国家的债信；再加上国民政府派出大批外交使节出访英、美、苏等国争取外援，因而在抗战期间国民政府得到了大量外援。国民政府战时外债情况，如表7-9所示。

表7-9　　　　　　　　　国民政府抗战时期外债情况

国别	年份	债款名称	金额
苏联	1938	第一次易货借款	50000 千美元
	1938	第二次易货借款	50000 千美元
	1939	第三次易货借款	150000 千美元
	1940	第四次易货借款	50000 千美元
	1942	第五次易货借款	6385 千美元
计5项			306385 千美元
美国	1939	桐油借款	25000 千美元
	1940	滇锡借款	20000 千美元
	1940	钨锑借款	50000 千美元
	1941	金属借款	50000 千美元
	1941	币制借款	50000 千美元
	1942	信用借款	500000 千美元
计6项			693000 千美元
英国	1937	整理内债借款	2000 千英镑
	1939	币制借款	5000 千英镑
	1939	第一次信用借款	188 千英镑
	1939	第二次信用借款	2859 千英镑
	1941	第三次信用借款	5000 千英镑
	1941	平衡基金借款	5000 千英镑
	1944	第四次信用借款	50000 千英镑

续表

国别	年份	债款名称	金额
	计 7 项		70047 千英镑
法国	1937	金融借款	400000 千法郎
	1938	桂滇路借款	150000 千法郎
	1938	叙昆路借款	480000 千法郎
	1939	材料信用借款	1500 千英镑
	计 4 项		1030000 千法郎
捷克	1937	商业信用借款	10000 千英镑
比利时	1939	铁路材料借款	20000 千美元
德国	1939	贸易借款	120000 千法郎

资料来源：苏联债款资料引自谭熙鸿：《十年之中国经济》，文海出版社 1948 年版。其他各国数字引自中国通商银行编：《五十年之中国经济》，文海出版社 1948 年版，第 129 页。

表 7-9 说明，在抗战期间，国民政府获得外国贷款 25 项，其中，10 亿多美元，1 亿多英镑，10 亿多法郎，国币 1.2 亿元。从 1937 年 7 月到 1940 年共 19 项，有 4 亿多美元，4000 多万英镑，国币 1.2 亿元。其中特别是苏联的援助，苏联为支援中国抗日战争，主动给国民政府提供了大量贷款，共计 3 亿多元，其次是法国，共 10 亿多元法郎。1940～1945 年的抗战后期共 6 项，其中，美国 3 项，计 6 亿多美元，英国 3 项，计 6000 万英镑，合 2.4 亿元。此时期外债的借入，为抗日战争的胜利提供了重要的资金保证，因而具有较大的积极意义。

抗战胜利后，内战全面爆发，为筹措巨额经费，国民政府继续大规模发行外债。此时期，直接参与第二次世界大战的英、法、德、日等国战后恢复、建设任务繁重，资金紧缺，自顾不暇，因而，美国成为中国外债资金的主要来源，以"美援"为中心的外债成为国民政府主要财政支柱。美国政府为了在中国建立听命于美国的独裁政府，多次向中国提供大笔贷款和赠款。贷款方式多样，主要有借款和物资援助，提供各种军事装备。其中，物资援助占绝对地位，是这一时期国民政府外债的一个特点。据统计，1946～1949 年，美国共借给中国政府 29 笔贷款，总额达 60 亿美元，其中，以物资"援助"为主，占贷款总额的 82%，见表 7-10。

表 7 – 10　　　　　　　　　1946 ~ 1947 年美国对华贷款数额统计

时　　间	借款名称	借款数额（万美元）
1946 年 2 月	加拿大信用借款	6000 万加元
1946 年 5 月	改进海港借款	1500
1946 年 6 月	中美棉借款	3300
1946 年 7 月	中美购发电机借款	880
1946 年 8 月	中美煤设备借款	150
1946 年 8 月	中美购船借款	260
1946 年 8 月	中美铁路购料	1665
1947 年 4 月	船只借款	1650
1947 年 10 月	救济借款	2770
1947 年 12 月	临时援助	1800
合　　计		13975 万美元

资料来源：根据刘秉麟：《近代中国外债史稿》，三联书店 1962 年版，第 258 ~ 262 页整理。

此时期的外债为国民政府打内战、镇压本国百姓提供了经济支持，对中国产生了巨大的破坏作用。

总之，国民政府的外债政策，是北洋政府外债政策的继续。一方面，对本国的经济结构造成极大的破坏作用。美棉、美麦借款以及各种物资援助，实质是向中国倾销剩余产品，必然引起国内市场价格的跌落。另一方面，国民政府为获得外债、外援，不惜牺牲中国人民利益，出卖国家主权，进一步加深了国统区的半殖民地性质。外债用于内战，有表明国民政府的外债具有反动性和破坏性。

五、中国近代公债制度评析

通过对中国近代公债发生及演变过程的研究，可以使同学们加深对中国公债制度的理解，对当代中国公债制度建设提供重要的启示和借鉴。

（一）中国近代公债制度的局限性

1. 公债发行的最初动机和主要目的——弥补财政赤字。通过对近代公债制度的产生以及发展历程的研究，可以看出，发行公债的最初目的，也是主要动机是弥补财政赤字。一般来说，弥补财政赤字的方式主要有以下几种：动用历年的财政节余、增加税收、增发货币以及发行公债。动用历年的财政节余当然是最佳选择，但随着近代经济的发展以及政府支出规模的不断扩大，在赤字成为一种经常性的现象时，动用历年财政节余已无存在可能；由于税收的刚性原则，通过增加税收的方式来弥补容易引起纳税人的反感，同时，税收的不及时性也决定了它不能迅速地弥补大量赤字；增发货币虽然能够弥补财政赤字，但容易引发通货膨胀。与其他弥补财政赤字的方式相比，通过发行公债来弥补赤字这一方式有它明显的优越性。政府发行债券，参与国民收入的再分配，不像税收和货币发行那样是一种强制的、无偿的再分配方式，而是一种自愿的、有偿的再分配方式。债务方即政府可以得到补充的收入来源，满足了需要；债权方不但经过一定时期可以收回本金，而且可以获得利息收入。由于发行公债只涉及资金使用权的让渡，所有权不变，因此政府通过发行债券筹集资金，较易为社会公众所接受。

2. 中国近代公债有很大的殖民性、破坏性和反动性。中国近代公债多用于军事支出、战争赔款、行政支出等，各国列强为输出资本，进一步控制中国的财政经济，也争相向近代中国的政府贷款。这些贷款常常附加有苛刻的政治条件，如用关税、盐税收入作为偿还外债的担保等，关、盐两税在近代中国财政中占主要地位，外国人控制了这两项收入，就意味着扼住了中国的咽喉。此外，近代大量的公债用于镇压革命力量，国民政府时期的公债则用于内战，表明了中国近代公债具有反动性。

（二）中国近代公债制度的积极作用

1. 中国近代公债客观上支持了中国经济的发展。近代公债一部分投资于经济建设，促进了铁路投资、近代工业的发展和生产建设。

2. 近代公债制度对当前我国的公债制度建设具有重要的借鉴价值。当前我国在公债问题上应当注意公债结构、时期长短、利息高低、公债用途以及与银行的联系等。

专题八

民国时期财政预算制度的转型

　　预算与决算制度是近现代财政制度的核心内容。中国现代预算制度肇始于清末，开拓于民国。清末民初，中国的资本主义生产方式得到迅速的发展，政府的财源不断扩大，收入大量增加；与此同时，财政支出也相应增加。财政收支规模的扩张要求政府有计划地安排和使用资金，科学地管理财政收入和财政支出。于是，就产生了最初的预算。在继承清末预算制度的基础上，北洋政府和国民政府都对预决算制度进行了一系列改革。民国政府的预决算制度改革，既有承袭晚清财政预算改革的一面，又有其在独特的历史条件下逐步资本主义化的一面，例如，国地收支划分、预决算制度、会计出纳制度、财政管理体制的调整等都是财政预算现代化的具体体现。民国政府对财政预决算制度的尝试和建设是中国财政预决算现代化进程中的重要一环，尤其是南京国民政府的预决算制度改革，是中国财政预决算现代化进程中的重要环节，开创了中国现代预决算编制的先河，推动了预算制度的发展，它奠定和完成了中国财政预算制度的现代化转型，推动了预算制度的发展，对中国预算制度的建立起到了重要的基础性作用，在中国财政史上具有重要地位。民国时期财政预算制度的现代化转型对我国提升国家治理水平具有重要的历史启示。

一、民国之前的财政预算制度

　　严格意义上讲，真正的预算制度是近代民主政治的产物，也就是议会监督财政的实施。而一般所说的预算，即一定时期内赋税收支数字的计划和估计，相传始于夏禹，西周时已逐渐成形。到春秋战国时期，发展成了比较完善的"上计"制度，秦汉时发展到更高的水平。秦汉在地方与各郡县，设有专门管理郡国财政的官吏和负责预算、决算的上计吏。上计的内容包括本郡（县）的人户口数，成年男女数，垦田数，赋税收支数，仓库储存数、物数以及蓄养的马、牛和储备的数字等。中央收到各郡国及中央各部门汇报的计簿之后，大司农要分别进行严格的审核，并把郡国各部门的数字加以汇总，得出全国的预算收支情况，然后，向上级汇报。秦汉的预决算制度，对于执政者加强中央集权，发挥了一定的作用。

　　唐代的预算制度，编制程序自下而上，逐级汇总。"县成于州，州成于省，户部总领焉。"① 由于每年逐级汇编，工作量极大，开元二十四年（736年），户部尚书李林甫对预算制度进行改进，将预算项目分为稳定和不稳定两部分。稳定的部分编成"常行旨符"，将赋税收入的税种、税率用明确条文固定下来，作为各地征收的依据，每年照章办理，不必每年再编造预算。不稳定、临时性的收入项目每年单独编造②。这就大大减轻了预算编制的工作量，提高了编制预算的效率。同时，为了监督预算执行，还完善了审计制度。唐朝的审计称为"勾覆"，主管"勾覆"的机构隶属于刑部中的比部，以避免财政部门干扰审计部门独立行使其监督财政的职权。比部的权限包括审计京师各部门的财务活动以及各州县有关重要的财务活动。审计独立，至今仍有现实意义。

　　宋代自开国之初，就订立了制度加强财务管理。宋代会计实行四柱账册，即旧管、新收、实在、开除式的会计账簿，会计报告逐级汇总上报，直到中央理财机构，最后上达皇帝。官员的报告，如账册不符，则按照处罚条例进行惩罚。宋代各朝都编有会计录，对制定政策及加强财政管理都有重要意义。

　　元朝的预算制度规定，诸路、行省、诸王、漕运、皇室等凡有收支钱粮者，均设账簿，诸路计吏，按年初核定的收入定额，年终向行省报告决算。行省要求各处长官，对岁支钱粮按计划核对，年终算出总数报于行省，按规定程序稽考。然后，汇总报于中书省，由御史台审阅核实③。元代的监察机构是御史台，主管监察事宜，在制定的御史台条例中，对财政进行监察。在监察方面的另一重要制度为理算制度。理算制度是上级官府检查、清理下级官吏欺隐、逋欠钱粮的一种财政制度。理算制度对限制贪官污吏侵蚀国家的钱粮，增加财政收入及整饬吏治，都起到一定作用。

---

① 《古今图书集成·食货典》卷242，《唐》（一），《国用部》（二），《唐》（一）。

② 《唐会要》卷59，《尚书省诸使下》，《度支员外郎》。

③ 《元史》卷85，《百官志》（一）。

　　明代，户部编制会计录，即专门的财税报告制度，汇总全国财政收支情况，且进呈皇帝。会计录的内容包括天下秋粮、夏税、户口、课额、历年内府、亲藩、文武官吏、卫所旗军及内外职官食粮人数，以及祭祀、修造、供给等费，目的在于"量入为出，国计不亏"①。

　　清代宣统之前，在预算编制方面，年度前编制清单或者估册，年度后编制奏销，但都不是近代形式的预算与决算。直到清末宣统三年（1911年），度支部开始编制预算案，这个预算案是在预算册内先列岁入，后列岁出，并分别分出"经常"和"临时"两门，门下分类，类下分款、款下分项，项下分子目。这一财政预算是我国近代历史第一次编制的预算，被认为是中国历史上第一份现代意义上的政府预算。但是，由于当时清政府的集权已经被各省的地方军阀政府实际割据，财政并不统一，所以，这个所谓的"国家预算"只是简单地把各省的收支数字简单拼凑。宣统三年正月十四日，清政府颁布《试办全国预算暂行章程》，又编制了一次"试办宣统四年全国预算"。最后，终因政权更迭，这个预算并未真正实施。

　　从上述分析可以看出，民国之前的财政预算呈现出以下特点：

　　1. 财政预算管理权高度集中，具有专制性。在封建专制社会中，由于实行高度集权政治体制的强权压制，使统治者的财权不受限制，财政收支随意性极大，皇室财政截留国家财政的情况时有发生，作为臣子的民众必须纳税以供国家和君主支配。君主有权开征新税、预征税收、提高税率，有权决定赋税的征收形式，还有减免赋税的大权同样掌握在皇帝手中。皇帝"口含天宪"，集行政权、司法权、立法权于一身，财政预算的编制必须取得皇帝的批准，而不需要与作为纳税人的代表进行博弈，皇帝颁布的诏敕就代表着最高的权威，这样，就不可能形成体现民意、经由独立于皇权之外的立法机构通过的财政预算。例如，在中国封建社会的历史上，有关赋税的制定，都是由王朝采用律、令、诏的形式，以类似军令的文件下达而不是由立法机构通过后宣布于民，从而显示出其自上而下、无协商余地的专制特点。

　　2. 不规范和随意性。中国封建社会的预算不是建立在法治和制度基础上的，它的存废主要以统治者的意志和好恶为转移，导致财政预算具有不规范和随意性，财政收支法令不但不是统治者（赋税征收方）与国民（赋税缴纳方）协商的结果，甚者还可以作为统治者作为凌辱纳税人、发泄私愤的工具。例如，汉

①《续文献通考》卷30，《国用考》（一），《历代国用》。

初，实行重农抑商的税收政策，"天下已平，高祖乃令贾人不得衣丝乘车，重租税以困辱之。"封建的财政支出公共性极弱，财政支出首先要保证统治阶级奢侈生活的各种需要，维护统治者的统治，用于皇室的私奉养，例如，宫廷建筑、陵墓建筑支出的比重较大，虽然也有交通、水利灌溉、文化教育、救灾抚恤等支出，对维护社会安定、推动社会发展起了一定作用，但在财政支出中所占比重非常有限。这种财政收支安排反映了"人治"凌驾于法治之上，"人情大于王法"是封建时代的普遍特征。

3. 财政预算制度辅之以会计、审计和监察制度。为了监督财政预算的执行，多数朝代都不同程度地建立了会计、审计和监察制度，对统治者治理国家起到了一定作用。但这种制度时断时续，缺乏连续性，且在执行中常常被扭曲。例如，元朝的理算制度，名义上，理算的目的是追责监察下级官吏侵欺粮粟，但执行中演变成搜刮百姓和排斥异己的工具。

二、民国时期财政预算制度的尝试与建设

民国时期财政预算制度的现代化转型主要表现在财政预算由封建的中央集权转向分级预算、预算编制由专制转向民主、由不规范转向制度化、由人治转向法制化。

（一）财政预决算制度的建立

北洋政府成立后，仿效西方实行"立宪政治"，中央与地方不得不编制国家预算和地方预算。1912 年初，北洋政府规定，京都各衙门必须编制各月及半年度预算，并将预算提交参议院决议。同年 12 月，又通电各省，决定在财政司内设立预算、决算处，并令各省编制下一年度的正式预算书，开始确立财政预算制度。1913 年 9 月，财政部又拟定了《财政预算简章三十九条》，对编制预算的程序、预算期限等都作了明确规定。1914 年 10 月在其公布的《会计条例》中对预算制度作了比较详细而明确的规定，正式确立了比较规范的预算格式，形成了预算制度的框架。在制定预算制度的同时，北洋政府也开始制定决算制度，对决算报告的编制、汇编、决算期、四政的特别会计（即铁路、电力、邮政、航运）决算以及决算报告册的格式都进行明确的规定。

　　尽管北洋政府制定了较为详细的预、决算制度，但由于军阀割据，这一预决算制度规定并没有得到正常贯彻执行，且其预决算制度尚不完备，但其制度创立本身就是一大进步。从制度上讲，北洋政府决算与预算科目相对应，预决算对比、各部门报告书的递交等规定是合理的，对中国预决算制度的发展产生了重要影响。

　　南京国民政府的财政预决算制度在北洋政府预算制度的基础上进一步发展和完善。鉴于清末和北洋政府都尝试过编制预算，但都因缺少决算以至于最后连预算也不能实行的诸多弊端，南京政府成立后，注重预算和决算并重，既详细制定预算编制，又督促决算施行。各级政府机关的年度决算，以立法机关审议后的年度预算为主要参考依据，这也是检察机关监督政府财政的主要凭据。

　　1. 预算编制。财政部对预算的编制极为重视。1927 年制定的《会计则例》和 1928 年公布的《审计法》以及其后拟定编制的《预算例言及预算书式》，为实施预决算制度作了比较充分的准备。此后，国民政府几乎每年公布一次修改的预决算章程，规定预决算的编审程序、收支预算分类标准和范围等，以此作为预决算编制的指导和根据。1928 年全国经济会议和第一次全国财政会议都通过了设立全国预算委员会、厉行预决算制度的提案。接着，国民党第二届五中全会又通过了"训政时期财政设施纲领"，决定分步骤实行预决算。1929 年 2月，财政部以部令形式颁布了由财务机关编制的"十八年度预算章程"；1930年 2月，颁布《民国十九年度试办预算章程》。预算分为普通会计和营业会计两种。每种分若干类。岁出岁入预算，各按其性质，分为临时和经常两门，分别编制。预算分三级，自下而上编制。第一级为各机关单位预算，第二级为省汇编预算，第三级为国家总预算。省预算送财政部审核后，分批转送中央政治局会议核定。

　　1931 年，国民政府颁发《民国二十年度预算章程》，此章程除了包含民国十九年度试办预算章程的主要内容外，还修订或补充规定，即年度预算在未经国民政府主计处汇编成总预算案以前，称为概算。同年 4月，主计处成立。该处直属于国民政府，分岁计、会计、统计三个局，负责编制全国总预算。11月，国民政府颁行由主计处拟定、经国民党中政会决议的《预算章程》及《办理预算收支分类标准》等条例，对各级政府的预算编制作了长期的制度性规定，决定自 1932 年以后，所有国家预算和地方预算，均依照《预算章程》及《办理预算收支分类标准》编制。

　　当时，要制定一个永久性预算章程和办法条件尚不具备，加上民国初期的

计政不完备，因而 1928～1930 年仅有个别分预算，没有综合预算，直到 1931 年
才开始有立法院通过的总预算案。1932 年 9 月 24 日，国民政府在经过较长时间
的准备后，正式颁布了《预算法》。该法确立了一整套预算制度、主计和审计制
度，标志着中国预算制度的发展基本定型。但因各种障碍，未能很好地实行，
直到 1937 年 4 月公布《审定二十六年度普通预算办法》通令执行。所规定的预
算编制程序依次经过概算的筹划、拟编、核定，预算编制。由于预算编制程序
衔接以及实际情况变化大等原因，之后每年都有预算，但都未能很好地实现其
基本职能，对当时的社会经济的指导意义不大。国民政府成立后对预算的重视
及一系列改革，对现代预算制度的建立起了主要的基础性作用。

2. 预算执行。1940 年 1 月，《预算法》及其施行细则开始实行。这部《预
算法》与以往的预算章程相比更为具体明晰。但实施不久，因编审时间过长，
手续繁杂，又处于非常时期，各机关不可能按规定的编审程序及时办理，于是
先后制定了变通办法，以适应战时需要。在抗战期间，物价大幅度上涨，币值
下跌，因钱币预算不能适应，中央主计机关曾通知各机关在编概算时，要附送
实物数量表，作为编审总概算时的参考。事实上，实物消费数量缺少完全的统
计作为依据，尤其是军需物资、建设器材的估计是一项极其繁重的工作，因而
在极短的时间内求得合理的数字作为编制预算的根据，在技术上相当困难，这
使得该时期的预算执行发生了极大困难。

1946 年 7 月，国民政府恢复三级财政体制，各级政府财政收支重新分类，
因此，对于 1946 年度总预算予以调整，并办理了各项岁入岁出的追加手续。
1948 年修正《预算法》，将其实施范围仅限于中央政府，但此《预算法》由于
内战爆发而终止。

3. 决算制度。南京国民政府成立后，仿效西方，试图实行"立宪政治"，
同时，财政部开始着手对国家收支与地方收支进行划分，编制预决算。预算是
各级政府机关事前财政收支实施计划，决算为事后财政收支终结报告，二者互
为表里。南京政府强调，预算与决算并重，既详细制定预算编制，又督促决算
的施行。财政部对 1928～1934 年的中央收支都编制了报告，先后公布。1933
年，制定《国库收支结算办法》，1938 年 8 月公布《决算法》，1941 年 1 月公布
《决算法实施细则》，对财政决算的各项内容作出详细规定。这样，各机关在
1942 年编造 1940 年度和 1941 年度的决算时，都依照《决算法》及其实施细则
以及主计处制定的各项决算书表格式和说明办理。此后，国家总决算及财政部
二级决算逐年产生。

但是，由于处于抗战的非常时期、收支手续变更、内容真实以及预算追加追减频繁等原因的影响，决算实际的实施效果与预决算法的要求差距较大。

（二）分税制和分级预算制度

民国成立后，仿照西方国家财政管理的经验，在全国实行了国、地税划分，分级编制预决算。为了改变清末国家财政收支与地方收支性质不明、权限混淆的状况，北京政府成立后，开始划分国家税和地方税，明确国家经费与地方经费开支的范围。北京政府于1912年冬公布了《国家费、地方费法（草案）》，1913年11月公布了《划分国家税、地方税法（草案）》，这两个草案的公布，标志着分税制和分级财政管理体制在中国的出现。

在将税收收入划分为国家税和地方税的同时，中央政府与地方政府也同时拥有了各自的税收征管机构。中央政府在各地设立了国税厅，专司国税征收及国家费用出纳业务。中央政府原来设在各地的财政司则改归地方政府领导，专门负责地方税征收和地方费用出纳业务。北京政府时期的国地收支划分，是中国财政管理体制史上的第一次。

1923年12月，北京政府宣布立宪，在所公布的宪法中，对中央、地方财政管理体制再次作了规定，重建分级财政管理体制。为防止在分级预算体制下，各省各行其是，妨害国家利益，宪法中还明确规定中央政府有权对各省课税的种类及其征收方法，通过法律手段予以限制。宪法对中央及地方政府的支出范围作了调整。总体上说，《宪法》所制定的财政管理体制较民国初年制定的管理体制更倾向于分权化。

国民政府的分级预算制度，较之北洋政府的分级预算制度有所改进。为了建立中央集权制的政治体制，南京国民政府需要彻底改变北京政府时期的地方割据局面，而要扭转这种混乱局面，必须建立统一的财政体系，强化中央集权。因此，从1927年开始，国民政府便采取措施整顿财政收支体系。其办法是在保留一部分封建财政课征方式的基础上，更多地采用西方资本主义的财政课征方式，这种财政收支体制是通过明确划分中央和地方的财税收支体系而建立的。

1928年7月1日，国民政府第一次全国财政会议讨论修正了国地收支划分方案。11月公布了收支分类标准，对国家和地方收支作了明确的划分。此后，国民政府对中央政府与地方政府的财政收支划分曾进行过多次调整，在不同的历史阶段收支的划分不同。国民政府确立的国税和地税两级体制，理顺了过去财政体制和管理中的混乱关系，使各级政府均有了自己相对独立的财源，为执行各级政府的职能提供了物质保证，也为整顿军阀混战以来分割混乱的财经秩序、增加政府的财政收入提供了体制保障。

1934 年国民政府第二次全国财政会议规定财政系统由中央与地方二级体制改为中央、省、县市三级体制。抗战期间，国民政府对原有三级财政体制作了调整，将全国财政划分为国家财政与自治财政两大系统，省级财政并入国家财政。实行后，加强了中央财政规模，确保了国民政府对军民物资供应，同时，也增加了地方财政的战时适应性和灵活性。抗战结束后，国民政府于 1946 年 7月 1 日修正公布了"财政收支系统法"，重新将全国财政划分为中央、省（市：行政院直辖市）、县（市，相当于县级）三级财政体制，这是自国民政府成立以来，真正从财政支出和财政收入两个方面，在法律上明确各级政府的收支范围和权限，特别是县级财政的来源比较明确和充裕。

（三）预算会计的超然化

国民政府成立初期，财政预算、决算、会计、统计等项事务均有财政部会计司负责。为了加强对财政收支的会计管理，国民政府实行了超然主计制度，由原来的财政部门自行办理岁计、会计、统计事务。1930 年，公布了《国民政府主计处组织法》，依据此法于 1931 年成立了主计处。主计处隶属于国民政府，总揽全国的岁计、会计、统计事务。主计处根据各政府机构收支事务的繁简，在其下设置会计、统计室，主办人员直接对主计处负责，并依法受所在机构主管人员指挥。这种将政府部门的会计业务统一交给专门的机构管理的办法，可以使会计人员本身与财政收支所引起的直接物质利益相分离，与所在单位的物质利益相分离，同时，也使会计人员摆脱了单位领导的制约和束缚，处于较为超脱的地位，有利于对政府财政收支进行有效的监督和管理。

预算编制主体的超然，预、决算审核体制中的权力制衡，预、决算法律体系的相对完备，以及操作程序的复杂，都表明了南京国民政府希望迅速实现政府经济生活法治化的要求。在不到 20 年的时间里，这个政府构建起了庞大且较为严密的预、决算法律制度体系，初步建立了相应的预、决算的编制组织与监督组织，并于 1932 年 4 月 28 日第一次公布了国家总预算案。此后，除 1932 年、1933 年两年因"九一八"事变影响而未公布预算案外，直到 1948 年，历年都公布有总预算案。地方从 1932 年起即有部分省份开始送国民政府公布本省总预算，到 1946 年包括各沦陷省份，"除少数地区以情况特殊无法统治外，都能够送达中央成立预算"。

总之，经过国民政府对财政预决算的建设，近代中国的预算法的发展基本上成形和完善，《预算法》成为民国政府"六法体系"中的重要组成部分。此时的预算法已经形成了完全系统的程序和原则，预算法案不得随意更改，其执行有一定的强制性。同时，会计、行政、审计、国库四大系统相互制约，在财政管理制度的建设上具有一定的科学创见性。这种方式管理国家财政，使财政收支有度，合理安排国家资源。

三、民国时期财政预算制度转型的特点

（一）财政管理由集权向分权转型

财政管理体制的发展方向是在朝着分权化的方向发展，地方政府的财政权限逐步扩大，这集中体现在收入的划分方法上。国民政府成立初期，地方政府的自有收入主要以税收附加收入为主，其收入额十分有限、收入来源不稳定；国民政府中期，地方政府拥有了一些固定收入，其收入的保障性加强；国民政府后期，许多税源充足的税种不再由中央政府独享，而是在中央与地方政府之间按一定比例分配，这使得地方政府的财源扩大，且使其收入有了可靠的保障。

（二）中央和地方的利益由分歧向统一转型

在国民政府初期，地方政府主要以税收附加作为其收入来源，此时，地方政府与中央政府的利益是一致的。对地方政府来讲，中央财政收入总额越多，地方政府的财政收入也越多。但到了国民政府的中期，地方政府的财源主要以一些独立的小税种为主。此时，地方政府与中央政府的利益不一致。在国民政府的后期，中央和地方将税源充足的税种作为共享税，使各级政府的利益得到统一和协调。这种财政管理体制有利于各级政府对税源的培养，在一定制度上避免地方政府巧立名目，搜刮百姓。

（三）财政预算制度由不规范向制度化转型

民国政府建立的预算、决算和预算执行制度逐步规范化和制度化；随着预算制度的建设，还确立了会计、审计制度和监察制度，建立和完善了金库制度，使财政管理体制进一步完善，财政管理体制由封建社会的不规范和随意向制度化转型，为中国财政管理体制的现代化奠定了基础。

（四）财政预算由专制向民主转型

为了加强财政预算监督，南京国民政府仿效欧美国家的做法，在"立法、司法、行政、考试、监察"五权分立思想指导下，实行主计、审计、收支命令、出纳保管四大系统互相制约的财政管理体制，主计系统（1931 年成立）直隶国民政府，负责各年度总分预算的编审、会计制度的统一、任免机关会计人员等；审计系统（1931 年成立）隶属于监察院，负责审计稽查收支命令及岁入、岁出等；收支命令系统隶属于行政院，由主管全国财政事务的财政部执行；出纳保管系统由代理公库的中央银行经理。四大系统联立综合、互相制约，目的是通过相互制约，防止舞弊并提高管理效能，这一财务管理系统进一步完善了南京国民政府的财政管理机构，标志着财政民主化程度的加强。

（五）财政预算由人治向法制化转型

国民政府早期，有关财政管理的制度由政府部门制定并颁布执行，没有经过立法程序，所公布的制度只能是一种"标准案"。之后，财政管理体制的制定逐渐改为由政府部门制定，经过立法机构审议批准后公布执行，所公布的制度也具有了"法"的意义。抗战胜利后，国民政府的财政管理体制已渐趋完善，为中国财政体制向现代化的转变奠定了基础。

四、民国时期财政预算制度转型对国家治理的启示

民国时期，由于中国市场经济体制和民主政治体制的逐渐形成，财政预算

体制逐渐由传统的封建财政体制向近代资本主义的公共财政体制过渡，财政预算体制适时地实现了现代化转型。建立现代财政制度，提高国家治理能力，是我国当前财政体制改革的重要目标，总结、反思民国时期财政预算体制的现代化转型，对提升我国国家治理水平具有重要的历史启示。

启示之一：财政预算是国家治理的重要载体

财政是"国之命脉、庶政之母"。在现代社会的国家治理体系框架中，财政预算是国家治理的重要载体。这是因为：

1. 财政预算是作为国家治理主体的政府履行职能的基础。在任何经济社会和任何发展阶段，国家治理的主体都是政府，政府做任何事或从事任何活动，都是需要花钱，都是要以花钱为条件。政府所花的钱，来自于财政支出的拨付。政府要花钱，就要筹钱，就得有钱的来源。政府所筹措的钱，构成了财政收入。这一收一支之间或财政收支的过程，实际上便是作为国家治理主体的政府履行职能的活动。没有财政支出的拨付，没有财政收入的筹措，就不可能有政府职能的履行，也就不可能有国家治理的实现。可以说，财政与政府、财政与国家治理如影随形。由于财政收支既是所有政府活动的基础，又是连接政府和家庭企业的最直接的纽带，财政职能的履行，其范围能够覆盖于所有政府职能、所有政府部门和所有政府活动领域。其触角能够延伸至所有家庭和企业、所有经济社会活动领域。抓住财政职能这个关键，就等于抓住了政府职能履行、国家治理实现以及整个经济社会运转的全部内容。而财政预算就是政府为实现其职能和一定的经济社会发展目标而编制的、经立法机关审批的、反映政府一个财政年度内基本财政收支计划的法律性文件。它是现代国家治理体系的重中之重，关乎民生福祉，牵一发而动全身。

2. 财政预算是对国家治理活动成本控制的有效手段。财政预算表明政府在财政年度内计划从事的工作及其成本，政府又如何为这些成本筹集资金，因此，财政预算是政府活动计划的一个财务反映。对财政收入和财政支出的科学预测、监督和管理，就是财政预算的主要职能。与一般预算不同，财政预算是具有法律效力的文件，在预算执行中，不经法定程序，任何人无权改变预算规定的收支指标。事实上，在民主政治下，财政预算是公众通过立法机关约束政府收支行为的一个工具，通过财政预算，可以形成对政府收支规模和国家治理活动成本的有效控制，也是政府优化财政结构、提高资金使用效率的最佳途径和手段。

通过财政预算治理国家，更是迄今可以观察到的有关现代国家治理活动的一个基本轨迹。

3. 财政预算是政府科学管理经济社会发展的工具。政府要想实现其职能，对经济社会发展进行科学管理，必须制定一定的发展目标并掌握相应的手段。财政预算就是其中十分重要的经济手段。随着经济社会发展条件的变化，一定时期内支付的政策目标会作出相应调整，作为实现这些目标的手段的财政预算，其收支规模与结构也会在作出相应调整。政府在不断调整中总结经验教训进而制定更为科学的发展目标，采取更为有效的预算政策手段。因此，作为国家财政最基本的制度，预算制度是否先进、现代化，反映出一个国家治理水平的高低，政府预算是政府管理科学化在财政领域的一种体现。

正是基于上述意义，中共十八届三中全会赋予财政以"国家治理的基础和重要支柱"的特殊定位，实现国家治理基础的重要载体就是财政预算。

启示之二：加强财政预算的制度化、民主化和法治化建设

预算是政治民主化的产物。民国初期，有关财政管理的制度由政府部门制定并颁布执行，没有经过立法程序，所公布的制度只能是一种"草案"或"标准案"。20世纪30年代以后，民国政府仿效西方国家的"立宪"制度，设立了议院，政府的预算只有经过议会通过才能执行，财政预算管理制度的制定逐渐改为由政府部门制定，经过立法机构审议批准后公布执行，所公布的制度也具有了"法"的意义。国民政府时期的预决算制度建设是中国预算制度走向现代化的关键时期。例如，1927年《会计通则》和1928年《审计法》及而后编制的《预算例言及预算书式》，都为实施预决算制度做了比较充分的准备。此后，国民政府几乎每年公布一次修改的预决算章程，规定预决算的编审程序、收支预算分类标准及预决算包括的财政收支范围等，以此作为预决算编制的指导和根据。1932年《预算法》和1938年《决算法》的颁布，表明民国时期预决算制度走上了法制化轨道。

有鉴于此，我国当前的预算制度改革必须加强财政预算的法治化、民主化建设，做实人大预算监督，完善预算审查、监督、明确预算责任，强化对预算的硬约束。将政府预决算的编制、讨论、公布和执行纳入法制化和民主化轨道，即是将政府意志转化为社会意志，有利于统一认识，调整社会内部各利益阶层的关系。

启示之三：正确处理中央和地方的财政关系

中央和地方政府间财政关系与国家经济发展、资源配置效率甚至国家政权稳定有着密切联系。从我国财政历史来看，中央政府一直主导着政府间财政关系。我国政府间财政关系经历了从计划经济时代的统收统支，到财政包干制度，再到如今的分税制，特别是1994年分税制改革，开创性地划分了中央与地方政府间的事权和财权，推动了财政体制改革的进程，优化了政府间财政关系，为现代化的国家治理奠定了基础。随着我国市场经济的深入发展和政府职能的巨大变化，中央与地方之间的财政关系也急需进行调整，例如，中央与地方政府支出责任的匹配问题、事权和财权的对应问题、转移支付不平衡问题等都有待进行深入研究。民国时期不同阶段实行的分税制，明确了中央政府和地方政府的收支责任，加强了中央的收入规模，同时，给予地方政府一定的收支权利，增强了地方政府管理地方事务的适应性和主动性，促进了社会经济的发展。民国时期的分税制为我国处理中央和地方的财政关系提供了重要的历史借鉴。

启示之四：完善国库管理制度

国库或公库，是国家现金收支和出纳事务的管理机关。为了保证财政预决算的执行，还需要建立完善的国库管理制度。北洋政府建立之初，就颁布了《金库出纳暂行章程》，规定以中国银行代理国库。1913年5月，北洋政府又颁布了《金库条例草案》12条，对现金保管与出纳，总库与分库账簿的设置，以及出纳细则等都有明确规定。1927年7月，国民政府颁布《会计则例》，规定了国库收支程序。1928年3月，国民政府成立中央银行，授予中央银行代理国库，国库制度初步确立。为加强国库对财政资金的统一管理权，1939年6月，国民政府又公布了《公库法》和《公库法施行细则》，从管理对象和管理内容两个方面扩大了公库的管理范围。《公库法》构建了一个行政、公库、会计和审计四权分立、相互监督制约的公库管理体制。

民国政府的国库管理建设给我们重要的启示。加强财政收支管理，必须重视国库管理建设，结合我国国情，实行国库集中收付制度，即对政府全部收入和支出实行国库集中收缴和集中支付制度，对政府全部收支实行国库集中收付管理。各级政府应当加强对本级国库的管理和监督，按照国务院规定完善国库现金管理，合理调节国库资金余额。国库集中收付制度，是适合我国国情并在我国财政改革实践中较为成熟的制度。

启示之五：加强权力制约和财政预算监督

为了规范政府收支行为，强化预算约束，加强对预算的管理和监督，建立健全全面规范、公开透明的预算制度。为了保证财政预算的公开性、合法性和科学性，民国政府试图改革财政管理机构，实行主计、审计、收支命令、出纳保管四大系统互相制约的财政管理体制，以便加强权力制约和财政预算监督，通过相互制约，防止舞弊并提高政府的管理效能。

有鉴于民国时期财政预算监督的教训，当前我国的财政预算要进一步规范政府收支行为，强化预算约束，加强对预算的管理和监督，建立健全全面规范、公开透明的预算制度。一是通过阳光财政，以法治权、权力制约和制度建设消除贪官，让以权谋私者付出高昂的代价。二是保证国家预算的完整性。预算的编制与执行以资金配置公平、高效、便于操作、便于监督为目标。尽量细化、具体、完整、科学。三是发挥人民和审计机关监察作用，做实人大预算监督。在人民与政府之间，用财与管财者之间，实行权力制约。完善预算审查、监督、明确预算责任，强化对预算的硬约束。人大审议中对各公共部门的预算执行情况实行问责制。四是加强官德教育，使官员自觉遵守税法和预算法，依法纳税、依法征税、依法用税。法定外的多收滥支应视为违法。五是遵循预算公开原则，接受和重视社会舆论的评价和监督。

专题九

新中国成立以来我国的税收制度改革

　　税收是国家为实现其职能，凭借政治权利，按照法律规范，强制地、无偿地参与社会产品分配的活动。这种分配关系要得以实现，必须通过具体的、外在的税收制度予以落实，税收不仅是政府取得财政收入的最主要形式，还是国家干预和调控经济的重要杠杆。税收制度（简称税制），是一个国家税收法律、法规以及各种征税办法的统称，是国家向纳税单位和个人征税的法律依据和工作规程，属于上层建筑的范畴，它包括各种税收法律法规、条例、实施细则、征收管理办法等。税收制度有广义和狭义之分。广义的税收制度是指一个国家设置的由各个税种组成的税收体系及各项征收管理制度，主要内容包括各种税收法律、条例、办法、暂行规定等税收基本法规以及税收管理体制、税收征管制度和税收计划、会计、统计制度等。狭义的税收制度是指具体税种的课征制度，它由若干税收要素构成，如纳税人、课税对象、税率、减免税、纳税期限、纳税环节、纳税地点等。税收制度是实现税收职能的方式，建立科学的税收制度是正确处理国家与纳税人之间分配关系的需要，是促进社会发展、实现税收职能的需要。

　　新中国成立以来，随着国家政治、经济形势的发展，我国税收制度的建立与发展也经历了一个曲折的发展过程。尤其是税收制度改革，作为经济体制改革的一个重要组成部分，在新中国成立以后随着我国经济体制改革的逐渐深入相应也取得了显著的成绩。从总体上来看，新中国成立以来，我国税收制度改革的发展大致经历了四个历史时期：

　　（1）第一个时期：从 1949 年中华人民共和国成立到 1957 年，即国民经济恢复和社会主义改革时期，这是中华人民共和国税制建立和巩固时期。

　　（2）第二个时期：从 1958～1978 年底中共第十一届三中全会之前，这是我国税制曲折发展的时期。

（3）第三个时期：1978年中共十一届三中全会到1994年税收制度改革，这是我国税制建设得到全面加强、税制改革不断前进的时期。

（4）第四个时期：1994年至今的税收制度改革，即中国新一轮税制改革，是我国税收制度不断完善时期。

在上述四个时期内，我国的税收制度改革先后进行了五次重大的改革：第一次是新中国成立之初的1950年，在总结老解放区税制建设的经验和全面清理旧中国税收制度的基础上建立了中华人民共和国的新税制。第二次是1958年税制改革，主要内容是简化税制，以适应社会主义改造基本完成、经济管理体制改革之后的形势的要求。第三次是1973年税制改革，主要内容是简化税制，这是"文化大革命"的产物。第四次是1984年税制改革。主要内容是普遍实行国营企业"利改税"和全面改革工商税收制度，以适应发展有计划商品经济的要求。第五次是1994年税制改革。主要内容是全面改革工商税收制度，以适应建立社会主义市场经济的要求。

一、税制的建立和巩固时期

1949～1957年，是我国税制建立和巩固时期，这一时期，经过1950年统一税制和1953年修订税制，确立新的税收制度，实现了全国税政和税制的统一，一套比较完整、统一、适用的中华人民共和国税收制度初步建立起来。

（一）1950年税制改革

早在民主革命时期，在革命根据地和老解放区，随着革命政权的建立，就制定了相应的税收政策。但在新中国成立之初，各地区在税种、税目和税率等方面不一致，这与当时全国统一的形势很不适应。在这种形势下，中华人民共和国成立后，我国立即着手建立新税制。

1949年11月24日至12月9日，中央人民政府财政部在北京召开了首届全国税务工作会议。会议全面研究了统一全国税收、制定统一的税法，确定税务机构的编制和工作职责等问题。会议草拟了《全国税政实施要则》，整理与统一全国税收的基本原则，着手建立全国统一的新的税收制度。同时，制订了中华人民共和国第一个全国性的税收计划。在调整公私关系的同时，根据《共同纲领》规定的"简化税制，实行合理负担"的原则以及毛泽东关于"调整税收、酌量减轻农负"的指示，针对农业税、城市税收出现的偏差，对城市税制和农业税制进行了调整。

1. 城市税制的调整。1950 年 1 月，中央人民政府政务院发布了《全国税收实施要则》、《关于统一全国税收政策的决定》和《关于关税政策和海关工作的决定》三个有关税收的文件。规定公私企业和合作社都应一律照章纳税；外侨及其所经营的企业，也必须遵守中华人民共和国法令，照章纳税。并对全国各地存在的税收、税种、税目和税率不一致的状况，迅速加以整饬。经过整顿，除农业税外，在全国范围内统一征收 14 个税种：即货物税、工商业税（包括营业税和所得税两个部分）、盐税、关税、薪给报酬所得税（未开征）、存款利息所得税、印花税、遗产税（未开征）、交易税（未公布全国统一的税法）、屠宰税、房产税、地产税、特种消费行为税和使用牌照税。并且初步建立了以货物税、营业税、所得税为主体税种，其他税种相辅助，在生产、销售和分配诸环节课征的复合税制。陆续公布实施了货物税、工商业税、盐税、存款利息所得税、印花税、屠宰税、特种消费行为税等税收暂行条例。并对各地区性的税收法规进行了整理，从而建立了全国统一的新税制。

1950 年 5 月 29 日至 6 月 17 日，财政部在北京召开第二届全国税务会议，中心任务是在公私兼顾、调整工商业的总方针下调整税收，修订税法，改进征收方法。这次调整税收的原则是：巩固财政收支平衡，照顾生产的恢复和发展，继续执行工轻于商、日用品轻于奢侈品的征收政策。调整的主要内容是：

（1）减、并税种。停止开征薪给报酬所得税和遗产税，将房产税与地产税合并为房地产税，从而使工商税由 14 种减为 11 种。

（2）简化税目。货物税税目由原来的 1136 个简并为 358 个；印花税税目由原来的 30 个简并为 25 个。

（3）降低税率。提高了所得税的起征点和最高累进点，降低了货物税部分税目的税率，盐税减半征收，其他各税也分别调整和降低了税率。

（4）统一计税方法和估价方法。工商税改变原来单纯查账或自报不查的"自报实交"做法，实行按不同情况，分别采取"自报查账依率计征"、"自报公议、民主评定"和"在自报公议、民主评定基础上的定期定额纳税"三种办法。

（5）继续实行工轻于商、日用品轻于奢侈品的政策，将营业税分成工、商两部分，工业部分分 26 个行业，税率分别为 1%～3%，其中重工业中的矿冶业、液体燃料业、机器制造业和日用必需品，轻工业中的面粉制造业和纺织业，均适用 1% 的税率；商业分 17 个行业，税率为 1.5% ~ 3%，其中，经营必需品商业中的米、面、粮、煤炭、棉布、书报等，均适用 2% 的税率。其他如钟表、眼镜、干鲜货和其他贩卖业，均适用 3% 的税率。

城市税收调整后，一方面，减轻了人民的税收负担，激发了广大群众的生产热情；另一方面，协调了公私关系，调动了私营工商业者生产经营的积极性，促进了生产的恢复和发展，从而培养了税源，为财政收入的增加奠定了基础。

2. 农业税的调整。中华人民共和国成立之初，由于城市工商业尚未恢复，来自农业方面的收入仍是国家财政的主要收入。当时约占全国农村人口 1/3 的老解放区早在战争时期就建立了新型的农业税制度，约占全国农村人口 2/3 的新解放区还存在着不合理的田赋制度。为了进一步恢复农村经济，发展农业生产，人民政府针对农业税畸轻畸重问题，进行了适当调整，适当减轻了农民的负担，使税收更趋公平合理。这次调整的基本精神是：

（1）只向农业正产物征税，对农村副业和牲畜免税。

（2）正税负担率由原来的平均 17% 减为 13%；农民税负的减轻实际上就等于提高了农民的购买力，最终起到了刺激需求的作用。

（3）征收以常年产量为标准，对于农民群众由于努力耕作而超过常年产量的部分不加税，以鼓励农民的生产积极性。

（4）区别不同的阶层，规定不同的负担率。各阶层的负担率，贫农一般是 8%，中农一般是 13%，富农一般是 20%，地主一般是 30%，最高不超过 50%，个别大地主不超过 80%。这种负担政策在经济上限制和削弱了地主，保护了中农，扶持了贫雇农，促进了农村经济的恢复和发展，同时也有利于中国共产党在农村中阶级政策的贯彻，有利于推动土地改革运动的开展。

调整农业税负的结果，使农业税法得到了统一，尤其是将实行了两千多年的田赋制度，改为按产量征收的农业税制度，这是我国农业税制度的根本性变革。它对于实行合理负担，促进农业生产的恢复和发展，具有重要的意义。

1950 年税制调整到该年 9 月基本完成。经过调整，税负降低，调动了农民和私营工商业者经营的积极性，国家的财政经济情况也发生了明显变化。

首先，私营工商业得到了恢复和发展。1950 年下半年以后，私营工商业歇业户逐渐减少，开业户逐渐增加。据北京、天津、汉口、济南、上海 5 个大城市统计，3 ~ 6 月歇业户超过开业户，其中，工业超过 2.1 倍，商业超过 4.3 倍；7 ~ 10 月开业户则超过歇业户，其中工业超过 6.5 倍，商业超过 3.5 倍。私营工商业的恢复和发展，加速了整个国民经济的恢复和发展。

其次，财政收入显著增加。工商业的发展，市场的繁荣，使城市税收大幅度增加。1950年第三季度城市税收占全年收入的23.3%，比第二季度增加8%；第四季度的城市税收则占全年收入的38.6%，比第三季度增加66%。城市税收的大幅度增加，是财政形势开始好转的标志，也是国民经济恢复工作进展顺利的标志，表明新中国成立后第一次重大的税制改革取得成功。

（二）1953年修正税制

从1953年起，国家开始执行第一个五年计划，并开始进行社会主义改造。我国进入了大规模经济建设时期。此时，新中国成立初期建立的税收制度与经济发展形势不相适应。由于当时的税制存在着税种重复、零星分散、手续烦琐等问题，财政部决定修正原工商税制。其修正的主要内容有：

1. 开征商品流通税。从征收货物税的品目中选择国家能够控制生产或收购的卷烟、麦粉、棉纱等22个品目，由原来征收的货物税、工商营业税、工商营业附加和印花税合并，改征商品流通税，实行从产到销一次课征制。这种税的特点是一次课征制，即对征收商品流通税的商品，从生产、批发到零售各个环节应纳的货物税、工业营业税、商业批发营业税和零售环节营业税以及营业税附加、印花税都合并起来，集中到商品第一次批发或调拨环节征税。

2. 修订货物税的税目税率。（1）将应税货物原来应交的印花税、工业营业税、商业批发营业税及其附加并入货物税征收，调整货物税的税率。（2）进一步简并税目。将货物税税目由原来的358项税目简并为174项。（3）改变货物税的计税价格。由原来按不含税的价格改为按照包含税款在内的国营公司批发牌价计税。

3. 修订工商营业税。将工商业原来缴纳的营业税、印花税及营业税附加并入营业税内征收，统一调整营业税税率。已缴纳商品流通税的商品不再缴纳营业税，已缴纳货物税的货物只在商业零售时缴纳一道营业税。商业批发的营业税税负分别转移到商品流通税、货物税和工业环节以后，商业批发环节不再缴纳营业税。

4. 修订其他各税。（1）取消特种消费行为税，将电影、戏剧及娱乐部分的税目改征文化娱乐税，其余税目并入营业税征收。（2）交易税中的粮食、土布改征货物税，药材停征交易税，只保留牲畜交易税。（3）屠宰商应缴的印花税、营业税及其附加并入屠宰税，按当地实际售价计算纳税。

5. 在税收政策上，提出公司企业区别对待、繁简不同原则。对合作社经济制定多项减免税政策，以壮大社会主义经济力量，改造私营经济。

1953 年修正税制是中国 20 世纪 50 年代税制发展中的一个重要事件。经过这次税制修订，全国的税收共有 14 种，即货物税、工商业税、商品流通税、牲畜交易税、盐税、利息所得税、城市房地产税、车船使用牌照税、印花税、契税、屠宰税、文化娱乐税、农（牧）业税、关税。其中，牲畜交易税、盐税、农（牧）业税没有全国统一的法规，由各地根据中央政府规定的征税原则自行制定具体的征收办法。

修正以后的税制与修正以前的税制相比，税种没有减少，税制结构也基本没有改变，但是，多种税、多次征的方法有所改变，主要表现在工业企业缴纳的税种有所减少，它们原来缴纳的货物税、营业税及其附加、印花税等税种分别并入商品流通税和货物税，部分产品由道道征税改为从生产到销售只征一次税，营业税的征税范围也有所缩小。从财政、经济方面来看，修正税制对于扭转"经济日益繁荣，税收相对下降"的局面产生了积极的作用，达到了保证税收收入的预期目的，也有利于国营企业加强经济核算，促进商品流通。

1953 年税制改革是在我国开始大规模的社会主义改造的背景下进行的，因此，在税制上采取了公私区别对待和繁简不同的措施。例如，规定对国营商业批发工业品和在本系统调拨农产品不征营业税；对私营批发商业则要征收营业税，并加强了对私营工商业的管理。对合作社经济则在纳税上给以许多减免税优待。对公私合营企业，视其控制程度，逐步按国营企业待遇，以后在我国全行业合营高潮中，税收上又采取了"征宽照顾、简化征收"的办法。这对发展国民经济，扶助合作经济，改造私营经济及保证国家财政收入，起到了重要作用。

但这次修正税制也出现了一些失误。在指导思想上，受当时"非税性质"和仿效一次课征制的影响较大，例如，商品流通税就是仿效苏联的周转税，在我国多种经济成分同时并存的特定条件下，过分强调简并税种，实行一次课征制，对国民经济的正常运行曾产生一些不利的影响。

总的来看，1949～1957 年，我国根据当时多种经济成分、多种分配方式并存的情况，在清理旧税制的基础上，建立了一套以多种税、多次征为特点的复合税制。由于党和国家的重视以及各方面的努力，这套新税制的建立和实施，对于保证革命战争的胜利，保证国家财政收入、稳定物价和经济，实现国家财政经济状况的根本好转，促进国民经济的迅速恢复和发展，以及配合国家对于农业、手工业和资本主义工商业的社会主义改造，建立社会主义经济制度等方面发挥了重要作用。

二、税制建设曲折发展时期

（一）1958 年税制改革

1956 年，我国基本完成了生产资料所有制的社会主义改造，经济结构发生了根本变化。从 1958 年起，进入了第二个五年计划建设时期。当时认为，原有的主要是配合对私改造的多种税、多次征的复杂税收制度，已不适应基本上是单一的社会主义经济的新情况。随着经济结构的变化，税收征纳关系也随着发生变化，不再是以资本主义工商业为征税重点，而是以社会主义全民所有制和集体所有制企业为征税重点，但原有工商税制显得过于烦琐和复杂。1958 年，政府对中国税制进行了第二次大规模的改革，这次改革采取了"基本上在原有税负基础上简化税制"的方针。

1. 工商税制改革。1958 年 9 月，国务院公布《工商统一税条例（草案）》，试行了工商统一税。工商税制改革分为两步走：第一步是简化税制，第二步是以税挤利，使企业利润不致过大，以利于企业加强经济核算。其主要内容是：

（1）合并税种。把原来的商品流通税、货物税、营业税和印花税 4 种税合并为工商统一税。

（2）简化了纳税环节。对工农业产品，从生产到流通，实行两次课征制；对工业品在生产环节和商业零售环节各征收一道税；取消了批发环节的税收，对农产品批发也不再征税。

（3）简化了纳税办法。一是减少对"中间产品"的征税。除了保留棉纱、白酒、皮革等继续征税外，其余五金、钢铁等 20 多种中间产品，不再课税。二是简化计税价格，把过去分别按国家规定的调拨价格、国营企业批发牌价计税，改为根据销售收入计税。

（4）在基本维持原税负的基础上调整税率。个别产品利润过大或过小的，适当调整了税率。具体是调高了利润水平高的产品税率，如钢材、电力、呢绒等；调低了利润水平较低的产品税率，如化肥、塑料、罐头、食品等。

（5）奖励协作生产。改变过去委托加工产品由委托的工厂代替纳税的规定，委托工厂在收回加工产品以后，用在本企业生产上的不再征税。同时还明确规定，同一品目加工改制的产品，在销售后按照较低的"其他工业产品"税率纳税，简单加工的产品纳税有困难的，可由省、市、自治区批准免税。

通过这次改革，简化了税制和征收办法，基本上解决了我国工商税制过分复杂的问题。试行工商统一税，把原来若干种产品一次课征制改为两次课征制，无疑是一个进步。但是，1958年后，我国的政治经济情况发生了巨大变化，尤其是在"文化大革命"期间，由于受到"左"倾错误思想影响，相当一部分人认为，在生产资料社会主义改造基本完成后，商品和价值规律的作用范围已经很小，税收调节经济的作用大为减弱，税收的主要职能是保证收入，因此，有必要继续简化税制，这也导致了下一轮税制改革的主题依然是简化税制。

2. 农业税制改革。1958年6月3日，中华人民共和国主席正式公布《中华人民共和国农业税条例》。这是一次全国性的农业税制改革，主要内容如下：

（1）改变了纳税单位。规定农业生产合作社和兼营农业的其他合作社，以社为单位缴纳农业税；其他纳税人按照他们的经营单位缴纳农业税。

（2）统一改行比例税制。规定由全国统一税制改为比例税制，不再保留起征点，也不再扣除免征额。

（3）实行地区差别税率。农业税税率，由地方政府根据统一的原则灵活规定，为调节地区间的级差收入，实行地区差别税率。

（4）为鼓励农业合作化，对个体农民加征税额的一成到五成。

（5）经济作物不再硬性规定，按照同等粮田评定常年产量。

1958年税制改革结束后，中国税制共设有14个税种：包括工商统一税、牲畜交易税、工商所得税、盐税、利息所得税、城市房地产税、车船使用牌照税、契税、屠宰税、文化娱乐税、农业税、牧业税、关税和船舶吨税。其中，牲畜交易税、盐税、牧业税仍然没有正式立法，由各地自行制定办法征收。

（二）1973年税制改革

在1966～1976年开展的"文化大革命"运动中，中国的税收制度被批判为"烦琐哲学"。1968～1973年，按照"合并税种，简化征收办法、改革不合理的工商税收制度"的指导思想，进行了新中国成立后的第三次大规模的税制改革，把工商税收管理权限再次全面下放，改革经历了三个阶段：

第一阶段：综合税试点。即将企业缴纳的各种税收合并起来，在原税负的基础上试行"综合税"（即一个企业用一个税率征税）。1968 年 9 月，各地简化税制的活动进入高潮。财政部根据各地的做法派出工作组到天津市进行简化税制的试点，提出的简化税制办法被称为"综合税"。其具体做法是：在基本保持企业原来向国家缴纳税收数额的基础上设计税率。主要采用三种形式：

一是把企业销售的各种产品按不同税率缴纳的工商统一税、城市房地产税、车船使用牌照税、工商统一税附加合并为一种税，按一个税率缴纳。

二是把企业销售的各种产品按不同税率缴纳的工商统一税合并为一个税率，城市房地产税、车船使用牌照税和工商统一税附加又合为一个税率，分别计算缴纳。

三是把企业销售的各种产品按不同税率缴纳的工商统一税合并为一个税率，其他三税仍按老办法缴纳。

经过比较与实践，认为第一种办法比较好。于是，按第一种办法在天津市毛纺厂作了试点，然后，草拟了《简化国营企业纳税办法》，并在 41 个国营企业进行试点。

1969 年 5 月，财政部军管会发出《关于在八省、市进行下放工商税收管理权限试点的通知》。从 6 月开始，先在黑龙江、安徽、陕西、河北、湖南、贵州、上海、天津等八省、市，进行下放税收权限的试点。规定：

（1）国营企业、手工业生产合作社由于生产经营、价格等有较大变化，按照国家规定纳税有困难、需要给予定期的减税、免税照顾的，将批准权限由财政部下放给省、市、自治区革委会掌握。

（2）为了合理地确定农村人民公社的征税免税界限，简化征税办法，省、市、自治区革委会可在全国统一税的基础上，自行制定本地区农村人民公社工商统一税征收办法。

（3）个体经济征税起征点，全国不作统一规定，由省、市、自治区革委会根据当地具体情况处理。

（4）对城市房地产税、屠宰税，省、市、自治区革委会有权确定征税范围、调整税率，以及采取减税、免税的措施。

（5）工商企业或纳税人由于特殊原因，长期拖欠税款，不论数额多少，确实无力缴纳的，可由省、市、自治区革委会批准，给以减税或免税。

第二阶段：按照行业设计税率的"行业税"[①] 试点。为了解决实行综合税时

_____

① 行业税，即按照行业征税，在同一行业内不改变税负，各企业都按照一个统一的税率征税。

同一行业内各企业税率不同，企业之间不便于比较、财政部门和管理部门不便于管理的问题，1970年天津市又进行了按行业定税率的"行业税"试点。具体做法：按照生产行业确定纳税行业，重工业税负比较接近，行业划分稍粗；轻工业因积累高低悬殊，行业划分稍细，力求简化。

第三阶段：试行工商税。经过两年多税制改革的研究和试点，1972年3月，国务院批转财政部《关于扩大改革工商税制试点的报告》，1973年1月开始，在全国试行《中华人民共和国工商税收条例（草案）》，开始对工商税进行改革。这次改革提出的原则是："在基本上保持原税负的前提下，合并税种，简化征税办法，改革不合理的工商税收制度，使税制适应当前革命和生产发展的需要"。其主要内容是：

（1）合并税种。把企业缴纳的工商统一税及其附加，城市房地产税、车船使用牌照税、盐税、屠宰税合并为工商税（盐税暂按原办法征收）。合并后对国营企业只征收工商税，对集体企业只征收工商税和工商所得税。

（2）简化税目、税率。工商税以行业结合产品设计税目税率，税目由工商统一税的108个减为44个；税率由过去的141个减为82个，而按照工商税税率表，实际上不相同的税率只有16个，多数企业可以简化到只用一个税率征收。

（3）改革征税办法，下放了部分税收管理权限。把一部分管理权限下放给地方，地方有权对当地的新兴工业、"五小"企业、社队企业、综合利用与协作生产等确定征税或者减免税。

（4）对少数税率进行调整。多数行业和企业基本上保持了原来的负担水平，税率无大变动。只对少数行业或企业的税率进行调整，如农业机械、农药、化肥、水泥的税率调低，而印染、缝纫机的税率略有提高。

1973年改革后，我国的工商税制一共设有7个税种，即工商税（包括盐税）、工商所得税、城市房地产税、车船使用牌照税、屠宰税、工商统一税和集市交易税。显然，通过这次税制改革，使得税制大大简化，形成对国营企业只征收一道工商税；对集体企业只征收工商税和工商所得税两种税，城市房地产税、车船使用牌照税、屠宰税仅对个人和极少数单位征收，工商统一税仅对外适用。此税制改革可以说是税种、税目、税率过于简化（被称为"税制简化过头"）。随着税制的简化，税收的作用越来越小，不仅大大削弱了其调节经济的功能，在组织收入方面也受到限制和束缚。

总的来看，从生产资料私有制的社会主义改造基本完成到1978年的20多年间，由于"左"的指导思想和苏联经济理论及财税制度的某些影响，我国的税收制度建设受到了极大的干扰。税制几经变革，走的都是一条片面简化的路子。到了 1978 年，税制中只剩下 11 个税种：工商税（盐税名义上包含在内）、工商统一税、牲畜交易税、集市交易税、工商所得税、城市房地产税、车船使用牌照税、契税、屠宰税、农（牧业）税、关税。其中，牲畜交易税、盐税、牧业税，仍然没有全国统一的法规，由各地自定办法征收。结果导致全国的税收收入大为下降。1958 年，税收收入在财政收入和国民生产总值中的比重分别为48.3% 和 14.3%，此后一度大幅度下降（最低点分别为 35.6% 和 11.1%），后来逐步回升到 1978 年的 45.9% 和 14.3%。[①] 此外，税务机构被大量撤并，大批税务人员被迫下放、改行。结果是税种越来越少，税制越来越简单，从而大大缩小了税收在经济领域的活动范围，税收制度过于简化，各地区、各行业的情况又千差万别，这样过于简化的税制就难以发挥其杠杆作用。

三、税制建设全面加强时期

改革开放后，原有税收制度的弊端日益显现出来，已经不能适应复杂的经济情况。税制改革又一次被提上议事日程。在此期间，中共十一届三中全会明确提出了改革经济体制的任务，中共十二大进一步提出要抓紧制定改革的总体方案和实施步骤。这些重要会议为此时期我国的经济体制改革和税制改革具有极为重要的指导作用。1978 ~ 1994 年，可以说是我国税制建设的恢复时期和税制改革的准备、起步时期，从思想上、理论上、组织上、税制上为后来的改革做了大量的准备工作，打下了坚实基础。这一时期的税制改革大体可以划分为三个阶段：

（一）税制改革的酝酿与起步（1978 ~ 1982 年）

1. 涉外税制的建立。为了配合贯彻国家的对外开放政策，从 1979 年开始，财政部门就着手调查研究，参照国际惯例，拟定有关涉外税收法规。1980 ~ 1981 年，先后颁布《中外合资经营企业所得税法》、《个人所得税法》和《外国企业所得税法》，财政部分别公布了实施细则。这三个涉外所得税法在维护国家

---

① 刘佐：《中国税制五十年》，中国税务出版社 2000 年版，第 96 页。

权益的前提下，体现了税负从轻、优惠从宽、手续从简和对等待遇的原则和特点。1984 年国务院又公布了经济特区及 14 个开放城市有关涉外税收及优惠的规定。1987 年 7 月 1 日，颁布实施《中华人民共和国海关法》，9 月修订《中华人民共和国进出口关税条例》，初步建立起一套比较完整的涉外税收法规，也陆续建立了涉外税收机构，并同一些国家签订了避免双重课税协定和其他单项税收协定，使中国的对外税收从立法到执法，开始走上正规发展的轨道。

2. 国内税制改革的调查与试点。财税部门根据国内经济体制改革，特别是扩大企业自主权的改革需要，从 1978 年底主要就改革工商税制和国营企业利润分配制度做了大量的调研与试点工作，并于 1981 年拟定了关于工商税制改革的应遵循的总体原则：如逐步把国营企业上缴利润改为征税，以促进企业加强经济核算，改善经营管理，增加财政收入，并使国家和国营企业的分配关系规范化；在保证国家财政收入的前提下，兼顾地方、部门、企业的经济利益，以调动各方面的积极性；将各项工商税收收入划分为中央税、地方税、中央和地方共享税，使中央和地方政府都有相应的财政税收管理权。

根据上述原则，中国的工商税制改革全面启动。这次改革后，全国共开征 20 种工商税收：产品税、增值税、营业税、盐税、资源税、利润调节税、固定资产税、工商所得税、中外合资企业经营所得税、外资企业所得税、个人所得税、城市建设税、印花税、城市房产税、土地使用税、车船使用牌照税、特种消费行为税、屠宰税、集市交易税、牲畜交易税。1978 ~ 1982 年，税收收入及其占财政收入的比重呈逐年稳步上升趋势，税收收入占国内生产总值的比重则呈先降后升趋势。据统计，1982 年的全国税收收入为 700.0 亿元，比 1978 年增长了 34.8%；税收收入占财政收入的比重为 57.7%，比 1978 年上升了 11.8 个百分点；税收收入占国内生产总值的比重为 13.2%，比 1978 年下降了 1.1 个百分点①。

这次税制改革为 20 世纪 80 年代中期的税制改革奠定了基础，1984 年税制改革基本上就是按照这个设想提出的原则和内容实施的。

（二）"利改税" 和工商税制全面改革的推行与完善（1983 ~ 1991 年）

在此期间，我国社会主义经济理论的发展有了重大突破，例如，提出了发

---

① 刘佐：《中国税制五十年》，中国税务出版社 2000 年版，第 147 页。

展有计划的社会主义商品经济，自觉运用价值规律，充分发挥税收等经济杠杆的作用，搞活经济，加强宏观调控等理论。在所有制理论上，提出了所有权与经营权分离的观点，并充分肯定了集体经济、个体经济和私营经济存在的必要性。而这一时期也可以说是我国税制改革全面探索的时期，取得了改革开放以后税制改革的第二次重大突破。

作为企业改革和城市改革的一项重大措施，这一时期主要是以推行"利改税"（将国营企业向国家上缴利润改为缴纳所得税）的方式改革国家与国营企业的分配关系，成为这一时期经济体制改革和税制改革的中心任务。

1. "利改税"改革。1983 年 4 月，国务院批转了财政部拟定的《关于国营企业利改税试行办法》，决定从 1983 年 1 月 1 日起，在全国范围内对国营企业实行"利改税"改革，后来也称为第一步"利改税"（从 1983 年开始）。

改革的主要内容是：将国有企业分为大中型企业与小型企业两类：（1）凡有盈利的国营大中型企业（包括金融、保险机构），其实现的利润按 55% 的比例税率缴纳所得税。税后利润以 1982 年为基数，采取递增包干上缴、定额上缴等办法上缴一部分给国家。（2）凡有盈利的国有小型企业，根据实现利润的多少按八级超额累进税率缴纳所得税。税后利润，原则上留归企业自主支配。

从第一步"利改税"实施一年的情况看，改革是成功的，实行"利改税"的企业产值和利润的增长都高于未实行"利改税"的企业，尤其是企业的留利有较大幅度的增长，调动了企业和职工的积极性。但第一步"利改税"存在着明显的不完善之处，如税种比较单一，难以充分发挥税收调节经济的杠杆作用；税后利润的分配办法仍然比较复杂，某些企业之间留利悬殊的问题没有得到很好解决。

为了加快城市经济体制改革的步伐，经第六届全国人民代表大会及其常委会批准，国务院决定从 1984 年 10 月 1 日起在全国实行"利改税"第二步改革。其主要目的是：适当调整某些税种和税目税率；扩大税收渠道，逐步建立一个高层次、多环节、多种税的复合税制，以代替原来对国营企业所实行的单一税制。改革的基本内容是：

（1）将国营企业应当上缴的财政收入按规定的 11 个税种向国家缴纳，税后利润归企业自主支配；对国营大中型企业 55% 的比例税率征收所得税，对税后利润超过原来留利的国有大中型企业再征调节税，调节税实行一户一率。允许企业从所得税前利润中归还固定资产投资贷款，并按照还款利润提取职工福利基金和职工奖励基金。

（2）对小型盈利企业实行新的八级超额累进税率。"利改税"改革改变了过去国有企业上缴利润的分配方式，在国家与企业的分配关系上第一次引进了所得税形式，规范了国家与国有企业之间的分配关系，克服了企业利润留成制度的不确定性；合理掌握国家与国有企业的分配份额，体现了"国家得大头，企业得中头，个人得小头"的改革原则；有利于建立和健全企业的经济责任制，促使企业转换经营机制，改善经营管理，增强企业活力。这是我国改革开放以后的第一次、新中国成立以后的第五次大规模的税制改革，取得了全面重大突破。

同时，也应该看到，这次"利改税"不可避免地存在许多不足之处。表现在：（1）在理论上模糊了税利的界限。国家具有社会管理者和财产所有者双重身份，对企业既可以凭借社会管理者的身份取得税收收入，也可凭借财产所有者身份获得一部分利润。"利改税"对国有企业的上缴收入试图实行完全的"以税代利"，否定了上缴利润的合理性，在理论上模糊了税利的界限。（2）税前还贷政策加剧了企业固定资产贷款规模的非正常膨胀，不仅对财政收入造成影响，也不利于使企业形成较合理的自我约束机制。（3）所得税税率偏高，调节税实行一户一率，不利于调动企业的积极性，也不利于国家财税调节的规范性。

2. 工商税制的全面改革和完善。两步"利改税"不仅促进了国家与企业分配关系的规范化，而且对原有的工商税制开始进行全面改革和完善，主要是陆续开征了一些新税种，恢复了一些老税种，调节了一些税种的征收范围和税率，并改进了征管办法和征管措施。

（1）建立健全所得税制度。为适应改革开放的需要，我国按照国际上的通行做法，通过所得税体系的建立来正确处理国家与企业、个人之间的分配关系。先后开征了个人所得税、外国企业所得税、国营企业所得税、城乡个体工商户所得税、私营企业所得税、个人收入调节税，同时完善了集体企业所得税。这就改变了过去国有企业上缴利润的分配方式，在国家与企业的分配关系上第一次引进了所得税形式，具有重大的历史意义。

（2）改革和完善流转税制度。流转税是我国财政收入的主要来源，改革前只有工商税一种，其重复征税的弊端不利于产业结构的调整和企业的优化组合。因此，在第二步"利改税"时，首先将原来的工商税按性质划分为产品税、增值税、营业税和盐税4种税，形成了新的流转税体系。之后又对增值税和产品税的征税范围进行调整，逐步扩大增值税的范围，缩小产品税的范围，并规范了增值税的征收制度。此外，还调整了营业税的若干政策，增设了新的营业税税目。

（3）建立新税种，恢复老税种，拓宽税收的调节领域。为了调控固定资产投资规模，国家开征了建筑税，后改为固定资产投资方向调节税；为了节约使用原油，促进企业以煤代油，国家开征了烧油特别税；为了维护和促进国有资源的合理开发和使用，调节采掘业的级差收益，国家对某些采掘业开征了资源税；为了促使盐资源的合理开发和利用，国家开征了盐税；为了加强对社会消费基金的宏观调控，缓解企业之间职工收入的苦乐不均，国家先后开征了国营企业奖金税、集体企业奖金税、事业单位奖金税、国营企业工资调节税；为了调节彩电、小轿车的供求关系，制止倒买倒卖，国家对彩电和小轿车开征了特别消费税；为了加强对房产的使用管理，国家开征了房产税；为了维护农民利益，保护牲畜的正常交易，国家恢复并完善了牲畜交易税；为了加强对车船的使用管理，增加地方财力，国家恢复并完善了车船税；为了搞好城市建设，提供稳定的资金来源，国家开征了城市维护建设税；为了适应建立商品经济新秩序的客观需要，促进经济行为的规范化，国家恢复了印花税；为了促进城镇土地的合理使用，国家开征了城镇土地使用税；为了限制社会高消费的倾向，约束公款吃喝，国家开征了筵席税。

（4）建立健全涉外税收制度。为了贯彻对外开放政策，加大吸引外资和引进先进技术的步伐，维护国家主权和外国投资者的利益，国家先后开征了中外合资经营企业所得税、外国企业所得税和个人所得税，形成了我国的涉外税收体系。后来，为了适应对外开放的发展和变化，国家对涉外税法进行修订，将两个涉外企业所得税合并为外商投资企业和外国企业所得税。

（5）加强税收征管的法制建设。为了保证国家宏观政策的贯彻执行，发挥税收调节经济的杠杆作用，加强税收征管，1986 年 4 月国务院颁布《税收征收管理暂行条例》，1992 年 9 月七届全国人大颁布《税收征收管理法》，将税收征管纳入了更为规范化的法制轨道。

经过这次改革，我国初步建立了一套适应有计划的社会主义商品经济的要求、内外有别的，以流转税、所得税类税收为主体，其他税种相配合的新税制体系。这个体系共由 35 种税组成，大体分为 7 个税类，它们是：

（1）流转税类，包括产品税、增值税、营业税和关税 4 种。

（2）所得税类，包括国营企业所得税、国营企业工资调节税、集体企业所得税、私营企业所得税、城乡个体工商业户所得税、个人收入调节税 6 种。

（3）资源税类，包括资源税、盐税和城镇土地使用税 3 种。

（4）特定目的税类，包括奖金税（具体分为国营企业奖金税、集体企业奖金税和事业单位奖金税）、国营企业利润调节税、城市维护建设税、耕地占用税、建筑税（固定资产投资方向调节税）、烧油特别税和特别消费税 7 种。

（5）财产和行为税类，包括筵席税、房产税、集市交易税、印花税、契税、车船税、牲畜交易税、屠宰税 8 种。

（6）农业税类，包括农业税（含农林特产税）和牧业税 2 种。

（7）涉外税类，包括外商投资企业和外国企业所得税、个人所得税、工商统一税、城市房地产税和车船使用牌照税 5 种。此外，还有原来国家税务机构征收的国家能源和重点建设基金、国家预算调节基金、教育费附加，以及海关征收的关税等。

总之，从 1983～1991 年的税制改革随着经济的发展和改革的深入，取得了明显的成效。初步建成了一套内外有别的，以流转税和所得税为主体，其他税种相配合的新的税制体系，大体适应了我国经济体制改革起步阶段的经济状况，税收的职能作用得以全面加强，税收收入持续稳定增长，宏观调控作用明显加强，对于贯彻国家的经济政策及调节生产、分配和消费，起到了积极的促进作用。1991 年，中国税收总额已经达到 2990.2 亿元，比 1982 年增长了 3.3 倍；税收总额占财政收入的比重已达到 94.9%，比 1982 年上升了 37.2 个百分点；税收收入占国内生产总值的比重也上升了（80 年代中期曾达到 20% 以上，但后来逐年下降）①。

这套税制的建立，在理论上、实践上突破了长期以来封闭型税制的约束，转向开放型税制；突破了统收统支的财力分配关系，重新确定了国家与企业的分配关系；突破了以往税制改革片面强调简化税制的框子，注重多环节、多层次、多方面地发挥税收的经济杠杆作用，由单一税制转变为复合税制。这些突破使中国的税制建设开始进入健康发展的新轨道，与国家经济体制、财政体制改革的总体进程协调一致，并为下一步税制改革打下了良好的基础。

（三）1994 年的税制改革

由于 1984 年以来确立的税制是在传统的计划经济模式未发生根本变革的情况下出台的，因而，不可避免地存在一些缺陷。1992 年 9 月召开十四大，提出

---

① 刘佐：《中国税制五十年》，中国税务出版社 2000 年版，第 245 页。

了建立社会主义市场经济体制的战略目标，其中包括税制改革的任务。1993 年 6 月，中共中央、国务院作出了关于加强宏观调控的一系列重要决策，其中的重要措施之一，就是要加快税制改革。同年 11 月，党的十四届三中全会通过了《关于建立社会主义市场经济体制若干问题的决定》，明确提出了税制改革的基本原则和主要内容。从 1994 年 1 月 1 日起，国务院对我国税制进行了大幅度的结构改革，这既是发展市场经济的客观要求，也是我国税制发展史上的一个重要转折点。

1. 1994 年税制改革的指导思想和原则。1994 年税制改革的指导思想是：统一税法、公平税负、简化税制、合理分权，理顺分配关系，保障财政收入，建立符合社会主义市场经济要求的新税制体系。根据这个指导思想所确定的税制改革遵循的原则是：

（1）有利于加强中央的宏观调控能力。通过调整税制结构、合理划分税种和调整税率，为分税制财政体制的实施创造条件，从而理顺中央与地方的分配关系；通过税制改革，逐步提高税收收入占国民生产总值的比重，提高中央财政收入占整个财政收入的比重。

（2）有利于发挥税收调节收入的作用，缓解个人收入相差悬殊和地区间经济发展不平衡所带来的收入差距过大的问题，促进各地区协调发展，实现共同富裕。

（3）体现公平税负，促进公平竞争。公平税负是市场经济对税收制度的一个基本要求，要逐步解决按不同所有制、不同地区设置税种税率的问题。通过统一企业所得税和完善流转税，使各类企业之间税负大致公平，为企业在市场中实现平等竞争创造条件。

（4）体现国家的产业政策。通过税制的调整，引导经济结构的有效调整，促进国民经济整体效益的提高和持续发展。

（5）简化、规范税制。取消与市场经济要求不相适应的税种，合并了重复设置的税种，开征确有必要的新税种，实现税制的简化和高效；在运用税收处理分配关系的问题上，要参照国际惯例，尽量采用较为规范的方式，保证税制的完整，以利于维护税法的统一性和严肃性。

2. 1994 年税制改革的内容。根据上述改革的指导思想和基本原则，这次税制改革全面改革了商品流转税，统一了企业所得税，规范了个人所得税，调整、归并了地方税，并开征了一些特殊调节的税种。全部工商税种由 31 个减少到 17 个，具体包括即增值税、消费税、营业税、企业所得税、外商投资企业和外国企业所得税、个人所得税、资源税、土地增值税、城市维护建设税、土地使用税、房产税、车船税、证券交易税、印花税、遗产税和赠与税、固定资产投资方向调节税、屠宰税（其中，证券交易税、遗产税和赠与税未能开征）。具体内容如下：

（1）流转税的改革。流转税改革是1994年改革的重点。按照充分体现公平、中性、透明、普遍的原则，在保持总体税负不变的情况下，参照国际上流转税制的一般做法，改变了原来流转税按产品分设税目制定差别税率的传统做法，改为在生产和流通环节普遍征收增值税，在此基础上选择少数产品再征收一道消费税，对提供劳务、转让无形资产和销售不动产保留征收营业税。改革后的流转税由增值税、消费税和营业税组成，统一适用于内资企业和外资企业，取消对内资企业征收的产品税和对外商投资企业和外国企业征收的工商统一税，完成了内外流转税的并轨。原征收产品税的农林牧水产品，改为征收农业特产税和屠宰税。

（2）所得税制的改革。所得税制包括企业所得税和个人所得税。

企业所得税改革的主要内容：是取消按企业所有制形式设置所得税的做法，将国营企业所得税、集体企业所得税、私营企业所得税合并，实行统一的内资企业所得税制，其目标是理顺并完善国家与企业的利润分配关系，为各种不同经济性质的企业创造一个平等的竞争环境。

个人所得税改革的的内容：是将个人收入调节税、适用于外籍人员的个人调节税和城乡个体工商业户所得税合并，建立统一的个人所得税制。其目标是对较高收入者征税，对中低收入者少征或不征，体现不使纳税人税负增加过多和总体税负有所降低的原则。

（3）其他工商税制的改革。一是扩大资源税征收范围，将盐税并入资源税中；二是开征土地增值税，对房地产交易中的过高利润进行适当调节；三是调整、撤并其他一些零星税种。根据经济情况的变化，取消了集市交易税、牲畜交易税、烧油特别税、各种奖金税和工资调节税；将特别消费税和烧油特别税并入消费税；并将屠宰税、筵席税是否征收的权利下放给省级地方政府管理。

原有税种不作改动的有外商投资企业和外国企业所得税、印花税、固定资产方向调节税。

（4）农业税制的改革。农业税制改革的重点是农业特产税。将原农林特产农业税、原产品税和原工商统一税中的农林牧水产品税目合并，改为农业特产农业税（简称"农业特产税"），扩大了征收范围，适当降低了部分产品的税率，明确了减免税，规定了扣缴义务人等。

（5）征收管理制度的改革。为从根本上提高税收征管水平，建立科学、严密的税收征管体系，以保证正常的税收秩序。规定：一是建立普遍纳税申报制度；二是积极推行税务代理制度；三是加速推进税收征管计算机化的进程；四是建立税务稽查制度；五是适应实行分税制的需要，组建中央和地方两套税务机构；六是加强税收法制建设，逐步建立税收立法、司法、执法相互独立、相互制约的机制。

1994 年税制改革还包含清理规范税收优惠措施。基本原则是：第一，纳税人有负担能力，或纳税虽有一定困难，但应有企业自己负担的，税收优惠政策一律停止。第二，因执行国家政策（如价格管理等）而对生产有所影响的，应采取"桥归桥，路归路"的办法，在停止税收减免政策，要求依法纳税的同时，辅以必要的配套措施，在一定时期内给其以适当的帮助。第三，对个别确实需要国家继续采用税收减免方式给予支持的，其税收优惠政策可适当延续一段时间。到 1995 年 12 月 31 日，绝大部分过渡性优惠政策已到期，国务院决定，除保留少数部门、行业的特殊政策外，其他过渡性优惠政策停止执行。

1994 年的税制改革，规模大、范围广、涉及的内容多、力度大，是中华人民共和国自成立以来最大的一次根本性税制改革，是经济体制整体配套改革的一个重要组成部分，也是发展社会主义市场经济的一个重要举措。这次改革取得了非常明显的成效，基本上达到了预期的目标，初步建立起了与社会主义市场经济发展相适应的税收制度。

经过 1994 年的工商税制的全面改革，税种由原来的 37 个减少到 23 个，形成了我国现行的税制体系，即以商品劳务税为主体，其他税种为辅助税种的复合税制体系。

1994 年税制改革另一重要内容是，根据政府间事权和支出责任的划分，形成了财政管理体制上的重要变化。在此基础上完善中央和地方税收体系。

改革后，税制结构得到简化并趋于合理，税负趋向公平，越权减免税的情况有所抑制，税收筹集财政收入和调控宏观经济的功能有所增强。新建立的税收制度总体上保持了原来的税负水平，没有增加企业的负担，没有引起物价大的波动，对社会主义市场经济体制的建立和发展发挥了重要作用。

应当指出，1994 年的税制改革也具有阶段性，它并未满足现阶段中国社会和经济发展对税制的各项要求，而只是初步建立了一个适应社会主义市场经济要求的新税制框架，它本身仍然存在一些亟待解决的矛盾和问题，主要有：

（1）从税制本身的规定来看，在各个具体税种的制度规定中还存在一些漏洞，容易导致税收流失；

（2）从征管上来看，由于税制改革准备时间较短，动作较大，使新税制的优越性在征管的制约下受到一定的影响；

（3）从税收调节范围上来看，还不够合理，如收入再分配缺乏税收调节，税收对产业结构调整的力度较小，税收对区域间资源的配置调节不够有力，外部效应缺少必要的税收转移；

（4）税收调控手段需要进一步完善，税收的行业税负结构调整不尽合理等问题，这些都需要在今后的实践中进一步加以解决和完善。

四、新一轮税制改革

（一）1994 年税制改革以来我国经济社会环境的重大变化

尽管 1994 年税制改革取得了很大成就，但由于十多年来国内外经济社会环境发生了很大变化，现行税制与社会经济运行出现诸多摩擦。主要表现在：

1. 经济全球化进程加快。1994 年以来，经济全球化进程加快。在经济全球化背景下，一国税制为保持其效率和有效性，不仅必须作出自身的调整以应对全球税收竞争的现实，而且，还必须引入更全面持久的国际合作，以保证传统意义上的国家征税权不因激烈的国际竞争而衰落。原有税收制度受到全球化的冲击和挑战。具体有：

（1）传统税制模式受到冲击。现行税制模式以（个人与法人）所得、消费和财产为三大传统税基，多不同程度受到冲击。来自所得税的税收收入可能会减少。生产要素，尤其是资本和高素质劳动力的流动性增强，给纳税人利用国家间税制差异提供了机会。以所得税为税基的收入损失，使以消费为税基的税收的重要性增强了；而由于财产税基的移动性差，在三大传统税基中，经济全球化对其影响最小。

（2）税制的公平性退化。由于高素质劳动力具有相对较高的流动性，有能力流向税负较低的国家，低素质的劳动力因无法转移而被迫承担更多的税负，致使税制产生了累退效应。经济全球化给传统税制的纵向公平性带来了负面影响。

（3）国家间税收竞争加剧。当前世界上许多国家为应对激烈的国际竞争和世界经济的停滞、滑坡都在研究实施税制改革。我国税制必须与发展中的世界税制相衔接，以保护国家的经济安全和权益，促使国际经济合作来提升我国的国际竞争力。

2. 市场化程度明显提高。改革开放以来，我国的经济体制格局变动基本上是沿着"计划经济——计划经济为主、市场调节为辅——有计划的商品经济——社会主义市场经济"的轨迹运行。这样一种变动，显示着我国市场化进程的步步深入。而作为市场经济体系中重要制度之一的税收制度，随着市场化程度的加深，也面临着重大调整的机遇。

3. 公共财政框架初步建立。1998 年底我国正式提出构建公共财政的基本框架，而现行税制是在 1994 年公共财政尚未得到明确定位的背景下形成的。因此，现行税制的运行必然会同公共财政的整体目标和框架发生摩擦，从而面临从理念到规则的一系列挑战。

4. 构建社会主义和谐社会的要求。中国已经进入经济发展的关键阶段——即由人均 1000 美元向人均 3000 美元过渡阶段，这是社会矛盾的"凸显期"，而中国当前又处于"关键阶段的关键时段"——即人均 2000 美元阶段，其社会各种矛盾尤为突出。处理好群体间、地区间、产业间的协调发展更为重要。这就要求处理好收入分配关系和各种利益的调节，税制改革是处理收入分配关系和调节各种利益的重要环节。

总之，从 1994 年税制改革以来，我国的经济社会环境已经发生了巨大的变化，这就要求税收制度能够顺应这种变化，再次作出改革和调整。

（二）新一轮税制改革的原则和主要内容

相对于 1994 年的税制改革，目前正在推进的税制改革被称为"新一轮税制改革。"关于新一轮税制改革，早在 2003 年 10 月，中共十六届三中全会通过的《中共中央关于完善社会主义市场经济若干问题的决定》第 20 条作出全面描述。2005 年 10 月召开的十六届五中全会以及 2006 年 3 月举行的十届全国人大四次会议又将税制改革写进《中华人民共和国国民经济发展第十一个五年计划规划纲要》。

新一轮税制改革的原则可以概括为："简税制，宽税基，低税率，严征管"，将它与 1994 年税制改革的 16 字原则"统一税法，公平税负，简化税制，合理分权"进行简单比较，就可以发现：1994年的税制改革旨在建立适应社会主义市场经济体制的税收制度体系，而新一轮税制改革是在1994年所确立的税制体系框架的基础上，着眼于现行税制的进一步修补和完善，并非一次重起炉灶式的改革，因而，相对于1994年的税制改革而言，它的规模和影响都要小一些。

新一轮税制改革的内容可以概括为以下十个方面：在全国范围内实现增值税由生产型转为消费型，将设备投资纳入增值税抵扣范围；调整消费税，适当扩大税基，适当调整消费税征收范围，合理调整部分应税品目税负水平和征缴办法；合理调整营业税征税范围和税目；完善出口退税制度（把过去全部由中央来负担，改为中央和地方的共同分担来促进外貌的发展）；适时开征燃油税；统一各类企业税收制度；改进个人所得税，实行综合和分类相结合的个人所得税制度；改革房地产税收制度，稳步推进物业税并相应取消有关收费；改革资源税制度；完善城市维护建设税、耕地占用税、印花税等其他税种。

目前，已经取得相应进展的改革项目有：出口退税制度；作为个人所得税改革内容之一的工薪所得税减除额标准的上调；统一内外资企业所得税制度；取消农业税、调整消费税、在全国范围内实现增值税转型、营业税改为增值税，调整和完善资源税，等等。

"十三五"时期，以中国为代表的新兴经济体，正处于后金融危机时代，普遍面临高膨胀和低增长的压力，继续寻求新的经济增长点。同时，资源和环境对各国发展的约束作用越来越强，国际国内环境都要求经济增长方式发生转变。另外，居民收入分配问题、人口老龄化问题和城镇化加速问题都为中国宏观经济社会环境增加了新的挑战，各方面的改革进入深水区。作为全面深化改革的"先行军"，财税体制改革扮演着国家治理现代化的基础和重要支柱角色，因而，税制改革无疑是"十三五"的改革重头戏。今后，将在"十三五"期间重点改革的税制，包括房地产税推出、消费税征收环节的变化、个人所得税改革、地方税体系建设等。

（三）新一轮税制改革的重点

尽管上述项目都是必须推进的改革，但如果按其牵动全局意义的大小排序，新一轮税制改革的重点，即增值税、企业所得税、个人所得税和"营改增"等几个税种的改革，下面简要回顾几个主要税种的改革过程：

1. 增值税。20世纪90年代初期，通货膨胀（1991年、1992年）和短缺经济是经济发展中的主要矛盾，抑制通货膨胀、约束消费和投资需求成为宏观经济管理的主要目标，而且当时经常面临财政收入不足、财政收入占 GDP 比重偏低的难题。为此，当时政府出台的许多经济调节手段都被赋予了抑制通货膨胀、约束需求、增加财政收入的任务。增值税制的设计也受到了这一背景的深刻影响。从理论上讲，增值税的基本特征是只按照生产经营中的增值额计税，非增值部分（如购入固定资产已经在此前环节交纳的税款）应当准予抵扣，并且世界上通行的增值税税基是消费型（即不含购入固定资产的价值）。但是我们从1994 年开始实行的增值税制还是选择了生产型的税基，即不抵扣购入固定资产所含税款。

随着我国宏观经济环境的变化，通货膨胀阴影逐渐消退，财政收入形势也发生根本性好转，每年的收入增量都达到千亿元以上，原有增值税制的约束消费、抑制投资的倾向都已经不合时宜。增值税改革成为大势所趋。

作为一个对税制和税收全局具有重大影响的税种，增值税制的改革非同小可。故而先试点，在试点的基础上向全国推广，便成为增值税改革的一个重要思路。2004 年下半年，恰好正值国家实施振兴东北老工业基地战略，由生产型增值税转向消费型的改革试行方案开始在东北地区启动，增值税改革也由此拉开序幕。2007 年 7 月，中央实施中部地区发展战略，增值税改革的试点扩大到湖北省。2009 年面临世界金融危机，政府实施了积极的财政政策，结构性减税是积极财政政策的主要手段，因而，从 2009 年 1 月 1 日起，在全国范围内实现了由生产型增值税转向消费型增值税。

增值税由生产型改为消费型，改革后将不再对设备购置及资本性投入征收增值税，企业将会有比较大的现金流量，这对于企业的发展有很大的促进作用。

2. 企业所得税。统一内外资企业所得税法，建立新的企业所得税制度的酝酿工作，从我国 2001 年加入 WTO 就已经开始，统一内外资企业所得税是一项适应我国市场经济发展到新阶段需要的制度创新。

老的企业所得税法对于内外资企业实行不同的税收待遇，造成外资企业政策偏松、内资企业政策偏紧问题，导致企业间税收负担很不公平，苦乐不均。同在中国的土地上从事生产经营活动，内外资企业两者的税负竟相差 10 个百分点上下。而且原有企业所得税优惠政策漏洞较多，极易造成国家税收流失。这种做法违反了 WTO 国民待遇的有关原则，不利于企业间公平竞争。1994 年税法实施之后的多年，我国经济发生了重大变化，客观上要求及时完善和修订。

自 2006 年 1 月 1 日起，开始实施新的企业所得税法，其核心内容有两个：

一是统一税率，统一实行 25% 税率。全世界 159 个实施企业所得税的国家（地区）平均税率为 28.6%，我国周边 18 个国家（地区），平均税率为 26.7%，我国是适中偏低，有利于提高企业竞争力和吸引外商投资。二是统一优惠政策。实行"产业优惠为主、区域优惠为辅"的新政策，对原有法定享受优惠的企业，实行 5 年的过渡照顾期。

　　3. 个人所得税。个人所得税是对个人所得征收的税收，现实中的个人所得可以分成若干类别。不同类别的个人所得可以区分不同项目分类征税，也可以将各种项目加总求和和综合征收，还可以将分类征税和综合征税的办法混合在一起征税。相应地，个人所得税的类型被区分为分类所得税制、综合所得税制和混合所得税制。我国现行的个人所得税实行的是分类所得税制，列入个人所得税的征税项目一共有 11 个：工资薪金所得、个体工商户生产经营所得、企事业单位承包（承租）经营所得、劳务报酬所得、稿酬所得、特许权使用费所得、利息（股息、红利）所得、财产租赁所得、财产转让所得、偶然所得和其他所得等。对于上述不同类别的所得，现在采用不同的计征办法、使用不同的税率表格。因此，表面上个人所得税是一个税种，实际上由 11 个类别的个人所得税构成。

　　除了为政府取得收入的功能外，个人所得税的另一个重要功能，就是调节收入分配。当前我国的收入差距日益拉大，已经在相当程度上影响经济社会的长期稳定发展，努力缓解收入分配差距已经成为构建社会主义和谐社会的重要议题。作为调节收入分配最重要的一种手段，个人所得税改革的主要目标应锁定在如何有效调节居民收入分配差距上。而现行个人所得税采取分类所得税制不适应调节收入分配差距的需要。道理非常简单。人与人之间的收入差距是一种综合的收入差距，只能在加总求和和所有来源、所有项目收入的基础上才能计算出来。现行的将个人所得划分为若干类别、分别就不同类别征税，固然便于源泉扣缴，不易跑冒滴漏，也能起到一些调节差距的作用，但是，在缺乏综合所得概念基础上实现的调节，毕竟是不全面的，甚至可能是有重大遗漏的。

　　为了让高收入者比低收入者多纳税并以此调节居民间的收入分配差距，就要实行综合所得税制，即以个人申报为基础，将其全部所得综合在一起，一并计税。这既是各国个人所得税历史演变的基本轨迹，也是我国个人所得税的改革方向。因此，我国个人所得税制改革目标应界定为：改进个人所得税制，实行综合和分类相结合的个人所得税制。

　　正是基于这样的考虑，从 2007 年起，对年收入超过 12 万元，或者在两处或两处以上取得工资薪金收入、在境外取得收入以及取得应税收入、但无扣缴义务人的纳税人，实行自行办理个人所得税纳税申报。从表面上看，实施个人所得税自行申报，只不过是增加了一条纳税人向税务部门报送收入信息或税务部门采集纳税人收入信息的渠道：由以往代扣代缴的"单一"渠道变为代扣代缴加自行申报的"双重"渠道。它既不会由此增加纳税人的税负，也不会因此改变纳税人的纳税方式。但是，深入分析便会发现，让一部分高收入者先行一步，将各种应纳税的收入合并计算并自行申报，既开启了中国个人所得税迈向综合制的大门，也是未来综合与分类相结合的个人所得税制的"试验"或"预演"。

4. 营业税改为增值税。营业税改征增值税，简称"营改增"，是指以前缴纳营业税的应税项目改成缴纳增值税，增值税只对产品或者服务的增值部分纳税，减少了重复纳税的环节。增值税是世界上最主流的流转税种，与营业税相比具有许多优势。增值税与营业税是两个独立而不能交叉的税种，即缴增值税时不缴营业税、缴营业税时不缴增值税。两者在征收的对象、征税范围、计税的依据、税目、税率以及征收管理的方式都是不同的。"营改增"最大的特点是能够避免营业税重复征税、不能抵扣、不能退税的弊端，实现增值税"道道征税，层层抵扣"的目的，能有效降低企业税负。减少重复征税，促使社会形成更好的良性循环，有利于企业降低税负。

"营改增"是党中央、国务院，根据经济社会发展新形势，从深化改革的总体部署出发作出的重要决策，目的是加快财税体制改革、进一步减轻企业税负，调动各方积极性，促进服务业尤其是科技等高端服务业的发展，促进产业和消费升级、培育新动能、深化供给侧结构性改革。我国新一轮税制改革中，"营改增"的改革进程大致经历了以下四个阶段：

第一阶段："1+6"行业试点。从2012年1月1日起，在上海市的"1+6"行业率先开始开展营业税改征增值税试点。这里，"1"为陆路、水路、航空、管道运输在内的交通运输业，"6"包括研发、信息技术、文化创意、物流辅助、有形动产租赁、鉴证咨询等部分现代服务业。2012年7月24日，财政部发布《营业税改征增值税试点有关企业会计处理规定》，主要目的是配合营业税改征增值税试点工作的顺利进行。2012年8月2日，财政部发布《关于在北京等8省市开展交通运输业和部分现代服务业营业税改征增值税试点的通知》。2012年8月29日，财政部、国家税务总局联合发布《关于营业税改征增值税试点中文化事业建设费征收有关问题的通知》，主要目的是促进文化事业发展，加强实施营业税改征增值税试点地区文化事业建设费的征收管理，确保"营改增"试点工作有序开展。之后，北京市、江苏省、安徽省、福建省、广东省、天津市、浙江省、湖北省先后实施。

第二阶段：试点行业范围扩大。2013年4月10日，国务院常务会议决定将交通运输业和部分现代服务业"营改增"试点扩大至全国，自2013年8月1日起开始实施，并适当扩大了部分现代服务业的范围，将广播影视作品的制作、播映、发行等纳入试点，以进一步促进现代服务业的发展。2014年1月1日，铁路运输和邮政服务业纳入"营改增"试点，至此，交通运输业已全部纳入"营改增"范围。截至2015年底，"营改增"已累计实现减税6412亿元，全国"营改增"试点纳税人达到592万户。

第三阶段："营改增"全面推开。2016年3月5日，李克强总理在政府工作报告中明确提出2016年全面实施"营改增"，进一步减轻企业税负。到2016年4月30日，国务院发布《全面推开营改增试点后调整中央与地方增值税收入划分过渡方案》，明确以2014年为基数核定中央返还和地方上缴基数，所有行业企业缴纳的增值税均纳入中央和地方共享范围，中央分享增值税的50%，地方按税收缴纳地分享增值税的50%，过渡期暂定2~3年。自2016年5月1日起，营业税改征增值税试点全面推开。

"营改增"改变了市场经济交往中的价格体系，把营业税的"价内税"变成了增值税的"价外税"，形成了增值税进项和销项的抵扣关系，这将从深层次上影响到产业结构的调整及企业的内部架构。在当前我国经济下行压力较大的情况下，全面实施"营改增"，可以促进有效投资带动供给，以供给带动需求。对企业来讲，如果提高了盈利能力，就有可能进一步推进转型发展。每个个体企业的转型升级，无疑将实现产业乃至整个经济体的结构性改革，这也是推动结构性改革尤其是供给侧结构性改革和积极财政政策的重要内容。

五、基本结论

综合上述，可以得出两个基本结论：

一是新中国成立以来税制改革取得了基本成绩，即基本形成了多层次复合税制的框架，与财政管理体制改革配套，初步搭建了"以分税制为基础"的分级财政框架。新中国成立以来，我国税收制度改革的发展经历了上述的四个历史时期、先后进行的五次重大改革，在税制结构上基本形成了以流转税为主、其他税种为辅的复合税制；在财政管理体制上，形成了中央和地方分税、分权和分管为特征的分税制。

　　二是新中国成立以来税制改革的基本规律是：任何一个国家的税收制度，总要植根于一定的经济社会环境，并随着经济社会环境的变化而做相应调整。新中国成立 60 多年来，我国经济社会环境所发生的变化绝对可以用"巨大"来形容。当税收制度与其赖以依存的经济社会环境之间不相匹配时就应当对税收制度加以及时调整，否则，将会对经济发展产生越来越大的副作用。

专题十

中央与地方的财政关系变迁

在一个由多级政府构成的国家中，处理好中央与地方政府的关系，通常是一个重要的问题。政府将财政作为调控经济的重要工具和手段，在"以政控财、以财行政"的相互作用下，财政关系是中央与地方关系的最好缩影。中央与地方的财政分配关系有史以来都是一个纷繁复杂的问题。按照经济学理论，财政支出需求有个层次性问题，在政权运转得到基本保障后，一些较高层次需求的保障就提上议事日程，如义务教育、公共卫生和医疗、环境保护等公共事业的发展对财政提出了更高的要求，保障地方财政财力充足对地方社会经济的长远稳定和发展至关重要。

一、地方财政的理论基础

（一）地方分权理论

在谈到中央与地方财政关系时，最常讲的就是财权与事权相匹配。事权明确是财权划分的前提。事权划分的理论依据一般是公共商品层次理论（奥茨分权定律：辖区受益论）、蒂布特的"用脚投票"理论（准市场机制）、布坎南的俱乐部理论（边际收益与边际成本）、特里希的偏好误识论（信息结构与信息效率）。

此外，还有管理层次与管理幅度的动态匹配问题。根据管理学的原理，管理层次与管理幅度呈反比关系，管理层次越多，管理幅度越小；反之则相反。一个组织的管理层级保持在一定合理的数量有利于信息的上下沟通，提高组织的工作效率。随着信息技术的发展，各种数据与信息的收集、传递都变得十分方便、快捷。因此，合理地缩减行政层级、扩大管理幅度，在当前条件下是完全可以做到的，这样不仅可以提高管理层次的职责，还可以减少地方政府对上级的依赖，提高下级人员的工作积极性和创新性。从这个意义上看，"省管县"有其合理的科学依据。这种层级少、幅度大的扁平化的组织结构，符合当前我国行政体制改革的趋势。

（二）中央与地方政府的行为分析

在分析中央与地方的财政关系时，一个重要的研究内容就是分析中央与地方政府的行为，这是财政关系在现实中的具体表现。从本质上说，中央政府与地方政府之间是委托—代理关系，就中央政府而言，它是委托人，但同时它又是全体国民的代理人。当然，在封建社会，它是全体统治阶级的代理人。而对于地方政府，一方面，它是地方民众的委托人；另一方面，它又是中央政府的代理人。在分析中央与地方政府财政关系时，更多地从中央政府作为委托人，地方政府作为代理人这两个方面来加以分析。

从历朝历代来看，封建君主为实现对整个帝国的统治，在各地设立了不同层级的地方政府。地方政府作为委托人，将地方治理、教化百姓、发展地方经济、征收赋税等多项任务委托给地方政府，并通过设置考核、激励机制，使地方政府按照中央的利益行事。

中国地方政府的功能和地位具有两个显著的特点：其一，地方政府是中央政府和地方非政府主体的双重利益代表。其二，地方政府是中央政府与非政府主体信息互通的中介和桥梁。没有各级地方政府所组成的管理信息网络，中央政府和社会非政府主体之间的信息沟通必然会产生难以想象的巨大信息成本，以至于这种沟通简直无法实现。

地方政府的上述两个特点，决定了它在中央政府和各地非政府主体之间的中介代理角色。一方面，地方政府代理中央政府，实行对本地区经济的宏观管理和调控；另一方面，地方政府代理本地区的非政府主体，执行中央的决定，争取中央的支持，以实现本地区经济利益最大化。地方政府的这种地位和功能被称为地方政府的双向代理（陆建新，1997）。

处在双向代理地位的地方政府的功能，可以概括为两个方面：作为中央政府代理的功能和作为地方微观经济主体代理的功能。

作为中央政府代理的地方政府的功能，要表现在地方政府介入经济活动对政府费用这一制度费用的节省上。政府在本质上是一种制度安排，是一定地域内合法垄断着强制力的制度安排。因此，政府的运行也是有成本的，这种成本可以看做是政府费用，即政府干预经济时收集、传送、加工、处理信息，作出分析和决策，以及实施决策并反馈信息，校正决策这一全过程中所耗费的费用。由于我国地域辽阔，各省份各地区之间生产力发展水平相差悬殊，经济结构、自然资源各有不同，因此，如果只有中央政府介入经济活动，实行中央高度集中的宏观调控，必然需要极其高昂的信息费用和实施成本。政府费用的存在使地方政府以中央政府代理或分支机构的身份介入地方的经济活动成为必要。

作为地方微观经济主体代理的地方政府的功能，主要表现在地方政府介入经济活动对企业交易成本的节省上。交易成本这种实行市场制度的成本，不可能靠市场本身来降低，只能依赖于产权制度、企业间的联合或集团化、法律制度等市场以外的制度建设来降低这种制度性成本。地方政府介入经济活动可以有效地降低交易成本。体制转轨过程中的各种摩擦和冲突必然给社会、企业和个人带来极大的不确定性。在此情况下，地方政府介入经济活动，从制度上衔接不完全的计划和不完全的市场，可以有效克服市场的不确定性，保障资源配置的效率（洪银兴，1996）。

由于地方政府既代理中央政府，又代理地方非政府主体。因此，中央政府和地方政府的目标之间必然既存在着一致性，又存在差异性。在地方政府和中央政府的目标不一致的情况下，就存在地方和中央博弈的可能性。但是，在地方政府权限有限的情况下，这种可能性还不会变为现实性，传统的政治经济体制下就是这样。然而，一旦地方政府利用合法或非法手段可以动员较多的财力、物力时，在政治生活中的"声音"更大。在地方政府和中央的目标不一致，而且地方政府又有了很大的自主权以后，中央和地方的博弈便不可避免。博弈论中的"囚徒困境"揭示了一个很深刻的哲理：个体理性与集体理性之间存在冲突。当地方政府从中央政府那里获得了相对独立的利益和权力后，双方各自独立行动的结果，不可能达到从总体上看是最优的结果。

中央政府的目标函数包括政治目标和经济目标。

政治目标：现行委托—代理理论将中央政府视为一个"仁慈型"政府，其目标是为了追求社会公平、实现全社会福利水平最大化和社会公共福利最大化。但历史告诉我们，封建王朝中央政府并不是一个"仁慈型"政府，其追求的目标是为了保证一家一姓王朝的稳定与长久。具体到统治者个人（实则在封建王朝即为中央政府）而言，其目标即为追求统治者个人及家族的效用最大化。统治者的效用有当期与长期之分。当期效用即表现在追求统治者的个人（家族）享受，物质上的极大丰富。当然对于一些统治者而言，除了物质追求外，还谋求长治久安，富民强国，社会稳定，维系公平、公正、安全、秩序，对地方政府的控制、监督。

经济目标：为了实现政治目标，中央政府必然有强大的财力作为保证，因此，在经济目标上将追求财政收入的最大化和经济产出的最大化。

中央政府的行为是以其政治目标为最终追求目标，而通过经济目标最终实现政治目标。其表现在经济上的任何行为都是为了政治目标，如在中央与地方财政关系的调整上，中央政府始终处于主导地位，而调整的实质则是中央政府在利用制定合同之便，使情况向有利于自己的方向发展。除了合同权利之外，中央政府还拥有剩余控制权，即中央政府拥有根据情形变化而变更合同的权利。任务层层分割——行政集权下中央政府的机会主义行为倾向，表现在中央与地方的关系调整过程中，中央政府力图将支出责任甩给地方政府，而将收入的权限留给自己。

中央政府行为的后果则是地方政府的逆向选择和道德风险。在中央政府与地方政府的博弈中，地方政府更接近信息源，地方政府拥有信息优势，处于代理人的地位；中央政府处于委托人的地位。信息不对称就意味着理性的代理人（这里是地方政府）可以利用信息优势谋取自身利益，发生逆向选择和道德风险，二者导致的资源配置几乎都是缺乏效率的。

二、新中国成立前地方财政的历史变迁

（一）新中国成立前的地方财政

地方财政列入财政管理体制，必须具有法律上的合法性这一层内涵。县乡作为行政基层建制，有着悠久的历史，但其财政的出现比起县乡政权则晚得多。在古代中国，县一直没有独立的财政地位，因为中国封建社会实行的是财权高度集中的中央统收统支体制，无论是县级还是郡、州，以及后来的省级都是国家财政的附庸，根本谈不上是一级财政，全国一切财政收支，都是在中央大系统之下运行着，例如，宋代的地方行政，划分为州、县两级。州是一个完整的地方财政管理级别，是地方财政的基本核算单位，而县级行政却没有形成一个

相应的、完全意义上的地方财政管理级别，县财政在很大程度上由本州直接管理。宋代的县在国家财政机构中的地位，其最主要的一个方面，就是催纳赋税课利，保证国家的财政收入。从北宋后期起，县邑在财政上的独立性日益增强。到南宋时，多数县已经构成了一个独立核算的地方财政级别，但传统国家一直坚持以州为地方财政的基本核算单位。县作为整个财政体制的最末一级，其主要职责就是征收、报解田赋、杂税和地租，"知县为国家征收赋税，受制于布政使司，县经费出入悉由国库收支"①。

至于乡财政，长期以来，"皇权不下县"，也就是说，国家政权也未曾真正地"深入"到乡村社会，乡村社会的治理总是处于国家政权偶尔干预的一种"半自治"状态，乡政权其实并没有形成一级成熟而完全的政府，这大大降低了统治者在乡村社会的治理成本。因此，乡村社会也没有形成一级完全意义上的财政。

综上所述，可以得出这样一个结论，清末以前的县乡财政只能说是地方财政的发端。

到了晚清，政府在推行新政的过程中，由于中央财政十分困难，开始转变基层政权的治理方式，倡导地方自治运动，县政府的职能发生了重大转变。1910年，清政府颁布《府厅州县地方自治章程》，把地方分为省、厅府州县、城镇乡三级，县、城镇乡所举办的地方教育、卫生、道路工事、农工商、警政、慈善等公共事务所需经费不许动用国家租税，中央与省概不拨款，均令地方完全自筹自支②。自筹地方自治经费，就使县、城镇乡等地方行政赖以存在的物质基础——地方财政有了发展的可能。由于地方新政所需经费数额巨大，士绅捐纳、地方公款公产收入等办理公益的传统方法难以解决。于是，各县纷纷自定项目、自行收支，开始有了绅捐、商捐、按亩摊派、按村出捐等"法定"的地方捐税。以往，县地方公益事业，多由地方人士捐资兴办，"官厅例不干涉，公款公产由地方士绅经理而已"③。随着县新政事业的发展，收支数额、方式和渠道均与以往不同，于是，管理县地方财政的专职机构——理财所则应运而生。县自主收支项目的出现和管理地方财务机构的初步形成，标志着县财政的萌芽。

由此，清末的县财政收支初步形成一种双轨体制，即一县之内有两套财政管理机制并行，一方面是由（州）县公署管理的县国家财政机制，仍沿着原来

---

① 彭雨新：《县地方财政》，商务印书馆1945年版，第1页。

② 故宫博物院明清档案部编：《清末筹备立宪档案史料》（下册），中华书局1979年版，第727～741页。

③ 彭雨新：《县地方财政》，商务印书馆1945年版，第1页。

起运、留支、留储的轨道运行；另一方面是独立于国家财政系统之外的县地方自治款项收支的管理，由理财所经管。前者经费由中央政府拨付，后者由地方自筹①。这种"以本地人、本地财办本地事"的县自治财政，成为当时中国财政的一个重要组成部分，这种体制一直沿袭到1935年7月24日，国民政府颁布《财政收支系统法》②。该法最大的特点是将分级预算结构由中央与省的二级变为中央、省（院辖市）和县（市、局）三级预算，这在近代史上是首次在法律上正式把县财政定位为一级独立的财政。该法的另一显著特点，则是具体划定了县财政收支的项目，奠定了县财政的自治基础，标志着中央、省、县三级分税财政体制框架已基本建立，县级财政在法律上真正从省附庸变为拥有独立地位的一级财政。特别是为了适应抗战的需要，加强中央政府在战时的调控能力，国民政府于1942年1月1日对财政体制进行重大调整，将全国财政划分为国家财政和地方自治财政两大系统，并对各自的税源作了明确划分，省级财政被划入国家财政，由中央统收统支；地方自治财政以县（市）为单位，其财政预算由各县编制③。这次改制，使县财政归于自治财政系统，结束了清末以来一县之内县国家财政与县自治财政并存的局面，实现了二者的并轨整合，使原先在财政体制中处于省财政附庸的县财政取得了独立地位，正式成为国家财政系统的一级地方财政，进一步巩固和奠定了县财政的法定基础地位。1946年，国民政府恢复了中央、省、县三级财政体制，税种划分为中央税、共享税和地方税三类。这次国地税种划分，国民政府采取了主要的税种实行分成制，彻底取消了民国初年以来的重要税源均归中央和省、县财政收入主要靠附加于省税的附加税制，也不像抗战时期那样，把地方主要税种都集中在国家财政，这不能不说是个历史的进步，县财政从分税制理论上讲已很完备。

（二）近代中国县财政体制存在的问题

实行分级财政、改订财政收支系统，属于制度上的变革。县财政能否成功确立自己的独立地位，要依赖两个必要条件：国家下放财权和县政治体制的健全。从实际情况看，近代中国的县财政未能步入正轨，县财政体制改革基本上

---

① 魏光奇：《直隶地方自治中的县财政》，《近代史研究》，1998年第1期，第62~80页。
② 《财政收支系统法暨施行条例》，南京，中国第二历史档案馆藏，三（2）—2275。
③ 彭雨新：《县地方财政》，商务印书馆1945年版，第1页。

是失败的。对县财政改革构成制约以致陷入困境的，既有制度层面的因素，又有客观现实的因素，其症结所在主要表现为：中央与地方财政收支结构的不平衡性；国家财政管理体制方面的不足；财权和事权的矛盾；缺乏有效的转移支付制度，以及县预算编审的不真实性等。

三、新中国成立后基层财政体制的演变

（一）　"中央、省、县"三级财政：划分收支，分级管理体制（1953～1978 年）

1. "高度集中，统收统支"（1950 年）。"三统一"：（1）财政管理权限集中在中央，一切财政收支项目、收支办法、开支标准和人员编制，均由中央统一制定。（2）财力集中在中央，除地方税收和其他零星收入补偿地方财政支出外，其他各项收入一律解交中央金库，各级政府的财政支出，由中央统一审核，逐级拨付。（3）地方组织的财政收入与地方的财政支出不发生直接联系；各级财政收支全部纳入统一的国家预算。

这一时期实行的高度集中、"统收统支"的财政管理体制，为我国迅速平衡财政收支、稳定市场物价、保证军事需要以及经济上重点恢复等方面发挥了积极的作用。经过这次调整，国家的财政状况开始好转，但由于大部分收入由地方上交中央，地方经费又要中央拨补，这样就使大量资金处于上交下拨的过程中，不能有效加以利用，不符合节约的原则，这表明需要对新中国成立初期的这种财政管理体制进行改革。

2. 统一领导，划分收支，分级管理（1951～1953 年）。新中国成立后，实行大行政区划，全国分为华北区（北京市）、东北区（沈阳市）、西北区（西安市）、华东区（上海市）、中南区（武汉市）和西南区（重庆市）。在财政上则划分为中央、大行政区和省三级财政，以统一领导、分级负责管理为方针，在中央与地方间划分收支。

3. 划分收支，分级管理体制（1953～1958 年）。1953 年，我国进入"第一个五年计划"时期，为保证我国集中主要财力进行重点建设，新中国成立后确立的"三统一"所确立的高度集中的财政管理体制与国家建设的要求已不适应了，地方也有不断扩大地方财权与财力的要求，这一年在财政体制上的一个重

大突破就是取消大区一级财政。同时，因县一级政权已经健全，成立了县（市）一级财政，全国划分为中央、省（直辖市、自治区）、县三级财政。

国家的财政支出，按照企业、事业和行政单位的隶属关系和业务范围，划分为中央财政支出和地方财政支出。从 1954 年起，国家财政收入实行收入分类分成办法，即将国家财政收入划分为固定收入、固定比例分成收入和调剂收入三类。地方预算每年由中央核定，分成比例，一年一定。地方财政的年终结余，由各地在下年度安排使用，不再上缴。

县乡级预算支出：乡（村）镇的干部训练费、干部会议费、县区立小学、县立中学及简易师范学院、县文化馆、卫生院、区卫生所、县农场、苗圃、交通事业（区乡电话）、农田水利费、社会抚恤救济费、县区人民政府行政事业费、党派团体补助费、县区人民代表会议费、司法费等均列入县预算。乡（村）镇的行政办公费、干部生活补助费、小学教员工资及学校公杂费均列入乡（村）镇单位预算。

县乡级预算收入：屠宰税、交易税、城市房地产税、契税、特种消费行为税、车船税，县管理的地方国营企业、利润及折旧，县级及乡（村）镇的行政、事业、公产、其他收入及上年结余。

地方有一定的管理权限，地方财政的年终结余，由各地在下年度安排使用，不再上缴。

4."以收定支，自求平衡，五年不变"的财政管理体制。1958 年中央对地方财政实行放权改革，县一级财政有所增强。县级财政收入划分为四种：第一种是地方固定收入，包括地方企事业收入、地方税收入、地方其他零星收入。第二种是企业分成收入，中央国有企业除了少数（如铁道、外贸和某些大型联合企业）以外，绝大部分中央企业的利润和中央下放给地方的企业按 20% 利润分成比例作为所在地方的收入。第三种是调剂分成收入，包括当时征收的商品流通税、货物税、营业税、所得税和公债收入，这些收入划给地方的比例，按照各个地方收支不平衡的不同情况，分别确定不同的调剂分成比例。第四种是中央专案拨款收入，主要用于中央指定项目的基本建设投资和其他特殊性支出。

县级财政支出划分为两种：第一种是地方的正常支出，包括地方经济建设事业费、社会文教费、行政经费和其他地方性的正常支出，这些支出由划定的地方收入自行安排，自求平衡。对地方国营企业和地方公私合营企业需要增加的流动资金，30% 由地方财政拨款。第二种是由中央专案拨款解决的支出，包括基本建设支出和重大灾荒救济，大规模移民垦荒等特殊支出。

1958 年改革，扩大了地方财权，有利于调动地方的理财积极性，县级财政管理权限得到进一步扩大，县级财力在保证国家建设的同时也得到适当增加，它是对过去"以支定收，一年一变"的重大改革，既使县级财政有了明确的收入来源，增加机动财力，又使地方的财政收入同财政支出密切结合，再加上中央"一定五年不变"的政策，财政管理相对稳定。这些都有利于地方对本地区的财政支出进行统筹安排，有利于发挥地方增产节约、积累资金的积极性。"以收定支，五年不变"，既解决了每年安排预算时，地方争指标的不合理情况，又便于地方根据本地区的情况统筹安排本地的经济建设和文化事业。

1953～1958 年财政体制是高度集权型的，划分收支、分级管理的财政体制，在保证国家集中主要财力进行重点建设的同时，可以使地方有固定的收入来源和一定的机动财力，不仅从财力上保证了"一五"规划的顺利完成，也有利于调动地方的积极性。缺点是集中统一多、因地制宜少。虽然 1958 年财政有所分权，也仅仅限于省、自治区一级，县乡财政基本作为省级下属财政，在运行上很少有自己的收支调整空间和自己的融资调整方法。

1958 年的财政体制改革是一次比较大的带根本性的改革，但在"大跃进"的极"左"思想及急躁冒进冲击下，仅仅执行了一年，第二年就变了，所以说，1958 年的财政改革是一次不成功的改革，不少政策只执行了寥寥数月便草草收场。

5. "总额分成，一年一变"的财政管理体制。1959 年改革的基本精神是在继续下放收支项目的同时，适当收缩一部分地方机动财力，通过一年一变的办法，解决财政计划同国民经济计划不相衔接的问题。

1959 年财政管理体制的主要内容包括收支下放、计划包干、地区调剂、总额分成、一年一定等。国家通过此次调整，适当集中了财力。

6. 下放财权，财政收支包干的财政管理体制。1971 年进入第四个五年计划时期。中央提出应当更多发挥地方的积极性，决定把大部分企业、事业单位下放给地方管理。3 月，财政部颁布《关于实行财政收支包干的通知》，决定自 1971 年起，实行"定收定支，收支包干，保证上缴（或差额补贴），结余留用，一年一定"的体制，简称"财政收支大包干"，即每年由中央核定省、市、自治区的预算收支指标，收入大于支出的，包干上缴中央财政（按绝对数包干上缴），支出大于收入的，由中央财政按差额包干给予补助。上缴（或补助）数额确定后，一般不作调整，由地方包干使用。地方要保证完成上缴任务，中央要按确定的数字给予补助。预算执行结果，地方收入超收或支出结余，都归地方支配使用；如果发生短收或超支，由地方自求平衡。

这个体制的特点是扩大了地方的财政收支范围，同时实行绝对数包干，超收全部归地方，有利于调动地方的积极性，大大调动了基层政府增收节支的积极性。但是，这种财政管理体制却加大了中央财政的困难，中央财政负责组织的收入占国家预算收入的比重由30%左右下降到1971年的16.1%，1972年又降至13.8%，也造成地区间机动财力苦乐不均以及地方盲目重复建设。

7. "收入按固定比例留成，超收另定分成比例，支出按指标包干"的财政管理体制。其主要内容是：中央以各省、市、自治区负责组织的全年预算收入指标为基数，分别确定比例（全国为2.3%）。留给地方作为机动财力，主要用于发展农业生产、对老企业进行技术改造和补充流动资金。同时，对超收的部分，另定分成比例，地方留成一般不超过30%。地方财政收支按中央核定的指标包干；地方年终结余留归地方使用。

8. "收支挂钩、总额分成"与"收支挂钩，增收分成"的财政管理体制。改革开放前的30年，财政管理体制的调整都是在计划经济体制的框架内进行的，并没有跳出集权与放权循环往复的套路。

（二）分级包干的财政体制（1979~1993年）

1. "分灶吃饭"的财政管理体制。1980年2月，国务院颁发《关于实行"划分收支，分级包干"的财政管理体制的暂行规定》，全面进行政府间财政分配关系的改革。习惯上，我们将"划分收支，分级包干"财政体制称之为"分灶吃饭"的财政体制，主要是指在国家统一领导下，中央财政和地方财政分开，保持各自相对独立和稳定的收支预算，以1979年财政收支决算数为基数，地方对中央负有上缴定额的义务，中央对地方有按定额补助差额的责任，分成比例和补助数额确定后五年不变。

这种体制是按照事权与财权相统一的原则设计的，而财政收支的范围又是依据企业事业单位的隶属关系而划分的，由企业事业单位的主管部门取得收入并安排其开支。它第一次承认了中央和地方各自的利益和地位，这是走向分级财政体制的重要一步。这种体制始终未能消除传统体制的财力分散、中央与地方关系仍缺乏规范性和稳定性、低水平重复建设等弊端。

2. "划分税种、核定收支、分级包干"的财政体制。1983年和1984年，中国分别进行了第一步和第二步利改税。一方面确认国有企业像其他非国有企业一样是独立的经济实体，因而有义务将其所得的一部分依法纳税；另一方面，中央明确了政府作为社会的管理者和公共物品的提供者，应当主要以税收作为筹集收入的主要手段。1980年分级包干体制统收的局面打破了，统支的局面却没有打破，地方解决不了的问题还是要向中央要钱，加重了中央的负担，收支难以平衡。另外，由于当时经济调整的改革刚刚开始进行，减收增支的措施较多，对"分灶吃饭"的地方财政有一定冲击。

"划分税种、核定收支、分级包干"的体制在原有基础上进一步划分了各级政府的事权，并以此作为核定收支范围和数量的依据。实际上，它不但体现在财政分权的体制上，而且也顺应和符合政企分开的企业制度改革趋势。

根据1983年"中共中央和国务院关于建立乡政府的通知"精神，财政部在全国范围内逐步开展了乡镇财政的建设工作，建立了乡镇财政机构，充实了乡镇财政队伍。

乡镇财政建立初期，由于乡镇经济基础差、底子薄，采取传统的具有"大锅饭型"的统收统支管理形式，在改革实践中很快被淘汰，对乡镇财政实行了过渡性的"定收定支、超收分成、超支不补、结余留用、一年一定"的管理体制，年度内重大政策性减收增支因素，由县市、区级财政统一考虑安排。这一体制，在当时条件下对于适当集中财力，保证县市、区级财政收支平衡具有很大的促进作用。

20世纪80年代后期，随着财政大包干体制的推行，乡镇财政开始采取收支两条线的办法，随后再向收支挂钩过渡；在收支范围划分上，开始宽一些，后逐步细划；包干的期限由一年一定逐步变为几年一定。到90年代，尤其是分税制改革之前，全国各地一般都形成了"核定基数、定收定支、收支挂钩、定额上交或定额补贴、超收分成、一定三年"的县乡（镇）财政管理体制。这种体制调动了县乡（镇）抓经济建设，增加财政收入的积极性。

历史地看，1980年以来的几次财政体制改革都是特定历史条件下的产物，有积极的一面。一是改变了财权高度集中的状况，扩大了地方财政的自主权，调动了地方各级政府当家理财的积极性。二是财力的分配由"条条为主"改为以块块为主，扩大了地方的财权。三是财政体制一经确定，几年不变，透明度较高，并支持和配合了其他领域的体制改革。应当说，财政包干体制在一定的历史条件下，对调动地方增收节支的积极性，促进国民经济快速发展，确实起到了积极的作用。

但另一方面，也存在消极的一面。随着市场在配置资源中作用的扩大和中央财政调控地位的日益突出，这种体制的弊端不断显现出来，并对经济改革和发展产生一定的负面影响，从执行结果看，仍存在很多弊端。如核定基数的办法不科学；体制形式不统一、不规范；增长分成比例地方偏低，不利于充分调动县乡发展经济和组织收入的积极性；客观上形成了一种财力趋于分散的机制，中央宏观调控缺乏必要的财力基础；政府间事权划分在执行过程中出现交叉、重叠与扭曲现象，等等。

3. 分税制下的地方财政体制。从 1994 年 1 月 1 日起根据国务院《关于实行分税制财政管理体制的决定》在全国范围内实行分税制财政管理体制，主要涉及三个方面的内容：中央与地方税收的划分、中央与地方事权和支出的划分以及中央对地方税收返还数额的确定。

在中央对省实行分税制后，各地也比照中央对省的分税制框架，实行了省以下分税制，在进一步明晰省以下各级政府事权的基础上，大部分地区按税种划分了各级政府的收入范围，省级财政调控力度有所增强。与此同时，初步建立了相对规范的省以下转移支付制度，转移支付规模逐年扩大。但是，基层财政困难这一突出问题还没有从根本上解决，省级政府财力集中度高，转移支付力度不足，造成省级以下纵向财力差距过大。

为了提高基层执政能力，维护基层政权和社会稳定，一些地区对省以下财政体制进行了探索，如"省管县"财政体制管理方式的改革试点和扩大推行，减少了财政管理层次，扩大了县级行政审批权限，提高了行政效率和资金使用效益。与此同时，逐步完善乡镇财政管理体制改革试点，对经济欠发达、财政收入规模小的乡镇，推行由县财政统一管理乡镇财政收支的办法，对一般乡镇实行"乡财县管"。

四、我国基层财政体制的重新构建和设计

（一）发展县域经济，做大地方经济和财政收入"蛋糕"

当前，应将发展作为第一要务，努力通过体制创新，加快县域经济发展，培植财源，增强财政的可持续发展能力，例如，出台发展县域经济的政策和优惠措施，积极推行项目带动战略和工业强县战略，不断加大招商引资力度，放手发展民营经济，促进和扶持中小企业发展，成立中小企业担保公司，解决中

小企业融资难问题。把优势资源开发、农产品加工业、劳动密集型工业、为大工业配套和优势工业作为县域工业发展的主攻方向，千方百计扶持优势产业和骨干企业的发展，促进县域产业结构优化和技术升级，培育和发展县域特色经济与支柱产业，努力推进城乡经济融合，加快农业产业化、农村工业化、城镇化和城乡一体化进程，不断增强县域经济实力，实现农民增收、财政增收两个目标。

（二）减少政府层级和财政层级

理顺财政收入分配关系，规范税收征管，充分调动各级政府增收节支的积极性。合理确定市县收入比重，收入大头留给县级，财力分配向县级倾斜；取消县对市的定额递增上解和不利于调动县乡积极性的其他财力上解办法；建立与财政体制相适应的税收属地化征管制度，为各类市场主体公平竞争和调动县乡政府培植财源的积极性创造良好条件。

如果说现代政府的存在就是为民众提供公共物品和公共服务的话，那么，根据最优公共品规模和最优辖区理论，每种公共品都有最优消费规模和地区，而事实上也不可能设置众多的政府层级和财政层级。因此，以适宜的政府层级来提供公共物品和服务是比较现实的选择。但实行"省管县"财政体制后，也应注意一些问题，如省的管辖幅度与管理层级之间的矛盾和行政效率问题；"地级市"的定位和人员精简问题；区域性公共品的供给问题；县与县之间的恶性竞争、"争宠"、重复建设、攀比问题，等等。

政府层级划分后，一级政府对应一级事权，正确合理的县乡政府事权界定也是划分政府财政的保障。对其职能的界定要基于县乡两级政府都已存在具有合理的行政管辖区的假定。

（三）实现县乡政府财政融资多元化

分税分级财政的完善对县乡政府的意义也自不待言，作为两级基层政权必须有主体税种以补给其运转需求。大量准公共物品与俱乐部产品的存在，也可以使地方政府充分发挥市场机制的融资作用。设立均等化的转移支付制度，对于弥补县乡财政缺口，调控县乡财政收支、引导产业发展和实现国家各项宏观政策都具有重要意义。另外，也可通过加强对土地出让金的管理，合理利用银行信贷资金，积极拓展资本市场融资，或者把社会保险资金作为潜在的融资来源予以考虑，并运用 PPP 模式（Public Private Partnership）、政策性金融与国际借款等途径实现县乡政府财政融资多元化。

（四）财政立法

财政立法是一种财政观，是为了保障国民的财产权和自由权、保证国家权力的正确行使，国家通过制定法律明确国家的财政权和国民的财产权以及确立国家财政权在不同国家机关之间、中央和地方之间划分的一项制度，包括财政收支、财政管理及政府间财权的划分都由法律控制。

除此之外，还需要其他配套改革，如加大转移支付力度，完善转移支付制度（或体系），实现基本公共服务均等化；建立县乡民主理财机制，实现地方财政民主治理；完善农村土地使用权的流转及人口流动制度；建立健全农村社会保障制度，等等。

专题十一

中国古代财政调控财富分配的实践

在中国漫长的封建社会，财富的贫富失衡始终是一个非常严重的社会问题。一般来讲，财富多的人即"富者"，多是那些具有雄厚资财的官僚、贵族、地主、富商大贾、大家、大户等，而财富少的人即"贫者"，多是那些财富很少或没有财产的小商贩、自耕农、半自耕农、佃农、小农、下户、逃亡者等低收入群体。历代出现的财富差距相当悬殊，"庶人之富者累巨万，贫者食糟糠"、"富者田连阡陌，贫者亡立锥之地"①、"富者奢侈羡溢，贫者穷急愁苦"，② 正是古代财富差距的生动写照。为了维护社会的稳定和统治者的利益，封建统治者不同程度地采取政府干预经济的措施，对贫富不均进行合理、适度的控制。基于这一认识，本文试图对中国古代调控财富分配的实践进行较为系统的梳理和分析，以期对我国当前的收入分配制度改革提供重要的启示或借鉴。

一、影响中国古代财富分配的主要因素

（一）封建权力等级制度

中国封建社会是一个权力等级森严的社会，官员等级制早在周代就已形成。封建政府以各种形式规定了不同地位的人所享受的物质利益（禄）各不相同。官僚豪族的收入主要来源是按爵级占田宅，以及俸禄、赏赐。爵位不同待遇相差很大，他们因高官而获得了厚禄，家累万金。例如，汉代的爵禄和秩禄就体现着森严的等级，高爵与低爵间的爵禄，高官与低吏之间的俸禄存在着较大的

---

① 《汉书·食货志》。
② 《汉书·董仲舒传》。

差距。西汉官吏俸禄发放标准为秩石制，大约有 20 个等级。在各级官吏中，丞相作为最高官员，月俸钱相当于高级官员中两千石的两倍，相当于低级官员六百石的 20 倍及低级小吏的 100～600 倍。高级官员的月俸钱基数高，各级之间差别很大。① 曹魏末年实行九品官制，官员的收入标准沿用了旧有的禄秩待遇，封建统治者的收入不仅稳定，而且优厚。到晋朝和北朝、官员俸禄与官品接轨。如晋代，一个一品官每年可向国家领取禄米一千八百斛（或得到菜田十顷，田驺十人）、绢三百匹、绵两百斤。如果按西晋太康元年的租调征收标准计算，共计需要农民四百五十户所交的田租、一百户所纳的绢和六十户所纳的绵。此外，还可以再占田五十顷，荫佃客四十户至五十户，荫衣食客六人。这样，每养活一个官员，都需要国家直接或变相地支付一笔不小的开支。

此外，不同等级的官员在占田方面也有极大的差别。我国封建社会第一个正式由政府颁行的田地分配制度是西晋的占田制。西晋的占田制明确规定了对王公贵族和各级官员的土地限额："国王公侯，京城得有一宅之处，近郊田，大国田十五顷，次国十顷，小国七顷"。官员则按官品等级占田课田，规定官一品占田 50 顷，以下每品依次递减 5 顷，至九品官占田 10 顷。隋唐后，各级官吏除了按均田制得到正式的田地之外，还享受职分田和公廨田。由于我国古代社会占主流地位的收入分配理念是以社会地位为依据进行有等次差别的收入分配，在此理念支配下的制度安排，决定了农民是整个封建社会中最贫困的弱势群体。因缺少制度保障，耕种少量土地的农民，所获得的只是其劳动成果的一部分。到宋代，由于土地实行"田制不立"，无地农民被授予基本的生产资料也随之丧失了制度的保障，农民陷入更加困苦的境地。

土地是农业社会最重要的生产资料和财富形态，以官位品级作为分配占有土地的主要依据，反映了中国古代收入分配制度的本质特征。封建权利的等级制度给了各级官吏迅速积累财富的最大机会，使官员"及身久任事，至三公列，子孙尊官，家訾累数巨万矣。"② 说明封建社会的官职也是一种巨大的权力和威望，授予官职，就等于赐予了财富。这种的等级式财富分配制度人们昭示着，当官不仅是最荣耀的职业，而且几乎是获取巨额财产的唯一途径。这不仅固化了"仕而优则学，学而优则仕"的观念，而且还进一步加深了贫富差距。

---

① 黄惠贤、陈锋主编：《中国俸禄制度史》，武汉大学出版社 2005 年版，第 31 页。

② 《史记·酷吏列传》。

（二）赋税沉重

从中国的历史发展看，在建立王朝初期，封建社会的统治者多能总结前代灭亡的教训，赋税负担一度减轻，但随着政权的稳固，统治者逐渐走向奢侈淫逸，赋税负担也随之加重。这里，仅以历史上赋税较轻的两汉为例来说明。两汉的赋税一般包括土地税，即田租；人头税（包括算赋、口赋和户赋）；更赋和力役；财产税（包括算缗钱、算车船和税民货等）；商业交易税；各种收益税。汉代的田租即土地税相对于战国、秦朝来说不可谓不轻，从"什五税一"降到景帝后的"三十税一"，此后定为常制，但是对于小农来说，因拥有土地的数量少，轻田租政策的意义显得十分微弱。至于那些无地的农民，这些政策就更无多大价值，相反人头税、更赋和力役却是沉重的负担。董仲舒说："邑有人君之尊，里有公侯之富，小民安得不困？又加月为更卒，已复为正，一岁屯戍，一岁力役，三十倍于古；田租口赋，盐铁之利，二十倍于古。或耕豪民之田，见税什五。"[①] "田虽三十，而以顷亩出税，乐岁粒米狼庆而寡取之，凶年饥馑而必求足。加之以口赋更徭之役，率一人之作，中分其功。"[②] 王莽也曾叹息曰："汉氏减轻田租，三十而税一，常有更赋……厥名三十税一，实什税五也。富者骄而为邪，贫者穷而为奸"。[③] 这些史料足以说明，就连历史上赋税负担较轻的汉代，农民承担的人头税、更赋与力役等就如此繁重，其他朝代轻不过两汉。官僚豪族、工商富民因占有较多的土地而在低税率中获益颇多。从这个意义上讲，古代赋税制度并没从根本上起到分流财富的积极作用。

（三）土地兼并严重

在农业社会，土地是最重要的生产资料和拥有财富的重要标志，这自然会引起贵族、官僚、地主投资土地和占有土地的积极性。文景之后，随着经济的发展，土地兼并加剧，占田数量远远超出了政府所规定的限制。为此汉武帝颁布"六条问事"，其中第一条就要求对"田宅逾制"进行纠察。与此同时，对于

---

① 《汉书·食货志》。
② 《盐铁论·未通篇》。
③ 《汉书·王莽列传》。

"以末致财，用本守之"的商人兼并土地现象也予以坚决地打击，在算缗令中严禁商人把资本投资于土地，"贾人有市籍及家属，皆无得名田，以便农。敢犯令，没入田货"①。据统计，豪民兼并的土地 11320000 亩，意味着 174153 户农民失地破产，这还不包括官僚贵族侵夺的土地。② 西汉中期后，政治权利、宗法势力、货币权利等三者与土地权利紧密结合，官僚、地主、商人合而为一，进一步助长了土地兼并。到东汉，随着豪强地主经济的发展，土地兼并加剧。而土地兼并又造成了土地资源向少数人急速倾斜，加剧了社会的贫富分化。

隋唐时期的赋役制度是建立在均田制基础上的。唐中期，土地逐渐向各类地主、官僚手中集聚，由国家控制的土地越来越少，导致政府难以维持对农民授田，均田制遭到破坏，从而导致两税法改革。北宋政府实行"不抑兼并"和"田制不立"的土地政策，对豪强地主兼并土地采取纵容态度，而且赋予他们免税免役特权，导致"富有者有弥望之田，贫弱者无立锥之地"频繁出现。明嘉靖年间，阁臣严嵩广布良田遍于江西数郡，其江西袁州十分之七的土地为他所占。据统计，明初应税田亩达 835 万顷，到弘治十五年（1502 年），全国应税土地仅剩 428 万余顷，出现"天下额田已减半，而湖广、河南、广东失额尤多，非拨给王府，则欺隐于猾民"。③ 这种情况直接导致了明中期的"一条鞭法"改革。可见，土地兼并成为社会瘤疾，它既是贫富严重失度的表现，也在一定程度上加剧了社会财富的不均衡，不仅会破坏小农经济，导致大量无地农民和流民增加，减少了国家的财政收入。因此，古代各代政府都采取了相关改革措施试图在限制土地兼并上有所作为，但却步履维艰，使"土田布列在豪强，率而革之，并有怨心，则生纷乱，制度难行。"④ 其根本症结在于地主的土地私有制，政府试图简单地通过一纸诏令全面地改变或剥夺大私有土地的占有已不可能。

（四）小农经济的脆弱性和不稳定性

自古以来，由于人们对自然界的认识能力和控制能力极其薄弱，特别在农业生产领域，其生产过程几乎全部听天由命。农业承受自然灾害的能力十分低下，一旦发生自然灾害，就会造成大批灾民外流，大量耕地荒废。由于自身的

---

① 《史记》卷 30《平准书》，中华书局 1982 年版，第 1430 页。
② 王彦辉：《汉代豪民研究论纲》，《史学月刊》，2001 年第 4 期。
③ 《明史·食货田制》。
④ 《汉纪》卷八。

特点，农业一直处于弱势产业地位。其原因在于：第一，当时农耕区主要在黄河流域和淮河流域，一年一熟制的生产模式决定生产周期长，从播种到收获，起码需要半年以上的时间，影响致富的速度。第二，自耕农经济是小规模的个体经济，生产工具简陋，农业的劳动生产力提高缓慢，比较利益低下，尤其是在生产力尚不十分发达的封建社会。第三，农业前期投入即购置土地需要较多的资金。以汉代为例，按当时亩价 2000 钱计算，68 亩土地需要垫付 136000 钱，自耕农显然无力一次性全部购置。生产过程需要一个较大的必要劳动垫支量，购买耕畜，牛一头三千，马一匹四千。而农产品价格普遍偏低，文帝时最低价为十余钱至数十钱，最高价五百钱；武帝为三十钱至八十钱；宣帝最低价五钱，最高百余钱；元帝最低价百余钱，最高价两百钱至五百钱。通常在每石百钱左右，因此，如果对生产进行大量垫支，却不能在短时期得到回报，势必使农民陷入贫困。

此外，小农经济的狭小生产规模和简单的性别分工也使生产经营规模很难扩大，自然就难以抵抗水旱之灾的冲击，这些因素决定了小农经济模式具有脆弱性和不稳定性，经不起权利与资本的侵蚀，其土地很容易被地主、官僚所兼并而沦为佃农或者雇农。当统治者"急征暴赋，赋敛不时"，征剥无度时，很容易导致小农破产流亡。此时，极易出现"贫民虽赐之田，犹贱卖以贾"。① 小农自然就陷入如此生活情景："今农夫五口之家，其服役者不下二人，其能耕者不过百亩，百亩之收不过百石。春耕夏耘，秋获冬减，伐薪樵，治官府，给徭役；春不得避风尘，夏不得避暑热，秋不得避阴雨，冬不得避寒冻，四时之间亡日休息；又私自送往迎来，吊死问疾，养孤长幼在其中。勤苦如此，尚复被水旱之灾，急政暴赋，赋敛不时，朝令而暮改……于是有卖田宅，鬻子孙以偿责者矣"。②

小农经济的脆弱性和不稳定性，进一步加剧了农民的贫困化，使"四郊之民贫，商贾之民富"③ 以及工商业"佚且利"，④ 农业则"劳而少利"，⑤ "民之内事，莫苦于农"，"农之用力最苦，而盈利少，不如商贾技巧之人"⑥ 的状况长期难以改变。

---

① 《汉书·贡禹传》。
② 《汉书·食货志》。
③ 《管子·轻重丁》。
④ 《商子·算地》。
⑤⑥ 《商子·外内》。

（五）分配潜规则

封建社会的官僚贵族的另一个致富手段是超经济强制，即通过封建特权和各种非法手段获得财富，包括贪赃枉法，收受贿赂，霸占别人财产，公然掠夺人民等。分配潜规则主要表现在以下几个方面：

1. 政治腐败，买官卖官现象严重。《汉书·食货志》记载："文帝从错之言，令民入粟边，六百石爵上造，稍增至四千石为五大夫，万二千石为大庶长，各以多少级数为差。"如此高昂的售价非一般"贫者"所能够接受的，这无形中导致社会不公，贫者无爵就要负担沉重的徭役，从而愈加贫困，而富者却可以因为有爵而得以免除，因此买爵免役的政策是有利于地主豪强、工商富民的。从某种程度上说，这种以社会地位为依据进行的有等次差别的收入分配，又决定了农民是整个封建社会中最贫困的弱势群体。①

2. 官员权力寻租。腐蚀官员、败坏朝纲，给社会带来更多不稳定因素。封建官吏除了拿着政府俸禄，同时经营其他行业的大有人在。董仲舒认为："身宠而载高位，家温而食厚禄"的官僚与民争利而"众其奴婢，多其牛羊，广其田宅，博其产业，畜其积委"，这种结果只会加剧社会的贫富分化。权利的寻租在一定程度上加速了土地、矿产等资源向商人倾斜，使富商大贾占有更多的生产资料，最终又促进了商业资本的进一步增殖，进一步加剧了贫富分化。如成都的罗裒，起初坐贾京师，又往来于巴蜀经商，"数年间致千余万"。他将钱的一半贿赂曲阳侯王根和定陵侯淳于长，"依其权力，赊贷郡国，人莫敢负"；又"擅盐井之利，其年所得百倍"。至成、哀间，竟然成为"訾至巨万"②的大富翁。这说明，罗裒是一个"赊贷郡国"的高利贷者，又是"擅盐井之利"的大产业主。其发财致富，显然是依仗官僚地主的权势而获得的。此后，随着官僚、地主、商人三位一体的形成，金钱与权利更紧密地捆绑在一起，更多的资源与财富急速地向一部分人身上转移，贫富差距愈益扩大。总之，政治腐败使商业资本向权利渗透，财产权利支配政治权利，致使"贫者"与"富者"在资源占有上极为不均，加重了生产资料配置的不公平。

3. 官商结合。官商结合是专制经济中的一种特殊表现形态。商人投机政治

---

① 钟祥财：《收入分配的激励消散效应——以中国古代为例》，《上海经济研究》，2003 年第 8 期。
② 《汉书·食货殖列传》。

的苗头在汉代初年就已经出现，所谓"因其富厚，交通王侯，力过吏势，以利相倾"① 是也。商人为了保一己之利，不得不巴结乃至贿赂官府，这在我国古代久已成风。官商结合，一方面，掩盖了特权阶层对社会财富的不合理侵吞，相应地剥夺了其他社会成员通过经济贡献索取收入的预期；另一方面，加大了社会成员从事经济活动的平均成本，贿赂官员或官府垄断一旦成为公众认同的社会现象，就会降低正常的经营利润，歪曲市场价格和收益的信息功能，减损社会资金的投入总量。

二、古代财政调控财富分配的实践

在中国古代，收入分配很早就被确定为国家统治者的一个重要职责。荀子曾论证了国家调控财富分配的必要性："人之生不能无群，群而无分则争，争则乱，乱则穷矣。故无分者，人之大害也；有分者，天下之本利也；而人君者，所以管分之枢要也。"也就是说，国家是确定个人在社会财富分配中获得份额的中枢。《管子·国蓄篇》强调："予之在君，夺之在君，贫之在君，富之在君"，主张通过国家权利来控制经济。桑弘羊也主张，统治者要调均贫富，他认为，"人君不调，民有相万之富也。此其所以或储百年之余，或不厌糟糠也。"如果统治者不重视就很难把国家治理好，"民大富，则不可以禄使也；大强，则不可以罚威也。非散聚均利者不齐。"因此，为人主者要"积其食，守其用，制其有余，调其不足，禁溢羡，厄利涂，然后百姓可家给人足也。"② 国家调节财富分配的目标是"君子以裒多益寡，称物平施"③，即是对社会财富的占有实行均衡调剂，统治者应注意尽量保持百姓财富的均衡，这也体现了古代"不患寡而患不均，不患贫而患不安"④ 的思想。正是基于社会舆论的推动及其巩固统治的需要，封建统治者很清醒地认识到当时的社会贫富不均现状以及由此带来的社会隐患。为了维护社会政治经济秩序，当政者在施政过程中对社会贫富不均给予了一定关注，并采取一些措施对财富分配进行干预和控制。

---

① 《汉书·食货志》。
② 《盐铁论·错币》。
③ 《周易·谦·象》。
④ 《论语·季氏》。

（一）重农抑商

"重农抑商"政策是我国古代政府调控财富分配的主要途径。其本意是重视农业，即要求国家将更多的生产要素（主要是劳动力）配置在农业上，同时主张抑制商业的过分发展特别是富商大贾对农业的破坏作用。作为走在时代前列的改革家、政治家，商鞅清楚地看到了商业与农业争夺劳动人手、富商大贾掠夺农民危及封建经济基础的严酷事实。他认为，农民"用力最苦而盈利少，不如商贾技巧之人"，生产要素（主要指劳动力）容易流向回报率高的商业，从而造成"怠于农战"。为此，商鞅主张由国家采取强有力的措施，"殴民归心于农"，使"商贾、技巧之人无繁"，也就是说，把更多的劳动力配置在农业上。为此，商鞅在变法过程中采取了一系列政策措施，诸如用免除徭役来奖赏努力耕织增加粮食、棉花产量的人，用罚作奴隶去惩办非法经商的人，同时减轻对农业课税，重征商税，提高粮食收购价格，统制粮食贸易等。商鞅的这些措施对于稳定农业劳动力起到了很好的作用。

西汉建立以后，同样采取了抑商政策，规定商人不许穿丝衣服和骑马，不许他们做官，限制商人对土地的兼并。汉武帝对非农业收益另外征税，史称"算缗"。算缗的征收范围遍及工商各个领域。实行抑商政策的目的，是把它作为抑制兼并势力及富商大贾的手段，以利益分配的顺畅化达到要素分配的合理化。桑弘羊针对西汉前期富商大贾腰缠万贯，"不佐国家之急"，并兴风作浪使普通百姓贫困破产的情况，实行严厉的"重农抑商"政策。公元前 119 年，桑弘羊对中等以上商人发起了一场揭发检举隐瞒财产偷漏税的"告缗"运动，没收中等以上不法商人数以亿计的财产和数以千计万计的奴婢以及大量的土地，收到了抑制豪强、摧毁不法商人的效果。"重农抑商"政策的实施，使"中家以上大氐破"，并且"民偷甘食好衣，不事畜藏之业"。[①]

"重农抑商"政策，还表现在政府采取措施抑制兼并土地。土地在古代社会中，是重要的生产资料和财富保障，是农民赖以生存的基础。古代贫富差距拉大与土地占有的多寡有关。由于土地兼并直接影响到农业生产资源的配量不均，严重危及农民的生存和社会秩序，因此，"限民名田，以澹不足，塞并兼之路"[②]就显得十分重要。例如，东汉立国后，豪强地主在国家政治经济生活中占

①② 《汉书·食货志》。

据着主导地位，田庄经济迅速发展起来，激化了土地与人口的矛盾，为此光武帝建武十五年下诏"州郡检核垦田顷亩及户口年纪"，规定度田对象既包括农民的土地，也包括豪强地主的土地，想以此掌握土地占有的真实情况，通过重税办法控制豪强地主占田，派监察官员对"田宅逾制"进行纠察。上述措施说明，"重农抑商"使商贾的消费观念和理财观念都发生了很大变化，商业资本投向土地的势头得以遏制，土地兼并暂时得以缓和。

（二）重视发展农业，维护小农利益

我国是古老的农业大国，农业是天下的根本，重农才能兴邦。管子在《治国篇》中提出："夫富国多粟，生于农。与利者，利农事也，除害者，禁害农事也。"汉朝贾谊认为："今殴民而归之农，皆著于本。"① 晁错把"重农"同防灾结合起来，提出"薄赋敛，广蓄积，以实仓廪，备水旱。故民可得而有也。"② 古代政府发展农业及维护小农的主要措施有：

1. 有节制征调徭役、兵役。在经济稳定时期，不同朝代的当政者在不同时期都实行过酌情减轻农民负担的政策。例如，西汉初年，面对社会经济凋敝，人民逃亡，府库空虚的残破景象，汉政府降低田租的税率，实行十五税一。文帝即位后，曾12年免收田租（公元前167年~公元前156年），景帝时实行"三十税一"的轻徭薄赋政策，以达到"薄赋敛，省徭役，以宽民力"③，确保农时。"轻田租"政策确实发挥了"重农务本"的作用，农民从中获得不少实惠，小农经济状况大有好转。由此可见，只要政策措施到位，还是可以在某种程度上缩小贫富差距，调均的效果还是相当明显。在隋唐兴盛时期，政府也都在不同程度上实行了"省徭役，毋夺民时"的政策。

2. 赋民公田。指皇帝把王朝和皇室的土地和土地所有权赐赠给贫穷的自由民，再造就一批自耕农小农业者，包括赐、给、予、赋、与、振业等形式。有的按编户贫民、贫人爵位身份高下分等赐予，有的按编户贫民、贫人人数平均赐予，有的按编户贫民贫人人数计口赐予。由国家向无地农民分配土地的做法始于王莽，他在宣布实行"王田制"的诏令中表示："故无田，今当受田者，如制度。"④ 但真正在土地制度方面作出详细规定的是在西晋，占田制有这样的文

---

① ② ③ 《汉书·食货志》。
④ 《汉书·王莽传中》。

字："男子一人占田七十亩，女子三十亩，其外丁男课四五十亩，丁女二十亩，次丁男半之，女则不课。"北魏均田制规定了农民的受田标准："诸男夫十五以上，受露田四十亩，妇人二十亩，奴碑依良。丁牛一头受田三十亩，限四牛"。[①] 均田制自北魏创行后，历经北齐、北周、隋朝，一直到唐中期，有300年的历史。赋民公田，农民得到正常的生产和生活条件，缓和了土地与人之间矛盾。

3. 劝民农桑，发展副业。农桑并重的政策既可以保证农民衣食无忧，亦可增加农民收入，因为"务五谷，则食足；养桑麻，育六畜，则民富"。[②] 汉代政府在利用农桑富民方面成就显著，务本节用丰财的政策既增加了农民经济收入，也能缩小贫富不均。反映了汉代地方政权对发展农桑，提高农民经济收入是颇为重视。

4. 移民垦殖，鼓励垦荒。对人多田少或者遭受灾害的地方，允许农民到人少田多的"宽乡"或者边郡种植，通过移民的办法解决贫民的土地问题。对于迁徙的百姓，除依靠自己力量开垦新荒地外，政府也会赐予移民一定的钱财田宅。汉政权通过采取赋民公田、假民公田及其移民垦殖的措施，充分利用国家有限的土地资源与民耕种，保护、扶助小农经济的发展。

5. 加强公共基础设施的建设，大力兴修水利。中国是以农业为基础，靠天吃饭。我国自西而东河流纵横，遍布全国，水患频繁，因此，各朝代政府都很重视水利设施建设。如秦国修建的都江堰、郑国渠两项重大水利工程，对于农业灌溉发挥了重要的作用。汉政府在关中地区修建了漕渠、渭渠、汾渠、六辅渠、白渠等大型灌溉渠道，在河西走廊及其淮河流域也修建了不少水利设施，给农业带来巨大效益。北宋王安石在实施《农田水利法》的过程中，由国家贷款给乡村兴修水利，利息10%，以缓解农村资金紧张的问题。元代开凿的会通河、通惠河、广济渠等水利灌溉设施，灌溉了万顷良田，保障了农业的丰产，对于稳定农民的经济收入和稳定农业经济发展起了重要作用。

（三）赋税政策

古代赋税是田赋与其他税收的总称，是国家为了实现其职能，按照法律预先规定的标准，强行征课的一种财政收入，属分配范畴。因此，赋税征课的苛

---

① 《魏书·食货志》。
② 《管子·牧民》。

重或轻薄都会积极引导着财富的再次分配，因此，赋税政策历来是国家调节经济的重要杠杆。

1. 重视税收在调节财富分配中的作用。我国古代的财政改革家十分重视税收对社会经济的调节调节社会财富的分配作用。以税收手段均贫富包括两层意思：第一，财富多者多纳税，限制土地过分集中，减轻穷人的税负；第二，按照土地和财富多少征税，使负担均衡。例如，公平税负的突出例子就是春秋前期齐国改革家管仲推出的"相地而衰征"，这是一项变革农业生产关系的重大举措，它要求按土地的肥瘠分等征税，使税收负担适合土地生产能力。秦国的商鞅为了实现其"农战"理论，主张"重关市之赋"，要求"不农之征必多，市利之租必重"，并对农业税的征收简化手续，做到"官属少，征不烦"。商鞅的这种做法，实际上就是利用税收手段调节生产要素（主要是劳动力）在农业与商业两大部门之间的分配比例。《管子》认为，赋税太重会影响农民从事生产的积极性，从而造成"下怨上，令不行"、"国虽大必危"的后果。为此，统治阶级要"取于民有度，用之有止"。

进入唐宋，由于受商品经济较大发展的冲击，专卖、平准等政策措施的作用日渐减少。税收的作用再次被封建改革家所重视，唐代中后期的刘晏提出"因民所急而税之，则国用足"的税收征课原则，主张选择人民迫切需要的日用商品而课税，从而使税源既丰富又稳定。稍后的理财家杨炎更重视税收的作用，认为："财赋者，邦国大本，而生人之喉命，天下治乱重轻系焉"。在他的主持下，唐德宗于780年正式废除租庸调制，实行两税法。两税法以资产多少为征税标准，"人无丁中，以贫富为差"，"资产少者则其税少，资产多者则其税多"，体现了公平税负的原则。王安石认为，兼并是当时国贫民穷的主要原因，因此，主张把财政、税收作为抑制兼并的工具。他主张均平税负，"孔称均无贫，此语今可取，譬如轻万钧，当令众人负"，他的方田均税法就集中体现了这种思想。总之，均贫富的税收政策虽然不能从根本上改变豪强地主的兼并，但经常成为经济改革和税制改革的起因，对减轻农民负担，促进经济发展有积极作用。

2. 加重对商人末业税的征收。汉朝初创，政府就实行"抑商"政策，《史记·平准书》说："天下已平，高祖乃令贾人不得衣丝乘车，重租税以困辱之。"惠帝、高后时，在政治抑商的同时，又对商人的人头税加倍征收。如惠帝时规定"唯贾人与奴婢倍算"，[①]要求每人每年应缴纳两百四十钱。王莽时代，对

---

① 《汉书·惠帝纪》。

奴婢人口征税直线飘升，蓄奴激增为每名成年奴隶三十算，纳税钱三千六百。惟富有者才可能拥有奴婢，因此，对奴婢增算间接地遏制了富者的经济势力增长。至于末业税征收，不仅税目多，有工矿税、市场税、关税等，而且税率也高。

3. 发挥资产税调均贫富的功效。资产税或曰訾算，乃为户税，按户资出钱。资产税在西汉称为"訾算"，即以家庭财产为税基、以户为单位征税，计訾的范围在不同时期不尽一致，税额为訾万钱一算（一百二十钱）。按照资产多少征收相应的资产税，小家若家訾2万，岁课资产税240钱，中家若家訾10万，岁课资产税1200钱。大家若家訾百万，岁课资产税12000钱。依此类推，訾多税多，訾少税少，无訾不税。每年汉代政府都会派人到每家每户度量财产进行核计，再根据财产的多寡按比例课税，体现贫富有别，在客观上有助于调均贫富，限制贫富失度。

汉武帝时期，由于对匈奴用兵频繁致使财政陷入危机之中，而富商大贾"不佐国家之急"，[①] 于是汉武帝开始了汉代历史上最大一次的劫富行为，颁布"算缗"、"告缗"令。所谓"算缗"就是向工商业者征税，包括对商人和高利贷者收取的营业税。对手工业者、商人是每四千钱一算，商人所拥有的贩运工具，轺车却是二算的重税，超长的船只也征收一算，这反映出统治阶级在制定政策过程中充分考虑到商人的固定资产是否有增加财富的因素。此后，资产税仍然存在，通过算缗、告缗"得民财物以亿计"、"民不益赋而天下用饶"。[②]

唐代德宗年间，为了筹措兵费，有人预谋向商人搜括，规定"钱超过万贯者，留百贯为业，其余官借以给军需。冀得五百万贯。帝许之。"钱数不够，复以"借做柜钱"强行盘剥，"长安为之罢市"。[③]

（四）财政信用政策

财政信用即国家信用，是指以国家为主体运用信用手段进行财政分配的特殊形式。通过财政信用政策为农民假贷农具与种食。据《周礼》记载，早在西

---

① 《史记》卷30《平准书》，中华书局1982年版，第1425页。
② 《汉书·食货志》。
③ 朱伯康、施正康：《中国经济通史》上，中国社会科学出版社1995年版，第583页。

周时期，就设立了管理贷款的官府机构——"泉府"。贷款分为两种，一是非生产性的，主要是用于统治阶级上层人物祭祀及丧事活动；二是生产性的，先由生产者提出申请，再由官府审查决定是否贷放和应贷放数额，属于临时周转性性质，一般利率为5%。战国时代，高利贷活动十分猖獗，《管子》的作者们就提出以国家信贷取代私人借贷来对社会经济进行调节的主张。他们建议国家设立一种"环乘之币"，其中一部分贷给种优等土地的农民，作为预购谷物之用，待农作物收获后，国家以低价收购粮食，抵还贷款；对于贫苦农民，国家则采取实物信贷的方式，贷给他们诸如种子、口袋、竹器、绳索等器械，以便他们能按时生产。总之，无论是货币信贷，还是实物信贷，其目的都在于扶持小农经济稳定发展，防止其被高利贷所吞噬。

西汉中期后，国家对缺乏生产、生活资料的农民，经常出台一些假贷农具、种子和粮食的举措。或者"贷与产业"，或者"赊贷种、食"，或者"赐田宅什器，假与犁、牛、种、食"。通过这种办法提高他们自身的造血功能，维持简单再生产。王莽很成功地运用财政信用政策为生产服务，据史料记载，王莽对小本经营者实行过生产信贷。规定：凡是想贷款从事生产的，均应受到批准，并且借款期限较长，利息以生产成本为基础而在其纯利润中提取，因而以生产者的获利能力为转移，具体做法是除掉生产者所花的全部费用，根据他所得的利润，一年不得超过1/10。这样低的利息与当时高利贷利率最少3/10，有时竟取息十倍相比，农民的负担要相对轻得多。

北宋的王安石从摧抑兼并的角度实施财政信用政策。他推行的"青苗法"规定：政府以各路常平、广惠仓储存的1500万贯以上的钱谷作本钱，每年阴历正月和五月青黄不接时由州县官贷给农户。其中一等户15贯，二等户10贯，依次递减，利息2分，随夏秋税时归还。青苗法的利息虽然较高，但与高利贷的利息相比，却优惠很多，并且若遇灾年，还允许延期归还。因此，青苗法使一些农民或其他急于用钱的人户可免遭高利贷的盘剥，起到了"广蓄积，平物价，使农人有以赴时趋事，而兼并不得乘其急"的作用。此外，青苗法对富人（如一等、二等、三等）也实行强制性贷款，即"抑配"，目的是让他们出利息，以备荒年之用。

总之，财政信用政策作为历代政府调控财富分配的政策之一，其运用的时间不算长，面不算太广，但它在促进生产发展、防止农民遭受高利贷盘剥以及打击豪强兼并势力等方面都起到了积极作用。

（五）物价政策

物价政策也是政府调控财富分配的重要政策之一。封建国家采取采用适当的物价政策调节调节财富分配，主要包括：

1. 调粟。管子在《国畜篇》中比较明确地表述了调粟的必要性："物多则贱，寡则贵，散则轻，聚则重。人君知其然，故视国之羡不足，而御其财物。谷贱则以币予食，布帛贱则以币予衣，视物之轻重，而御之以准。故贵贱可调，而君得其利。"李悝继承了管子的思想，创设平粜法，根据灾情轻重，征调粮食以供应灾民。他在《汉书·食货志》中详尽阐发了调粟的具体内容："粜甚贵伤民，甚贱伤农。民伤则离散，农伤则国贫。故善平粜者，必谨视岁，岁有上、中、下熟，大熟则上粜，三而合一；中熟则粜二；下熟则粜一，使名适足，价平则止。小饥则发小熟之所敛；中饥则发中熟之所敛；大饥则发大熟之所敛，而粜之。故虽遇饥馑水旱，粜不贵，而民不散，取有余，以补不足也。"

2. 平准。平准政策是指封建国家调节市场供求从而平抑物价的一种经济政策。公元前110年（汉武帝元封元年），桑弘羊在创立平准法。平准是由官府来吞吐重要物资以平抑物价。当市场上某种商品价格上涨时，平准机构就以较低价格抛售；相反则由平准机构收买贮存，即"贵则卖之，贱则买之"。这样做既可以保证"县官不失实"，[①] 又能够使"富商大贾亡所牟大利，则反本，而万物不得腾跃。故抑天下之物"。[②] 平准政策的推行，使西汉中央政府掌握了关系国计民生的主要商品，有力地打击了富商大贾哄抬物价、操纵市场的不法行为，达到了"平万物而便百姓"的目的。

唐中后期的刘晏的做法更有独到之处。他一方面创立常平仓业务，收售粮食及其他商品以稳定价格并获取厚利，一方面又在边远地区设立常平盐，"每商人（盐商）不至，则减价以集民，官收厚利而人不知贵"。同时，为了与之相配套，刘晏还用重金募人在各地了解市场行情，"四方物价之上下，虽远不四、五日知"，然后据此采取相应措施，做到"天下无甚贵贱之忧"。北宋王安石实行市易法：当市场上急需时，由各行商贩以金银、地契、货物等产业作抵抑，五人结保，向市易务赊购货物以进行贩卖，年息两分。市易法对于活跃市场，便

---

① 《盐铁论·本议篇》。
② 《汉书·食货志》。

利商品供应，限制大商人垄断市场，稳定物价和调节市场的需求等起到了积极作用。

总之，采用适当的物价政策调节作为历代财政改革的一项重要措施，与古代西方利用行政、法律手段的限价措施是不同的，它更注重利用经济手段，运用价值规律。以上采取的各种物价政策，对于平抑物价，打击富商大贾操纵市场及稳定低收入者的生活水平在一定程度上起了积极作用。

（六）社会保障

追求与谋划自身经济生活的安定和保障，是人类与生俱来的天性。我国是一个具有悠久文化和历史的国家，很早就出现了带有经济保障性质的政策与实践。社会保障是古代政府调控财富分配的有机组成部分，在某些"盛世"得到不同程度的实施。自古以来，就总有一部分社会成员需要政府的、社会的或他人的援助才能避免生存危机，历代政府为了维护社会稳定、缓和阶级矛盾，在很早以前就制定并实施过诸如救灾、济贫等社会政策。《礼记》记载："大道之行也，天下为公，选贤与能，讲信修睦。故人不独亲其亲，不独子其子，使老有所终，壮有所用，幼有所长，鳏寡孤独废疾者皆有所养。"古代社会保障的内容体现为通过若干救荒政策、扶弱救贫等实施经济保障。

1. 救荒政策。我国自古以来就是多灾重灾之国，各种天灾人祸对经济社会的影响至深。历代当政者均对灾害采取过各种救助措施，制定了相应的抗灾救荒的法令和政策。救荒政策包含大量的事先预防和事后救助的思想主张与施政政策。事先预防政策，主要内容是"仓储说"，以抗拒可能发生的自然灾害；事后救济措施，主要包括调粟、赈济、养恤、蠲缓等方面内容。"调粟"措施，实质上就是采取"移民就食"或"移食救民"，即在全国范围内，通过对灾区与非灾区不同地域间的粮食调拨或移民方法，使灾区人民的经济生活得到保障。赈济措施是指以粮食、谷米等实物，或货币救济灾区生活在贫困水平以下的百姓及家庭，保障其最低限度经济生活的一种制度，一般由朝廷或地方政府举办。养恤措施是指灾后由国家政府安置灾民的一种制度，一般包括提供栖身场所和施给粥食、发放寒衣、医药等内容。蠲免是一种由国家减免灾民赋税的一种政策，即灾害发生后，国家为了让百姓尽快恢复生产，所采取的对灾区农民免征徭役的政策。蠲缓思想早在"周礼"中已有"薄征、弛力、缓刑"的规则。汉以后，倡导蠲缓思想者甚众，唐以后则更多。这主要是由于当时广征暴敛，民力日竭，人心浮动所致。在后来的宋元明清数代，不少人士借前代所鉴，极力主张"蠲除"、"赈贷"、"扶存休养"、"减放租税"等。灾害发生后，蠲免钱粮的诏书很快下达，轻灾则免除灾民当年赋税负担，重灾则可连续数年蠲免钱粮，这些措施有利于稳定灾区的社会秩序和贫穷百姓的基本生活。

2. 扶弱救贫政策。此政策主要是对社会弱势群体进行钱物补助。如汉代的赏赐项目中有专门的两项：一是赏赐鳏、寡、孤、独、高年；二是赏赐贫不能自存者。孟子主张行"仁政"，内容包括民众提供必要而稳定的生产和生活资料，在此基础上实现全社会的经济保障。认为"老而无妻曰鳏，老而无夫曰寡，老而无子曰独，幼而无父曰孤。此四者无下之劳民而无告者，文王发政施仁，必先斯四者。"[1] 由于鳏、寡、孤、独、高年都是没有独立生活能力而又无依无靠的社会弱势群体，汉代政府重视对鳏、寡、孤、独的经济救济。通过对老者进行物的补助，以保证他们的基本生活水平。而对于贫者，汉政府既给予适当的补助，又重视他们自身的造血功能的提高。又如，唐朝的法律《唐律·唐户令》规定："诸鳏寡、孤独、贫穷、老疾、不能自存者，令近亲收养，若无近亲，付乡里安恤。"社会保障政策的推行，不仅有利于维护统治者的统治和社会稳定，而且也在一定程度上保障了一部分弱势社会成员的最基本生活。

综上所述，古代政府通过采取一系列政治经济措施，客观上有助于保障贫民、下户的最低生活，同时也限制了富商大贾财富的无限制膨胀，在调衡各行业、各阶层间的贫富不均方面取得一定的成效。

三、古代财政调控财富分配的实践对当前
收入分配制度改革的启示

中国古代政府任何调控财富分配的措施，从根本上说是为了维护统治阶级的利益，但在一定程度上对调节财富起到了一定的作用。尽管这些政策措施难以摆脱本身的缺陷以及时代和阶级局限性，使其最终难以完成"调均贫富"的目标。但古代政府所实施的调控财富分配措施和政策依然是我国华夏文明的一部分，是我国当前收入分配制度改革不可或缺的精神财富，为当代我国收入分配制度改革政策和措施的制定提供了弥足珍贵的历史启示。

---

① 《孟子·梁惠王下》。

（一）转变政府职能，建立服务型政府

政府的基本职责就是要规范和调整全社会的收入分配并保证社会形成公平合理的分配秩序。我国古代收入制度安排以官本位为核心，背离了经济贡献与收益相一致的原则，使分配的激励机制消散，导致经济运行无效率，并从根本上抑制了个人的经济理性。① 在我国实行社会主义市场经济体制下，完善收入分配体制改革，必须转变政府职能，建立服务型政府，发挥财政在促进收入公平分配中应有的分配和调节作用。因此，政府责无旁贷地应当成为实现收入公平分配的主要依靠力量，政府不仅应该，而且也有能力成为维护和实现收入公平分配的主体。政府对居民收入差距不能采取放任政策，而是应该积极地采取有效措施，调节居民收入差距，从而实现收入公平分配。

（二）合理调整收入分配格局，增加农民收入

封建国家在制定财政的动机与目的上，大部分着眼于财政方面，以获得财政收入为实施政策的目的，结果也导致朝代更替，历代统治者终被人民推翻。我国政府在调节收入分配中应该吸取教训，正确处理国家、企业、居民三者的关系。在"国家与民"的分配关系上，要规范二者的分配关系，提高劳动报酬在初次分配中的比重，提高劳动者尤其是农民、农民工及城市工薪者的劳动报酬及福利待遇，提高居民收入在国民收入分配中的比重。与民休养生息，多予、少取、放活，让农民长期休养生息。当前尤其要防止因部分农产品供求关系的变化而重返干预农民生产经营决策的老路。尊重农民的创造，应尽快明确农村专业合作组织的法律地位。对进城务工就业的民工给予国民待遇，降低城市化的门槛，让民工能够"沉淀"下来。国家财政政策在向农业倾斜的同时必须制止各种摊派、减轻农民的负担。

（三）规范收入分配秩序，消除分配潜规则

财政分配是国民收入分配和再分配的重要枢纽。国家必须清理整顿和取缔

---

① 　钟祥财：《从收入分配看中国古代的经济理性抑制》，《贵州财经学院学报》，2003 年第 6 期。

有关部门对居民个人的不合理收费，包括行政事业单位对居民个人的不合理收费；保护各种诚实劳动和合法经营致富的收入，对于通过侵吞公有财产、偷税漏税、走私受贿、权钱交易、制售假冒伪劣等非法行为获得的收入，要坚决取缔和打击。加强对垄断行业收入分配的监督和管理；完善党政机关、事业单位的分配政策；完善和规范国家公务员工资制度；推进事业单位分配制度改革；治理公共权力市场化，切实解决利用公权、动用公共财力、依靠特许经营获得垄断利润提高少数人收入水平的问题。加快市场化改革，消除经济的双轨制运行，缩小政府直接参与资源配置的领域。

（四）制定科学合理的调节收入分配的财政政策

一是充分发挥个人所得税对收入分配的调节作用，完善税收制度，优化税制结构。综合运用各种税收手段加强对收入分配的调节，建立起一个多层次、多角度、全方位的综合税收调节体系和有利于促进公平增长的合理税制。二是完善社会保障体系。建立和完善全面的社会保障体系，尤其是广大农村的社会保障体系建设，完善最低工资保障制度和其他转移支付等为主要调节手段的分配制度，保障低收入者的基本生活。同时，还必须调整财政支出方向，优化财政支出结构。扩大城镇社会保险覆盖面，尽快使养老保险、医疗保险、工伤保险覆盖到各种所有制企业；建立覆盖城乡居民的基本卫生保健制度，完善公共卫生和医疗服务体系。

（五）加快政治体制改革

中国古代政府调控财富分配的实践再次证明，只有经济体制改革而没有政治体制改革，经济改革不仅不能顺利进行，反而还会在改革中产生因政治体制改革缺位而形成新的弊端，财富分配的不公平就是在这种状况下形成的。如宋代的王安石推行财政政策的出发点是提倡生产、裁减冗员、改内政、减少支出、增加收入，以此达到"富国裕民"的目的，但由于政治体制改革的不同步，王安石推行变法过程中实施的财政措施受到的阻力也最大，多项改革未能推行去而以失败告终。这不是政策本身的缺陷，而是政治和人的因素使然，是政治改革与财政改革不同步尽而导致财政改革失败的典型悲剧。以史为鉴，我国在深化收入分配体制改革的同时，应加快推进政治体制改革的进程，建立有效的权利监督机制，消除政府官员的各种特权，消除腐败产生的社会土壤。

专题十二

古代吏治整饬与财政改革

贪污腐败是长期存在的社会问题，它与人类文明相伴而生，一直困扰着人类社会。于此相伴，反腐倡廉也由来已久。一个国家吏治的好坏直接关系到财政的兴衰甚至国家的存亡。在古代的社会道德范畴中，为官清廉是众望所归，历代统治者都十分重视吏治建设，把防治官吏腐败作为完善财政制度和政治制度的重要内容。如何预防惩治官吏腐败以及让各级官吏做到自律，不仅是古代吏治建设的主要内容，而且也是当代政府建设法治国家面临的一项重要任务。本专题拟在中国古代璀璨的历史长河中，采撷若干吏治整饬与财政改革的典型案例，深入分析封建统治者吏治整饬的实践及其对财政的影响，旨在为我国当前的廉政建设和财政改革提供历史借鉴。

一、理财与治官

马克思主义认为，人是生产力诸要素中首要的能动的要素。理财首要的因素是人，这是因为，无论是生财、聚财、用财，还是管财，都离不开行政官员的参与。从政先修德，做官先做人。要理好财，就需要预先培养和治理好理财的官员，将治官作为理财的前提，是客观需要使然。一个国家的官吏贤明、精悍、廉洁，不仅能降低行政成本、提高行政效率，而且必然使百姓税负轻，国家财用足。相反，如果出现官贪、官冗、官庸，则会造成民负重、国财困，严重的甚至会导致社会动荡和政权垮台。

（一）官贪导致国家财政资金流失

官贪是指官员通过各种手段获得法定之外的利益。一般地，官贪具有欺骗性和隐蔽性，它对财政造成的损失难以估量。官贪的手段很多，但归纳起来一般有两种：一是上取于国；二是下取于民。第一种手段会造成财政支出的增加；第二种手段会造成财政收入的减少，两种手段的最终结果都将导致国家财政资金的流失。

人们对贪官的判断，往往涉及对人本性的认识。公共选择学派认为，政治家、官员、利益集团等都是经济人，其行为目标都是追求自身效用的最大化。现实生活中，除了一些思想素质好的官员外，一般官员内心深处都会有贪占的欲望。如果有完善的思想教育和制度约束，则可以遏制官员的贪欲；但如果外界条件允许，官员的贪欲就可能变成行为，缺乏监督的权力，腐败就极易产生。因此，治官贪的根本之策就是完善制度，加强对各级公务员尤其是领导干部的监督。严厉惩治贪官，既可以扭转干部作风的好转，又可以堵塞国家财力的流失。

（二）官冗造成财政经费浪费

官冗是指机构臃肿，行政人员过多。在中国古代，人浮于事、机构臃肿常常成为国家财政的沉重负担。例如，北宋时期的"冗兵、冗官、冗费"就非常严重。宋朝廷对宗室、亲信弟子特为优宠，随意授官，皇朝宗室男孩七岁便可以授官，有的甚至在襁褓中也有官阶，并领取俸禄；宗室之外，其他旁支、异姓、门客，都可以得荫补官，每年成千上万的人涌入官僚队伍，因而时常出现"居其官不知其职，十常八九"的现象。国家豢养大批的官吏，直接导致了官僚机构膨胀，官员浮滥成灾始终困扰着朝廷。官冗必然造成政冗、费冗，"俸禄之丰、数额之多、名目之繁杂，为历代所不及"，[①] "以忠厚养前代之子孙，以宽大养士人之正气"。这一现象，既给财政造成困难，又增加了公共商品及服务的成本，增加了广大纳税人的负担。官冗不仅造成财政负担，而且还会造成内耗，还是官场腐败的开始，"三分之一的人干，三分之一的人看，还有三分之一的人捣乱"，就是官冗带来的后果。

造成官冗的原因很多，最根本的原因在于：一是统治者重官轻民。赋予官员的权利多，义务少，从而刺激着人们不计成本地挤向官僚队伍。二是官冗成本的外溢性。制造官冗的人只得好处，无须付出，将官冗的成本推加于国家财

---

① 刘孝诚：《中国财税史》，中国财政经济出版社 2006 年版。

政，最终的成本则是由纳税人负担。因而减少政府冗员的有效措施是进行机构改革，裁减冗员，减少政府冗员有利于减轻纳税人的负担，并为改善财政状况创造条件。

（三）官庸导致理财水平和理财效率低

官庸是指官吏的品德和能力差。那些不劳而食或无事找事碌碌无为者，一般都善于钻制度法律的空子，依靠制度漏洞长期侵吞国家资产，吃体制饭堂而皇之地腐败。

现实生活中，不可避免地存在一些庸者当官任职，一般地，庸官选任的机制有以下几个原因：第一，在任庸官偏好选庸官。因为选择庸官对自己最为有利，这样的选择必然导致官冗和官庸。第二，贤能的人很难被重用。贤能的人作风正派，把主要精力放在事业上。庸才无能力在事业上取得成就，只有把主要精力放在人际关系上，向上司献媚讨好，喜欢被奉承和被吹捧的领导常常把这类庸才作为提拔和选用的对象。第三，对官员的要求低。某些官员在任职期内，不求政绩，只求无过。在官员政绩考核制度不健全、不完善的体制下，这类庸才做官后不仅能很好地混下去，有时甚至还能飞黄腾达，一路升迁。

由贤能的官吏治国理财同由昏庸的官吏治国理财，其效果大为不同。由于庸官的品德差、能力低，其理财能力和理财水平都极其有限，因而，由他们管财用财，必然出现官贪、官冗、官庸，进而造成财政资金的浪费，降低财政资金的使用效益。官员耗费和浪费的比重大，用于社会福利的比重小，最终造成纳税人付出多，得到少。可以说，财政资金运行的成本高，效益低，财政支出的结构不合理，是由官员队伍造成的，也可以说是由制度、法规、体制造成的，但制度、法规、体制的制定者还是官员。因此，无论是决策错误，还是决策在执行中走样，官员都难辞其咎。

二、古代吏治整饬的财政改革案例

（一）案例一：中唐的"永贞革新"

唐"安史之乱"后，中央对地方的管理失控，逐渐形成了藩镇割据的局面。

与此同时，宦官擅权，专恣骄横，引起了皇帝和某些官僚士大夫的不满。永贞元年（公元 805 年），唐顺宗李诵即位，王叔文、王伾等革新派开始被重用。唐顺宗试图对积弊沉重的朝政进行改革，与革新派一起共谋打击宦官势力。在不长的时间里，革新派颁布了一系列改革措施，史称"永贞革新"。有关财政改革的措施如下：

第一，禁宫市和五坊使。唐德宗以来，宦官经常借口为皇宫采办物品，在街市上以买物为名，公开抢掠，这种专为满足宫廷需要的采购方式被称为"宫市"。宦官经常借口为皇宫采购物品，在城乡市场上对百姓肆意进行掠夺，名义上是"市买"，实际上或以低价强购，或白拿强抢。针对宫市的弊端，早在顺宗做太子的时候，就有取消宫市的提议，但当时王叔文害怕德宗怀疑太子收买人心，而危及太子的地位，所以劝阻了顺宗。直到永贞革新，宫市才被禁止。原来充任五坊使（即雕坊、鹘坊、鹞坊、鹰坊、狗坊）的宦官，也经常以捕贡奉鸟雀为名，对百姓进行讹诈，害民不浅。随着宫市弊政的消除，五坊使随之被取消。

第二，罢"羡余"，免苛税。"羡余"就是地方官吏向人民勒索来定期送给皇帝的各种附加税。一些地方节度使、盐铁使，为了讨好皇帝，通常以进奉钱物争宠。进奉钱物的形式有"月进"（每月进奉一次）和"日进"（每日进奉一次）之分。后来地方上的州刺史，甚至幕僚，也都效仿，向皇帝进奉。德宗时，每年收到的进奉钱多则 50 万缗，少也不下 30 万缗。贪官们以进奉为名，向人民搜刮财富，导致民不聊生，百姓怨声载道。革新派上台后，通过唐顺宗下令，除规定的常贡外，禁止各地的进奉，"不得擅有诸色榷税"，"不得别进钱物"。此外，还免除了百姓积欠的租赋课税，达五十二万六千八百四十一贯（钱）、石（粮）、匹（绢）、束（丝、草）。[①]

第三，逐贪官。浙西原先兼任诸道转运盐铁使的李锜，趁机贪污，史书称他"盐铁之利，积于私室"。王叔文当政后，罢去他的转运盐铁使之职。京兆尹李实，是唐朝皇族，封为道王，专横残暴，曾因克扣粮饷激怒军士。贞元年间，关中大旱，他却向德宗虚报为丰收，强迫农民照常纳税，迫使百姓拆毁房屋，变卖瓦木，典桑卖地完纳税收。王叔文等革新派罢免了京兆尹的官职，将之贬为通州长史，赢得了百姓的拥护。

第四，打击和抑制宦官势力。裁减宫中闲杂人员，停发内侍郭忠政等 19 人

---

① 王素：《略谈永贞革新》，《文史知识》，1994 年第 8 期，第 14 页。

的俸钱，这些都是打击和抑制宦官势力的重要措施。革新派还计划从宦官手中夺回禁军兵权，这是革新措施的关键，也是关系革新派与宦官势力生死存亡的关键步骤。革新派任用老将范希朝为京西神策诸军节度使，用韩泰为神策行营行军司马。此外，还释放宫女 300 人和教坊女乐 600 百多人还家。[1]

第五，控制理财权。财政问题是德宗以来面临的一个大问题。王叔文等革新派认为，解决财政问题是解决其他问题的前提，是振兴朝政的关键。他认为，理财权应当"以盐利皆归度支，收财政大权归中央"[2]。经过精心周密的考虑，决定任命当时的理财名臣杜佑担任"度支并盐铁使"，并由王叔文担任副使。由于杜佑当时兼摄宰辅并德宗山陵使，虽为正使，但不到职视事，王叔文虽担任副使，却行使正使权力。这样，理财权实际被革新派掌管。

从上述改革措施中可以看出，革新派对当时弊政的认识是相当清楚的。但由于支持改革的顺宗久病不愈，守旧势力强大，而且联手起来对革新派进行反扑，在革新进退维谷的时候，革新派内部出现了裂痕，这一切导致改革最终以失败而告终。宪宗即位后，革新派纷纷被贬斥。王叔文被贬为渝州司马，第二年被赐死；王伾被贬为开州司马，不久病死。同时，朝廷贬刘禹锡为连州刺史，柳宗元为邵州刺史，韩泰为抚州刺史，韩晔为池州刺史。不久，又贬韦执谊为崖州司马，再贬刘禹锡为朗州司马，柳宗元为永州司马，韩泰为虔州司马，韩晔为饶州司马，程异为郴州司马，凌准为连州司马，陈谏为台州司马。此十人，史称"二王八司马事件"。[3] 至此，变革新政运动彻底失败，共历时 146 天。

发生在中唐时期的"永贞革新"犹如昙花一现般地失败了，但这场短暂的革命，革除了一些弊政，代表了当时政治现实中改革的方向，成为大唐帝国走向衰亡闪光的转折点，对当时的官僚制度和财政管理制度改革无疑具有重要的历史意义。

（二）案例二：朱元璋"惩贪三大案"

朱元璋是中国历史上少有的几个出身于贫苦农民家庭的皇帝，也是中国历史上惩治贪官污吏态度最坚决、手段最残酷、效果最明显的皇帝。他亲历了元

---

[1]　韩国磐：《隋唐五代史纲》，人民出版社 1977 年，第 357～358 页。
[2]　项怀诚：《中国财政通史》（隋唐卷），中国财政经济出版社 2006 年，第 22 页。
[3]　王素：《略谈永贞革新》，《文史知识》，1994 年第 8 期，第 15 页。

朝末年苛征暴敛、贪官污吏残民害民的景象，为了维护其封建统治，朱元璋不仅十分重视赋役制度的改革，亲自参与赋役制度的修订，而且还采取了重典治吏、严刑峻法的措施整饬官场。他明确告诫各级官吏："但遇官吏贪污，蠹害吾民者，罪之不恕！"① 在整饬官吏的同时，健全和完善了明朝的财政管理制度。其中，最典型的案例就是朱元璋的"惩贪三大案"：

第一案："空印案"。

"空印案"发生在洪武十五年（公元1382年）。按明初的财政制度规定，各布政使司及府、州、县每年都要派计吏到中央户部去核对钱粮等事。如果遇到钱粮细数与总数等数字不符合的情况，必须返回当地重新填写报销册，然后，再盖上原衙门印信，重新审批。由于各行省距离京城遥远，为了免除路途上的各种麻烦，各地方的计吏都习惯带上空印册（盖有原衙门印信的册子），当遇到户部驳回时，马上更改，而不需要再跑回原地。这事后来被朱元璋发现了，他认为，空印可能给官吏贪污舞弊留下机会，于是大怒，下令处死户部尚书和各地布政衙门主印长官。这一事件导致数百人惨死，数千人受杖戍边，史称"空印案"。

"空印案"反映了明政府对财政报告的审查相当严格。钱粮的数字是关系到户口和赋税的重大问题，如果到了京师发现数字不对照，就地随意更改，那么，这种财政统计肯定不够严格，因而，必然不能作为国家赋役征收的可靠依据，老百姓的赋役负担就不确定，国家的财政征收就必然陷入混乱。显然，空印案是必须治理的。借助对"空印案"的整饬，明政府进一步完善和规范了财政审计、会计和上计制度，加强了财政管理。

第二案："郭桓案"。

朱元璋采用严厉的惩治手段打击贪官污吏，但最初的效果并不明显。洪武十八年，全国的官员到京城来接受考核，即"朝觐考核"。到京师来朝见皇帝，同时要给他的政绩表现做一个评语和考察。接受考核的官员有4100多人，但合格的只有430多人，大多数官员不合格。于是，在洪武十八年，朱元璋采取了严厉的措施，在全国范围内开展了一场严厉的整饬贪官的运动，这件事的导火线就是郭桓贪污事件的暴露。

经查证，郭桓贪污罪状主要有以下几宗：私分太平、镇江、广德府钱粮；私分浙西秋粮；私自征收粮食税钱；收受征收草料的贿赂；纳粮入水，纳豆入

① 《太祖实录》卷38。

水。郭桓私自征收的粮食税钱有：水脚钱 100 文；车脚钱 300 文；口食钱 100 文；库子钱 100 文；竹篓钱 100 文；蒲篓钱 100 文；神佛钱 100 文。这样大规模的贪污腐败，惊动了朱元璋，朱元璋对郭桓案极其重视。经统计，郭桓直接贪污数字 700 万石，加上所有的各种各样的折扣、钞，一共 2400 万石。朱元璋下令在全天下范围内追赃，不论涉及谁，均要一查到底。这一次案件牵连到户部和天下十二布政司，因此，郭桓案的查案线索，就从"户部→布政司→府→州→县→行贿人"，所有行贿的、窝赃的，查到谁，就惩罚谁，无一遗漏。由此可见，朱元璋在整饬吏治中的果断、坚决和彻底。

第三案："欧阳伦驸马案"。

在亲自查处了上述两件大案之后，满朝文武百官早已战战兢兢，不敢随意乱贪，朱元璋放眼望去，似乎普天之下已经没有贪官污吏的藏身之处了，但就在他暗自庆幸的时候，没有想到，在自己的眼皮底下又发生了一桩大案。

这个大案发生在洪武三十年（1398 年）。这个案子之所以说是大案，并不是因为它涉及的金额或者范围广泛，而是由于在这个案子中，朱元璋表现出了他整饬吏治的果断和坚决，这就是明朝史上有名的"欧阳伦驸马案"。

为了控制西蕃少数民族地区，明政府机智地选择了用中原地区的茶叶交换西蕃地区的马匹。如果能够控制住茶叶，就能够在一定程度上制约少数民族地区，并且还可以以茶换马，这样做对明政府有多方面的好处。因此，茶叶当时被看作重要的战略物资，政府严禁茶叶私自出关。但是，欧阳伦（安庆公主的驸马）却仗着自己是皇亲，让其手下走私茶叶，这些人狐假虎威、狗仗人势，在地方上随意动用官府车辆，擅自闯关，不纳税、不服管，而且任意欺凌把关的官员。地方守关者不堪忍受他们的欺辱，就把这件事报告给了朱元璋。当他得到这个情况后非常气愤，为了建立封建的官僚队伍秩序，澄清吏治，朱元璋不惜灭亲，坚决把欧阳伦抓起来并处死。

经过这三大案，明初特别是洪武年间的吏治得到了澄清。朱元璋反贪的严酷程度超过了以往任何朝代，他先后颁布了《大明律》、《大诰》，对贪官污吏进行了严厉的打击。在朱元璋的严刑峻法下，地方官员全都是畏惧刑法，洁身自好，竭力达到朱元璋的要求。经过整饬官僚队伍秩序，吏治得到澄清，官场面貌焕然一新。清朝张廷玉编的《明史》里有《循吏传》（专门记载清官的传记）。《循吏传》所列的明朝的清官，洪武年间三十多年，占所有总人数的三分之二。其中有这样的记载："一时守令畏法，洁己爱民，以当上旨，吏治焕然丕变矣。下逮仁、宣，抚循休息，民人安乐，吏治澄清者百余年。"① 这一记载反映了朱元璋整饬吏治的成效。

（三）案例三：雍正"火耗归公"

"火耗归公"是清代财政史和政治史上的一个重要事件。"火耗归公"也称为"耗羡归公"，"火耗"作为赋税的一种附加，明代以后一直存在。按照"一条鞭法"的规定，将所有杂费一体归并为税，征银上交国库，为此，必须将百姓所交的碎银重铸为银锭。在重铸过程中，必然有损耗，于是要在正税之外加征损耗成本，即"火耗"。"火耗"有"实际火耗"与"名义火耗"之分，后者在实际损耗之外，直接装进了官员腰包。

雍正即位之初，面对的是贪官污吏纳贿盛行，库帑不足，财政匮乏的局面。"藩库钱粮亏空近来多至数十万，盖因巡抚之费用，皆取给于藩司。或以柔和交友，互相侵挪，或先钩藩司短长，继以威制勒索，分肥入己。"② "自康熙五十一年（公元1712年）至雍正四年（公元1726年），官侵吏蚀四百七十二万余，民欠五百三十九万余"，③ 中央部院衙门的亏空，多为官吏所侵盗挪移。官员贪污滥用造成各省钱粮亏空。据《雍正年间谕旨》载：当时管理和使用财政资金的官员滥用贪占已成风气。朝廷内的六部（吏、礼、刑、户、工、兵），外自藩司以及州县，无不相习成风。各省挪缺侵蚀、动辄上万。督抚亦串通作弊，往往通过威胁利诱的手段要求各省管理财政的藩司提供经费。要国库充盈，必须从治理官贪入手，规范官员的收支行为，由暗箱操作转为公开，由地方各自为政转变为中央统一的管理。

官吏除了贪污和侵挪已征收的钱粮外，还私自乱征乱派乱收款，民间"不苦于正额之有定，而苦于杂派之无穷"④。加征羡余火耗即为其一，"惟横征私派之弊，其祸尤烈，如收解钱粮，私加羡余火耗；解费杂徭，每浮额数，以致公私一切费用皆取给于里民"⑤ 至清朝初年，一般"火耗"标准为每两收二三钱，甚至四五钱，某些地方数倍于正税。耗羡的征收，大多属于官员的私自征

① 《明史·循吏传序》。
② 《清世宗实录》卷三，雍正元年正月辛巳。
③ 《清史列传·范文程传》。
④ 《清世宗实录》卷二十二，康熙六年元月己卯。
⑤ 《皇朝经世文编》卷三十，《吏政》六，赵申桥"禁绝火耗加派以苏民困示"。

收和私自派用，从一个层面上也反映出官员的贪婪和吏治的腐败。面临如此拮据的财政局势，雍正帝决心整治，"州县征收火耗，分送上司，各上司日用之资，皆取给于州县，以致耗羡之外，种种馈送，名目繁多，故州县有所借口而肆其贪婪，上司有所瞻徇而曲为容隐，此从来之积弊所当剔除者也。与其州县存火耗以养上司，何如上司拨火耗以养州县。"①

雍正元年（公元1723年）五月，山西巡抚诺岷得到了雍正帝的支持，率先在山西省进行改革，实行耗羡归公和养廉银制新法，"疏请将通省一岁所得耗银提存司库，以二十万两留补无着亏空，余分给各官养廉。各官俸外复有养廉自此始。"② 雍正二年（公元1724年）正月，湖广、河南等地也陆续实行。火耗归公采取的财政措施主要有：

第一，以前造成亏空的责任不追究，但必须在限期内改正。规定除陕西外，限三年内，无论贪污挪用的问题是否已经参出，务必如数补足。如限期不完，从重治罪。

第二，设立会考府负责全国支出经费的核算，不合规定的不准报销。雍正元年至三年，各部院办奏销钱粮事共350件，被拨回改正的共96件。改变了过去官员滥支的经费通过行贿而报销的状况。

第三，清理各种陋规，须保留的收入作为公款。过去用于官员受益的各种征派收入或禁止奢侈浪费形成的收入，统归国家财政。

通过上述措施，加上火耗归公收入中相当数量的银两用来弥补亏空，国库迅速充盈。雍正将治官与治财有机地结合起来，既是一次财政管理制度的改革，又是一次吏治的整顿，在整肃吏治和弥足财政方面起到了多重作用。

首先，整饬了吏治。火耗归公后，过去私征贪占官员的行为受到了一定限制，对改善吏治与社会风气产生了良好效应。

其次，增加了财政收入。火耗归公后，一部分用于弥补亏空，一部分作地方公用，国家财政收入增加。在弥补亏空的同时，追查亏空原因，既有利于防治官吏的侵占挪移，又增加了国库收入。雍正三年（1725年）已达6000万两，财政危机状况得到根本转变。③ 此外，还建立离任亏空由官赔的制度。

再次，人民的隐性负担减轻。火耗归公后，私征、暗征减少，火耗征收率

----

① 《清世宗实录》卷二二，雍正二年七月丁未。《清世宗上谕内阁》卷二二，雍正二年七月初八日上谕。

② 《清史稿·诺岷传》。

③ 《皇朝经世文编》卷二十九，《户政》。

有所降低，同时，雍正对加重者治罪，加上火耗归公收入与地方的利益不再直接挂钩，人民的隐性负担相对减轻。在国库收入增加的条件下，灾年减税也有了条件。如雍正六年（公元 1728 年）三月，帝谕户部："数年之中库帑渐见充裕。……用沛、特恩将蠲免之例加增分数，以惠烝黎。其被灾十分者着免七分，九分者着免六分，八分者着免四分，七分者着免三分，六分者着免一分。将此通行各省知之。"①

最后，强化了财政制度管理，使税收附加规范化。火耗归公将制度外的财政资金纳入了地方和中央的财政收支计划，不仅强化了国家财政管理，还加强了财政制度和法制建设，完善了财政的运行机制，财政资金运行的公开性、效益性得到提高。

当然，耗羡归公也存在着诸多弊端，特别是在耗羡的动用上，由于缺乏制度上的具体规定，缺陷更加明显，对此，雍正帝晚年已经有所觉察。到乾隆年间，开始对耗羡进行清理，并制定了《耗羡章程》，对耗羡的征解、支发、奏销等，都重新做了具体规定。此外，火耗归公实施初期，吏治有所改善。但时间一长，官员依然贪占，最典型的是和珅、王亶望等大贪官案，这说明在制度不完善、权力得不到制约时，官员的贪欲膨胀有了滋生蔓延的土壤，行贪的行为就可能发生。

三、古代吏治整饬对我国当前廉政建设的历史启示

近年来，我国政府不断地完善反腐倡廉制度，加大了反腐力度，陈良宇、李春城、刘志军、刘卓志、刘铁男等一批贪污腐败的省部级高官落马并受到了法律的严惩。随着我国社会主义市场经济向纵深发展，尤其是目前还存在着财政管理制度尚不完善、官员腐败造成财政资金大量流失、行政管理经费支出浪费严重以及财政转移支付制度不规范等问题，因此，反腐倡廉的任务依然艰巨，拒腐防变的警钟还必须长鸣。古代吏治整饬的财政改革，对于我国当前的反腐倡廉建设和财政制度改革具有重要的启迪和历史启示。

---

① 《清世宗实录》，雍正六年三月癸丑。

（一）历史规律：吏廉则治，吏不廉则政治削

中国封建社会的财政改革大多是依附于政治改革而发生的，这无疑加大了财政改革的难度。一个好的制度总敌不过"上有政策，下有对策"的传统。制度的关键在于执行，而改革的关键在于将新的政策很好地自上而下的执行下去。在中国古代历史上，改革往往是和权术、迫害同行的，改革家很少有好的下场，中唐"永贞革新"中"二王八司马事件"就是例证。在当今民众迫切期望改革的今天，最需要的是新一届领导集体的智慧和勇气。2012 年 11 月 15 日，中共中央总书记、国家主席、中央军委主席习近平接任中共中央总书记的 3 天内，两次痛斥了腐败，指出"打铁还需自身硬"、"空谈误国，实干兴邦"。随后，他又在党的十八届中共中央政治局第一次集体学习时再谈反腐的重要性和迫切性："物必先腐，而后虫生"，"腐败问题愈演愈烈，最终必然会亡党亡国！"自从党的十八大以来，习近平总书记站在党和国家工作全局的高度，全面推进党的建设，坚持全面从严治党，深刻阐释了党风廉政建设和反腐败斗争的重大理论问题和实践问题，为新形势下深入推进党风廉政建设和反腐败斗争提供了思想武器和行动指南。实践证明，新一届领导集体正在进行的廉政建设是深入民心且卓有成效的。我们应当从古代吏治整饬的财政改革中借鉴经验、汲取教训，为我党廉政建设和官员队伍整顿提供历史借鉴。

（二）廉政建设与财政建设互为条件，互相促进

一是吏治腐败是权力未受到限制，法令不严，外加财源机遇等条件滋生的。因此，治官贪仅靠整顿吏治还不够，还必须切断造成官贪的财源。只有官员侵蚀财政的行为得到有效制止，国家财政才能充裕，因此，理财与治官应当有机结合。雍正时期的"耗羡归公和养廉银"制度改革是理财与治官二者有机结合比较成功的案例。

二是财政改革关系到政治的安定。历史上的财政改革大多是在出现苛政暴敛、财政亏空的时候进行的，地方官以某种特殊需要为名，在正税外和预算外征收的，而中央政府的注意力主要放在预算内收支上，对预算外乱收费的监管相对薄弱。这就为地方官员的乱收滥支创造了可能。地方官员在征收时打着为公的名义，支出时往往只有少数人受益。如果任其发展，必然加剧官民之间的

收入差距和感情对立，造成社会不稳定，乃至载舟之水覆舟。

（三）强化国家预算的权威性、完整性、科学性

廉政建设必须从国家和人民的根本利益出发。人民是国家的主人和公共财政服务的主体，所有的财政资金必须列入民主公开决策的预算管理，禁止任何公共部门以经费不足为由，自收自支。明确公共服务与市场化服务的界限，防止公共权力和公益性资源被商业化利用。特殊情况产生的税外收入，也应当纳入预算管理。预算的编制与执行应当以资金配置公平、高效、便于操作、便于监督为目标，尽量细化、具体、完整、科学。

（四）强化对权力运行的制约和监督

权力的制约与监督，是反腐工作的核心。首先，完善制度，加快政治体制改革。通过阳光财政，以法治权、权力制约和制度建设消除贪官，让以权谋私者付出高昂的代价，真正做到"把权力关进制度的笼子里"。

其次，加强官德教育。从政先修德，做官先做人。重视官德教育建设，增强为人民管钱用钱、向人民负责的观念，对于那些庸官，要真正做到治庸问责，并采取有效措施营造清正廉洁的环境，"让官员不想腐、不能腐、不敢腐"，各级官员要做到"带头纠正'四风'，带头廉洁自律"。[①]

再次，依法行政。如何为国家生好财、聚好财、用好财和管好财？这是财政工作者必须认真对待的问题。财税官员必须牢固树立"执政为民"的观念，以高度的责任感管好用好每一分钱的公款，自觉遵守税法和预算法，依法纳税、依法征税、依法用税，从而实现生财有道、聚财有方、用财有效和平衡发展的良性循环。

最后，发挥人民和审计机关的监察作用。在人民与政府之间，用财与管财者之间，实行权力制约，从制度上使权力公开透明，增强政府花钱的公开和透明度，人民群众就能够正确判别钱花的是不是合法、合理，便于监督和促进政府科学理财。各级人民代表大会及其常务委员会应当充分履行对政府财政监督

---

① 王岐山，在省部级领导干部廉洁从政研修班座谈会上的讲话，2013 年 10 月 16 日，来源：新华网。

的职责，各级政府应自觉加强审计监督、效能监察，完善和细化具体的财务制度。同时，敞开监督渠道，调动社会各界对权力进行有效监督，使他们对官员的不当财政支出进行及时的监督和举报。

专题十三

抗战时期的财税政策

　　"战争——从有私有财产和有阶级以来就开始了的、用以解决阶级和阶级、民族和民族、国家和国家、政治集团和政治集团之间、在一定发展阶段上的矛盾的一种最高斗争形式"。[①] 而战争势必要消耗巨大的财富，打赢任何战争的首要条件就是战费筹措。1937 年 7 月，中国抗日战争全面爆发，全国进入了战争状态。为了应对非常时期的财政局势和支持抗战，国民政府需要动员全民族的人力、物力、财力，相应地，财政转入了为战时服务的轨道，即由和平财政转向战时财政。此时，需要动员全民族的人力、物力、财力支持抗战。为了适应战争的需要和支持抗战，国民政府的财政此时开始转入为战时服务的轨道，即由和平财政转向非常时期的战时财政。战费筹措成为战时财政的核心问题。

　　这一时期，国民政府在税收制度、财政支出和财政管理体制方面都适时地进行改革并采取了一些筹措战费的财政税收政策。税收方面，主要施行了以盐税、货物税、直接税为中心的税系调整；财政支出方面，主要推行了以通货膨胀政策为中心，配合以征实、专卖、统购统销为补充的战时财政政策；财政管理方面，主要实施了划分中央和地方财政收支结构及加强地方税建设的战时财政管理体制。国民政府推行的战时财税政策，基本上适应了集中财政以应对战争需要的局势，不仅为战争期间筹措战争经费提供了重要保障，而且进一步推动了战时财政理论和实践的发展，对财政经济学和国防经济学具有重要的历史启示。

---

　　① 毛泽东：《中国革命战争的战略问题》，《毛泽东选集》第 1 卷，人民出版社 1962 年版，第 155 页。

一、抗战时期的税收体系调整

国民政府自成立后，曾对税收制度进行过一些改革。税制方面的重要改革有修订关税税则、整顿盐务、裁撤厘金、举办统税和所得税等，战前的税制改革为战时增税奠定了一定的基础。抗战爆发后，由于大片国土沦陷，国民政府税收锐减，而各项财政开支却迅速膨胀，于是，增加财政收入就成为当务之急。国民政府不得不在战前原有财税政策的基础上，推行战时税制，对税收体系进行调整便是其中的重要内容，尤其是持久抗战战略更需要长久的合理税制，以备能够筹措到充足的战费。1940 年 7 月 6 日，国民政府通过《对于财政经济交通报告决议案》，提出补救战时财政的措施，认为"以加税最为稳妥"。[①] 次年，进一步确立了税制改革的方法。从 1941 年开始，国民政府在税制上作了一系列重大改革，以求最大限度地动员全国财力，支持抗战。

（一）盐税

抗战爆发后，由于东部重要产盐区相继沦陷，盐源减少 80%，于是，国民政府着手整顿盐税。1941 年 9 月，规定盐税从价征收，计征办法分为产税、销售税两种。产税在盐出场时，以放盐时场价为标准，征收实物，或折缴代金。1942 年 1 月，实行盐专卖制度，取消所有盐税名目，有关盐的生产、收购、囤储、销售和定价，由盐务机关控制。改革后，食盐收入大增，一跃占据国民政府中央税收的首位，1942～1944 年，食盐专卖和附加税收入达 722.4 亿元，占税收总收入的 49.5%，[②] 1945 年占 52.3%。[③] 在盐税收入中以盐的附加税为最重，盐附加税收入又占盐收入总额的 88%。食盐专卖和战时食盐附加税，实际上是一种恶性人头税。由于收购价过低，场灶商人入不敷出，不少场灶停工歇业；专卖机关乘机囤积抬价，牟取暴利。在社会舆论的抨击下，1945 年 2 月，国民政府取消盐专卖，改行征税。

---

① 严云强：《抗战时期国民政府的税制改革》，《重庆社会科学》，2005 年第 8 期，第 74 页。

② 杨荫溥：《民国财政史》，中国财政经济出版社 1985 年版，第 106～108 页。

③ 吴承明、许涤新：《中国资本主义发展史》，人民出版社 2003 年版，第 469 页。

（二）货物税

货物税是统税的继续和延伸，是对应课税货物的产制人或购运人课征的税。抗战爆发后，由于东南沿海工业中心的海盐盐滩的沦陷和海关被掠夺，致使关税、盐税和统税逐年短收，致使政府丧失了绝大部分的统税税源，而国民政府统治的西南和西北地区，工业基础薄弱，税源有限。为了在有限的地域内更多地筹集财政收入，国民政府就把统税扩大为货物税，并将国产烟酒税并入其中，改称货物出厂税或货物取缔税。此外，内地征收的战时消费税和矿产税也属于货物税性质。

首先，通过扩大统税区域、种类和培养统税税源来推广统税。国民政府将云南、新疆、西康、青海、西康等省划入统税区，同时扩大统税种类。1938 年10 月，对土制雪茄烟开征卷烟统税，1939 年 7 月及 10 月，又分别开征饮料品及糖类统税。随后，茶类、陶瓷、皮毛、竹木、纸箔等都纳入统税范围，后来发展到几乎无物不税，统税也因之变成了苛捐杂税。

其次，改变了征课标准，把原来的从量税率改为从价税率。为了垄断物资，攫取高额专卖利益，国民政府通过寓税于价的办法，把属于货物税征税范围的糖、烟、酒、火柴同食盐一起实行专卖。改从量征收为从价征收，目的是使税收适应通货膨胀的状况，与物价上涨的幅度一致，在通货膨胀的情况下等于提高了税率。

再次，部分货物税改征实物。为满足战争对战略物资的需要，财政部于1943 年 1 月将棉纱、麦粉等部分货物改征实物。1944 年又将糖类商品列入征实范围，并将其税率由 15% 提高到 30% 。货物税实行征实制度，使政府垄断了大批物资，一部分用到抗战方面去，另一部分成了战后内战的基础，而高税率的征收又加重了人民的负担。

最后，开征战时消费税。1942 年 4 月，国民政府开始征收此税，主要在沿沦陷区交界的封锁线课征，并用以替代各省在抗战期中名目繁多的各种货物通过税，由海关征收。1942 年至 1945 年的战时消费税收入为 325900 万元，[①] 对战时财政作出了较大贡献。战时消费税原本不属于关税范畴。但由于战时的特殊环境，中国当时实际已经与世界各国完全隔绝，国际贸易形态已改变为与沦陷

---

① 杨荫溥：《民国财政史》，中国财政经济出版社 1985 年版，第 106 页、第 109 页。

区敌伪之间的贸易，故把它划归海关办理。其政策重点不在于增税，而在于与日寇展开经济战。

上述货物税在抗战时期成为中央政府的重要财政收入来源。不包括征实部分在内，一般占总税收的 1/4 左右，具体为：1940 年占税收总数的 27.1%，1941 年占 28.4%，1942～1945 年在 19%～24% 之间。[①] 与统税一样，货物税也是一种间接税，缴纳时仅由生产和运销这类商品的商人代垫，通过提高商品售价，最终仍然是由消费者全部负担。

（三）直接税

直接税是直接向纳税人的收入或其财产价值征收的税。抗战时期，国民政府税项属于直接税系统的有所得税、印花税、非常时期过分利得税、营业税和遗产税 5 种，其中所得税已于 1936 年 10 月开征。抗战爆发后，由于间接税收入损失严重，政府不得不转向直接税。1938 年 3 月，国民党通过《推行战时税制》议决案，提高所得税税率并扩大其征课范围，并决定开办遗产税及战时利得税。1938 年 7 月公布《非常时期过分利得税税率条例》，定于 1939 年 1 月 1 日起正式开征。1938 年 10 月公布《遗产税条例》，1939 年 12 月公布《遗产税暂行条例施行细则》，延至 1940 年开征。1943 年 2 月，政府又公布《所得税法》与《非常时期过分利得税法》，将旧条例予以废止。新税法酌情提高了所得税税率，又将非常时期过分利得税条例中关于财产租赁利得的条文删除，另订单行法规。同时将利得税累进税最高提至 60%。同年 2 月，公布财产出卖租赁所得税法，包括土地、房屋、堆栈、码头、森林、矿场、舟车、机械等财产的出卖和租赁所得，并于同年全国普遍开征。此外，原为省税之营业税法，自 1942 年财政收支系统改制后，省财政收支划归中央财政收支系统以内，营业税遂由财政部直接税处接管，并于 1941 年 9 月由国民政府明令公布修正营业税法。印花税于民国初年即已举办，1940 年 6 月直接税处正式成立后，划归办理。

至此，直接税处主管的税类，包括所得税、过分利得税、遗产税、财产出卖租赁所得税、营业税及印花税等。抗战期间，直接税取代关税，与盐税（包括盐税附加）和货物税构成新三税，成为国民政府国税收入的主要来源。从 1940 年的 7600 万元增加至 1945 年的 1441100 万元，其在税项总收入中的百分

[①]　杨荫溥：《民国财政史》，中国财政经济出版社 1985 年版，第 109 页。

比 1942 年、1943 年两个年度都在 30% 以上。① 总之，适应非常时期财政的要求，国民政府战时施行的直接税改革，随着抗战的战争准备，相继完成了直接税体系建设、加强地位、确立征收机构、充实人员几方面的重任。②

国民政府除了开征新税制以外，还在经济贸易方面进一步整顿旧税，以维持原有的税收。其重点是整顿关税，修改关税税则，调整进出口货物，以保证关税收入的稳定增长，并适应战争对经济和战略物资的需求。

二、抗战时期的财政政策

全面抗战开始后，国民政府虽然对抵抗日军的侵略作了较大努力，但由于敌强我弱，日军长驱直入，造成国民政府统治区域日益缩小，国民经济受到沉重打击，财政陷于严重危机。而与此同时，前线的抗战却异常激烈，为了装备和维持作战部队以及内地修筑公路、铁路等，都需要巨额资金，国民政府除了调整税制体系外，不得不推行了以通货膨胀政策为中心，配合以发行公债、征实、专卖、统购统销政策为补充的战时财政政策。

（一）法币膨胀政策

1. 统一币制。战时运用增发货币是筹措军费的重要途径，而增发货币的基础是货币金融制度改革。由于当时全国各地的货币制度不统一，使国内各地的赋税负担极不一致和不公平，国民政府决定首先对币值进行改革。1933 年 3 月 1 日，国民政府颁布《废两改元令》，并铸造统一标准的新银圆代替旧银圆。1935 年 11 月 3 日，国民政府又发布《金融紧急处分令》，实施法币政策。这在当时具有重要意义，一是"缓和银价上涨之恐慌"；二是"解决币制改革的悬案"；三是"财政困难的救济"。在抗战时期，如果没有法币制度，要取得抗战胜利则条件更加艰苦。

总之，国民政府通过"废两改元"与"废银币、行法币"的两次币制改革，统一了币制，建立了统一的全国货币金融制度，对社会经济的发展起到了一定

---

① 杨荫溥：《民国财政史》，中国财政经济出版社 1985 年版，第 112 页表 3 ~ 表 8。
② 高秉坊：《抗战三年来之直接税》，经济汇报 1940 年第 2 卷第 1 ~ 2 期，第 50 页。

的积极作用。但由于法币发行量没有限制，为随后的国民政府实行的通货膨胀政策打开了方便之门。

2. 滥发法币与通货膨胀。1939 年 1 月，国民政府通过了增发纸币以应对战时财政急需的办法，法币发行额急剧增加。抗日战争前夕（1937 年 6 月），法币发行了 14.1 亿元。抗战结束后，1945 年 6 月，增加到 3978 多亿元，1945 年底为 10319 多亿元，到 1948 年 8 月增加到 6636946 多亿元，等于抗战前的 47 万倍。到 1949 年初，国民政府发行纸币数量比抗战结束时增长近 3.8 亿多倍，法币变成了废纸。①

战争财政的实践证明，纸币政策的运用应当有限度，过量发行货币，其结果必然导致通货膨胀。物价指数由 1937 年 12 月的 0.98（以 1937 年 1～6 月为 1），增长到 1945 年 12 月的 2126.9，② 到抗战结束前，2000 元法币才值战前法币的 1 元。法币发行过多引起币值下跌和物价上涨，而物价上涨又促进通货更加膨胀，进而形成了恶性循环，即军费支出增加→政府财政恶化→增加钞票发行→币值进一步下跌→物价进一步上涨。

滥发法币的通货膨胀政策实际上是一种在商品货币关系掩盖下的财政没收政策，它沉重打击了民族工商业和农村经济，从根本上动摇了国民政府的财政基础。在恶性通货膨胀的冲击下，国民政府的战时财政政策随着其在军事、政治上的溃败，最终导致国民党统治区的国民经济全面崩溃。

（二）公债政策

公债作为临时财源，具有筹款迅速的特点。抗战爆发后，财政需款紧急且数额庞大，如果仅依赖税收等经常性的财政手段募集所需款项，急切之中，实难以应付。面临着如何抵抗一个经济强国侵略的难题，国民政府选择了实行举借内、外债的传统政策。1937 年 8 月 30 日，国防最高委员会通过了《总动员计划大纲》，规定："发行救国公债，奖励国内人民及海外华侨尽力购买，指充军费"。③ 这项规定成为抗战期间举借公债的政策依据。在整个抗战期间，国民政府发行了大量国内公债，在一定程度上支持了抗战事业。这一作用在抗战初期

---

① 项怀诚：《中国财政通史》中华民国卷（刘孝诚著），中国财政经济出版社 2006 年版，第 150 页。

② 郭小东：《简明中国财税史》，广东经济出版社 1997 年版，第 359 页。

③ 石柏林：《凄风苦雨中的民国经济》，河南人民出版社 1993 年版，第 338～339 页。

表现得尤其明显，战时发行公债的政策对于筹措战费贡献很大。

1. 内债。为保证战争需要，国民政府于抗战开始不久就大量发行各种名目的战时公债，对于解决战时财政需要意义重大。由于时局动荡，本币的市场信誉大大降低。许多内债发行被迫用外币或黄金为计量单位。1937～1944 年，仅财政部发行的内债总额达 150 亿元，这其中还不包括以谷麦为计算单位发行的粮食债券。在这些公债中，60% 的债券是以总预约券的形式向银行进行抵押，由银行垫付款给政府。此类公债发行方式的实质类似于银行透支，实际上是以货币发行来弥补政府的财政亏空。另外，抗战期间政府共向银行借垫款 12000亿元。而 1945 年银行存款余额仅为 5271 亿元，超过部分则靠增发钞票解决，这也是造成战时通货膨胀的主要原因。随着抗战的进行，公债发行出现了很多正常的战时现象，即公债大部分不能推销，多数公债由国家银行承受，通货发行增加，贫富负担不均，囤积居奇，物价高涨等现象。于是，1940 年 7 月，国民政府行政院设立"战时公债劝募委员会"，改革募集办法，开始注重公债的劝募。

2. 外债。为了弥补财政赤字，除了举借内债外，国民政府还力争外援，力争得到外国资本的经济支持。国民政府首先对旧外债进行了整理与偿付，以维护政府在国际上的信誉。在努力整理外债、债信逐步提高的情况下，最终从西方国家借到了一定数额的外债。其中，从苏联借到的外债共计 5 项、306385 千美元；从美国借到的外债共计 6 项、693000 千美元；从英国借到的外债共计 7项、70047 千英镑；从法国借到的外债共计 4 项、1030000 千法郎；捷克 10000千英镑；比利时 20000 千美元；德国 120000 千法币。① 外债借款附加了经济条件，例如，苏联借款全部充作购买苏联军用物料贷款，而中方则以农、矿产品抵偿。农矿产品支付包括茶叶、皮革、兽毛、锡、锌、镍、钨、丝绸、桐油、药材、红铜、羊毛、皮毛等。国民政府对德国进行货物互换贸易，中国供给德国工业原料，其中以 50% 为矿产，按月每月供给德国钨砂 500 吨、锡 500 吨、锑 300 吨。② 美国对国民政府的战时财政贷款具有长期性，对中美结成反法西斯同盟具有积极意义，为抗日战争的胜利提供了重要的资金保证。

---

① 根据中国通商银行编：《五十年之中国经济》整理，文海出版社 1948 年版，第 129 页。
② 李超民：《中国战时财政思想的形成》，中国出版集团东方出版中心 2011 年版，第 223 页。

（三）专卖制度

专卖制度是战时筹措军费的重要财政制度。实行专卖既可创造国家资本，节制私人资本，又可消减居间剥削阶级，使财政经济得到调剂。1941 年 3～4 月间，国民政府通过了《筹办盐糖烟酒等消费品专卖，以调节供需平准市价案》。[①]当年 6 月，第三次全国财政会议通过了"举办专卖制度"的事项。[②] 为了顺利推行战时专卖政策，国民政府相继颁布了一系列专卖条例，包括：1942 年 5 月 13日颁布的《战时烟类专卖暂行条例》、1942 年 5 月 13 日颁布的《战时火柴专卖暂行条例》、1942 年 5 月 15 日颁布的《战时食糖专卖暂行条例》以及 1942 年 5月 26 日颁布的《盐专卖暂行条例》，对盐、糖、烟类和火柴四种主要生活日用品实行政府专卖制度。

1. 食盐专卖。食盐专卖由盐务总局于 1942 年初举办，具体形式是采取民制、官收、官运、官专卖制度。民营制盐人经过政府许可，可生产制造食盐，制成的盐全部由政府指定的专卖机关按价予以收购，盐的运输由专卖机关自运为主，也可招商运输或委托商运。盐的配销采取官趸售，商零售办法。

2. 糖专卖。抗战发生，"自海运断绝，汽油来源匮乏，所有国防运输动力燃料，倍感苦难。酒精为汽油之主要代用品，糖类则系酒精之最佳原料。川省糖产，虽居全国产量至第一位，但以酒精工厂需用日增，几呈供不应求之极端严重状态"，"将来趋势，为适应军事起见，其他糖类，均将大多数购充制造酒精之用。留供民食者，数量极微。故一般消费者，实应以国防运输为重，减少消费数量为宜"。[③] 食糖的专卖利益是收购价格的 30%，但与统税比较，增加了一倍（统税原征 15%）。可见，实行糖专卖在战时对国防和经济具有重大意义。1944 年 7 月，废止糖专卖，改征实物。

3. 烟和火柴专卖。战时香烟专卖制度，实行"民制（国家同时设厂制造）、官收、官运（必要时得委托商人或运输机关运输）、官专卖（由承销商批发，零售商零售）制度，而对于烟类之产制、收购、运销，全盘加以统制。其专卖之

---

① 财政评论社资料室：《八中全会经济决议案及其重要贡献》，《财政评论》，1941 年第 5 卷第 5 期，第 161 页。

② 罗敦伟：《中国战时财政金融政策》，财政评论社 1944 年版，第 2 页。

③ 朱偰：《一年来之专卖事业》，《财政学报》，1942 年创刊号，第 50 页。

收益，则由收购价格成本与批发价格之差额决定之。"[1] 火柴另设专卖公司主办，烟和火柴名义上规定为民制、官收、官运、官专卖，但事实上并不实行收购，只由专卖机关将已核定的收购价格的品种，按数配给各承销商号，再由承销商号直接向制造厂商缴价承购，并向专卖机关缴纳专卖利益，并逐包领贴专卖凭证。专卖利益以收购价格为计算标准，如烟中的机制卷烟缴纳专卖利益 100%，手工卷烟及雪茄烟缴纳 60%，熏烟叶缴纳 30%。1945 年 2 月废止烟及火柴专卖，恢复征税。

国民政府通过专卖制度而获得的专卖利益非常可观，例如，1942 年和 1943 年专卖收入在税收中占的比重分别达到 48.5 和 25.8。[2] 通过实施专卖政策，增加了财政收入，支持了抗战，对政府加强主要生活日用品的管制，防止奸商投机倒把，保证军队和民众生活必需品最低限度的供应，发挥了积极作用。但这种专卖制度也加重了人民的负担，限制了民营资本的发展。

（四）统购统销政策

统购统销是以战时物资管制形式出现的一种财政措施。统购统销的物资主要分为两大类：

第一类为外销物资，包括茶叶、桐油、猪鬃、生丝、羊毛等农产品和钨、锡、锑、汞、铋、铜等 6 种特矿产品。外销出口商品的收购运销工作由隶属于财政部的贸易委员会负责。茶叶由该会所属的中国茶叶公司办理；后四种由该会所属的复兴商业公司经营。外销的特矿产品系军事工业重要原料，属战略物资，由资源委员会主办。外销物资的统购统销，从 1938 年起一直到抗战结束止，共收购茶叶 1886 千市担，价值 2.92 亿元，桐油 1838 千市担，价值 13.58 亿元，猪鬃 8 万市担，价值 70.95 亿元，生丝及茧 72 千市担，价值 22.77 亿元，羊毛 441 千市担，价值 17.45 亿元，合计总价值是 227.67 亿元。[3]

第二类是重要的日用必需品，包括棉花、棉纱及棉布三项。统购统销工作最初由农本局的福生庄办理，1941 年 1 月，财政部花纱布管制局成立，予以接办。棉花及土布始终采取定价收购的办法，机纱、机布及土纱初期采用收购办

---

① 朱偰：《中国战时税制》，财政评论社 1943 年版，第 111～125 页、第 227 页、第 142～143 页、第 147～148 页。

② 杨荫溥《民国财政史》，中国财政经济出版社 1985 年版，第 127 页。

③ 杨荫溥：《民国财政史》，中国财政经济出版社 1985 年版，第 134 页。

法，1943 年后采取"以花易纱，以纱易布"的办法，另外，再付给加工费，包括职工伙食工资、机器折旧、杂费三部分。但是，不论是收购棉花，还是"以花易纱，以纱易布"，国民政府基本上采取了半没收的方式。因为收购定价低，且物价上涨，收购价格还不变，如棉花收购价格只及生产棉花成本的 42%。1945 年，花纱布管制局收购棉花 170 千担，收购总价 31 亿元，按当时的平均市价计算，合 170 亿元，政府获得总差盈 139 亿元；收购棉纱 50 千件，收购总价是 58 亿元，合市价 750 亿元，政府获得总差盈 692 亿元；收购棉布 400 千匹，收购总价 19 亿元，合市价 120 亿元，政府获差盈 101 亿元，三项差盈合计 932 亿元，与同年的税项收入 999.84 亿元相差无几，这些收入是不列入国库收支的账外收入。[①]

（五）田赋征实、征借和征购

抗战全面爆发后，物价腾升，特别是进入相持阶段以后，在国统区，作为最基本的生活必需品的粮食极为匮乏，价格更是大幅度上涨，严重影响了军需民食。在这种情况下，垄断粮食以平衡财政收支、平抑物价以及解决各地军粮民食的意义远远重于征收货币。为了加强军需粮食购销管理，掌握巨额粮食，1941 年 4 月，国民政府将田赋收归中央，并实行田赋征实、粮食征购和粮食征借的"三征"政策。

1. 田赋征实。田赋征实就是直接征收粮食，对应征田赋的货币额折成实物上缴的田赋征收制度。这一制度规定，不论是正税，还是附加税一律征收实物。1941 年 6 月，国民政府制定和颁布了《战时田赋征收实物暂行通则》和其他相关法令，强调了田赋征实的标准和实施办法与细则。1941 年，田赋正附税额每元折稻谷 2 市斗，产麦及杂粮区得征等价小麦及杂粮。1942 年，将折征标准提高为每元折征稻谷 4 市斗，或小麦 2 市斗 8 市斤，增加了一倍左右。

2. 粮食征购。随着抗战的发展，军队及后方百姓对粮食的需求量非常大，田赋征实所筹集的粮食不能满足需要。1942 年，国民政府在田赋征实之外，又采取了定价征购粮食的办法，统一随赋带征。粮食征购不但加重了人民的负担，而且手续繁多，弊端迭出，又因收购粮食，抛出大量法币，加重了通货膨胀。在通货膨胀日益严重、物价狂涨的情况下，征购老百姓的粮食，兑换来的法币

---

① 杨荫溥：《民国财政史》，中国财政经济出版社 1985 年版，第 138 页。

如同废纸，所以，征购实质上无异于征实，只不过通过买卖关系将田赋征收关系隐蔽起来了。

3. 粮食征借。粮食征借是从粮食征购演变而来的。征借的实质是一种强制性的征纳。粮食征购有诸多弊端，1943 年，四川率先停止搭付现金，全部付给粮食库券。从 1944 年起，国民政府规定改征购为征借，并废除粮食库券，只在交粮收据（粮票）上另加注明，作为借粮凭证。粮食征借既无利息，甚至连本都难以做到，实质上仍如征实，只不过徒具借贷之名而已。

总之，实行粮食"三征"政策，使政府从农民手中取得并掌握了大批粮食。其中，1941～1945 年抗战期间，共征收粮食 24490 万石，占总额的 73%，说明"三征"在抗战时期收效最大，对支持抗战起到了一定的积极作用。一是保证了战争对粮食的需要。1941～1944 年，田赋征实共征收谷麦 23100 多万担，保证了 400 万～600 多万军队的粮食供应和数万的公教人员的用粮，支持了抗战。[①]二是对稳定物价、抑制通货膨胀意义重大。通过粮食征实，政府控制了大批粮食，减少了货币的投放量，国民政府还将余粮平价售济，用于调节供需，平衡收支，从而减缓了货币的发行速度，有利于稳定粮价，缓解通货膨胀。例如，1941 年 7 月，重庆米价曾经涨至战前的 3447%，1942 年 1 月跌至 3029%。但是，粮食"三征"最终是以牺牲农民利益为代价的，尤其是征购和征借这两种方式无异于掠夺，加重了农民负担，使农民处于破产的境地，农业生产力遭到了严重摧残。

三、战时财政管理体制改革

加强地方财政建设是战时财政的重要措施。如何加强地方财权，对及时足额地筹措战费意义重大。抗战爆发后，国民政府丧失了全国最重要的经济区，到 1938 年底，中国国土的 1/3 已经沦陷，而这 1/3 正是中国最富庶、经济最发达的地区，国民政府无奈之下退居到当时经济较为落后的四川。为了应对非常时期的财政局势，随着时局和条件的变化，国民政府开始着手建设地方财政体系，对战时财政管理体制进行了重大调整。从总体上看，以 1941 年为界点，战时财政管理体制实行了两次转型：一是抗战爆发到 1941 年的三级财政管理体

---

① 马金华：《民国财政研究》，经济科学出版社 2009 年版，第 152 页。

制，二是 1941～1945 年的二级财政管理体制。

（一）"以省财政为重心" 的三级财政管理体制

抗战前期，在中央和地方收支体系的划分中，地方财政是以省为主体，由省控制了所有划归地方的税源，没有县的赋税收入，县为省之附庸。至于省和县的收入如何划分，没有具体标准，因而又不得不陷入由各省区自行决定的状态。这样，县财政便被置于极不稳定的境地，因而进一步缩减了县财政的独立扩张能力，必然带来苛捐杂税禁而不绝的后患。同时，地方财政偏重于省而薄于县，地方主要税源均归于省，各省通过征收税款、贸易统治、发行公债，扩充其势力，从而形成了省财政割据的局面。可见，这一体制的实质是"虚县"政策。

1934 年，第二次全国财政会议提出《财政收支系统法》、《划分省县五项原则》以及《县各级组织纲要》，规定财政系统由过去的"中央和地方二级制"改为"中央、省、县市三级制"，县市级财政收支包括县所属区、乡；并将营业税和契税划为省财政收入的主要税源，将田赋划为县、市的主要税源；其他的地方财税实行省和县市分成。同时还规定，属于中央的各税，地方不得重征或附加，支出中的教育、经济建设和救济经费在中央预算中不得少于30%，在省、县不得少于60%。

（二）"以自治财政为重心" 的二级财政管理体制

尽管 1934 年国民政府将中央与地方二级体制改为中央、省、县市三级制，以缩小省级财权并增强县级财政的独立性，但仍然没有从根本上解决问题。抗战爆发后，大敌当前，国民政府必须设法限制省财政割据的局面，削弱地方军事势力，以此来集中财权和财力，一致抗战。在此形势下，战时财政管理体制迫切需要转型。

1941 年 11 月，国民政府公布了《改定财政收支系统实施纲要》，将全国财政改为国家财政和自治财政两大系统，以中央和省两部分的财政统一为国家财政系统；以县市和县以下的各级地方自治组织统一为自治财政系统。这种财政体系转型对战时的地方财政建设具有积极作用，主要表现在：

第一，有利于战时全国财政的统一。1941 年财政体系改制，将全国财政分为国家财政和自治财政两大系统。省财政并入国家财政，县财政独立为自治财政，此体制实质上是"虚省"政策。地方财政主体是县，目的在于加强中央的财权和财力，也使各县有充裕的财力，用于推动地方自治。最终，中央掌握了对财政的绝对控制能力，这在抗战的非常时期，无疑具有重要意义。

第二，省财政收归中央以后，清除了抗战以来各省私征的各种捐税，政治上使各省进一步依附中央，加强了国家统一，消除了后方分裂的因素。

第三，加强了县级财政实力。改订后的财政收支系统取消了省级财政的独立地位，县级财政有了自己独立的预决算，成为独立的一级地方财政，县级财政实力得到加强。这样，就确立了以县为单位的自治财政系统。这种财政关系，在战时对于筹集战争费用发挥了不可估量的作用。

总之，为了应对非常时期的财政局势，国民政府灵活地对财政管理体制进行了重大调整，果断地实施了战时财政管理体制改革，战时财政管理体制的转型基本上适应了集中财政以应对战争需要的局势。中央与地方财政收支结构的划分与实施，是国民政府在战时为寻求解决战费筹集困难的重要举措，也是战时统一全国财政的关键环节。理顺中央和地方财政关系，明确划分中央和地方收支，对于保证战时中央财政收入和加强地方财政体系建设具有十分重要的意义。

四、战时推行财税政策的历史启示

国民政府在战时推行的一系列财税政策，不仅为战时筹措经费提供了重要保障，而且进一步推动了战时财政理论和实践的发展，对财政经济学和国防经济学的发展具有重要的历史启示。

（一）筹措充足的战费是战时财政的核心问题

战时财政是现代财政学的重要组成部分。战争是一种高昂的死亡游戏，关系国家安危，而财政又直接关系到战争的胜败。因而，国防和战争离不开财政的支持，筹措充足的战费就成为战时财政的核心问题。战争实践和理论都表明，战时财政是战争的经济基础，其核心内容是战费筹措。为了保障战争需要，政府必然会千方百计地开辟财源。国民政府在战时适时地采取了战时税制、扩大银行信用、发行公债、专卖制度、统购统销政策、田赋"三征"以及加强地方财政建设等筹措战费的政策和措施，为抗战准备了一定的经济条件和物质基础。

（二）科学地选择和组合战费筹措方式

为了有效地筹措战费，可以适当运用税收、财政政策和财政管理等多种方式。在战费筹措方式中，每一种筹措方式对国民经济的发展和财政的运行将产生不同的影响。例如，增税能够有效稳定物价，持久支持战争，但会出现收入数额有限，出现时滞、征税成本高昂等问题；发行公债能够减轻物价上涨压力、减轻短期的政府财政压力、较快地筹集到资金、对经济的影响较小，但会增加政府后期的财政压力，如果战后到期公债还本付息额超过当时财政经济的承受能力，将会陷入"债务—赤字"的恶性循环。举借外债能够有效地运用国外资金，对国内经济的影响较小，但容易受控于借款国；发行货币能够迅速地筹集巨额军费，也是世界各国政府面对战争骤然到来战费筹措不及时或不足够时，予以首先考虑的重要方式，但容易诱发恶性通货膨胀。由于不同的战费筹措方式对财政和经济有不同的功效，因而，合理的战费筹措方式绝不是仅仅单纯地运用某一种方式，而应当是科学合理地选择和优化组合多种筹措方式，对于各种筹措战费的方式扬长避短。只有这样，才能够筹措到大量的战费，并有效地化解财政风险，最大限度地降低大量筹措财政资源对国民经济所造成的不利影响。

（三）战费筹措要兼顾各种影响因素

推行战时财税政策，不仅要考虑增税、募债、发行货币、征实、募捐兼筹并顾，而且还需要与当时的军事环境、人民心理、国民经济状况以及社会经济情形相适应，一方面应付抗战建国之需，另一方面还需要顾及人民生活的维持。如果忽视这些相关因素，战费筹措将会受挫。

参考文献

［1］项怀诚：《中国财政通史》（先秦卷）［M］．北京：中国财政经济出版社 2006 年版。

［2］项怀诚：《中国财政通史》（隋唐卷）［M］．北京：中国财政经济出版社 2006 年版。

［3］项怀诚：《中国财政通史》（清代卷）［M］．北京：中国财政经济出版社 2006 年版。

［4］项怀诚：《中国财政通史》（中华民国卷）［M］．北京：中国财政经济出版社 2006 年版。

［5］孙文学、刘佐：《中国赋税思想史》［M］．北京：经济科学出版社 2009 年版。

［6］李炜光：《大家的财税学》［M］．北京：中央广播电视大学出版社 2016 年版。

［7］李炜光：《李炜光说财税》［M］．保定：河北大学出版社 2010 年版。

［8］王文素：《社会保障理论与实务》［M］．北京：中国经济科学出版社 2004 年版。

［9］王文素：《中国财政史》［M］．北京：中国社会科学出版社 2007 年版。

［10］王文素：《财政百年》［M］．北京：中国财政经济出版社 2010 年版。

［11］齐海鹏：《中国财政史》［M］．大连：东北财经大学出版社 2008 年版。

［12］刘孝诚：《中国财税史》［M］．北京：中国财政经济出版社 2006 年版。

［13］胡寄窗、谈敏：《中国财政思想史》［M］．北京：中国财政经济出版社 1989 年版。

［14］邹进文：《民国财政思想史研究》［M］．武汉：武汉大学出版社 2008 年版。

[15] 中南财经政法大学财税研究所编：《财政经济评论》［M］. 北京：经济科学出版社 2010 – 2016 年版。

[16] 吴景平：《宋子文评传》［M］. 福州：福建人民出版社 1992 年版。

[17] 杜恂诚：《民族资本主义与旧中国政府（1840 – 1937）》［M］. 上海：上海人民出版社 1991 年版。

[18] 姜良芹：《南京国民政府内债问题研究（1927 – 1937）》［M］. 南京：南京大学出版社 2003 年版。

[19] 杨荫溥：《民国财政史》［M］. 北京：中国财政经济出版社 1985 年版。

[20] 周伯棣：《中国财政史》［M］. 上海：上海人民出版社 1981 年版。

[21] 孙翊刚、董庆铮：《中国赋税史》［M］. 北京：中国财政经济出版社 1987 年版。

[22] 李超民：《中国战时财政思想的形成》［M］. 上海：中国出版集团东方出版中心 2011 年版。

[23] 孙翊刚：《中国财政史》［M］. 北京：中国社会科学出版社 2003 年版。

[24] 刘佐：《中国税制五十年》［M］. 北京：中国税务出版社 2000 年版。

[25] 吴才麟、文明主编：《中国古代财政史研究》［M］. 北京：中国财政经济出版社 1990 年版。

[26] 郑学檬：《中国赋役制度史》［M］. 上海：上海人民出版社 2000 年版。

[27] 翁礼华：《中国历代赋税和当前税制改革》［M］. 北京：中国税务出版社 1998 年版。

[28] 贾德怀：《民国财政简史》［M］. 北京：商务印书馆 1941 年版。

[29] 马金华：《民国财政研究》［M］. 北京：经济科学出版社 2009 年版。

[30] 马金华：《中国外债史》［M］. 北京：中国财政经济出版社 2005 年版。

[31] 高培勇主编：《共和国财税 60 年》［M］. 北京：人民出版社 2009 年版。

[32] 叶振鹏、梁尚敏主编：《中国财政改革二十年回顾》［M］. 北京：中国财经出版社 1999 年版。

[33] 王纪平：《中国古代税收思想史》［M］. 北京：中国财政经济出版社

2007 年版。

[34] 吴晓波：《历代经济变革得失》［M］. 杭州：浙江大学出版社 2013 年版。

[35] 王国清、朱明熙、刘蓉：《国家税收》［M］. 成都：西南财经大学出版社 2001 年版。

[36] 财政部财政科学研究所：《营改增：牵一发而动全身的改革》［M］. 北京：中国财政经济出版社 2013 年版。

[37] 刘昫：《旧唐书》［M］. 北京：北京燕山出版社 2010 年版。

[38] 盛超明：《简明中国财政史》［M］. 北京：电子工业出版社 1991 年版。

[39] 叶振鹏：《中国财政通史·第 2 卷·秦汉财政史》［M］. 长沙：湖南人民出版社 2013 年版。

[40] 左春台、宋新中：《中国社会主义财政简史》［M］. 北京：中国财政经济出版社 1988 年版。

[41] 董长芝、马东玉主编：《民国财政经济史》［M］. 大连：辽宁师范大学出版社 1997 年版。

[42] 宋新中主编：《当代中国财政史》［M］. 北京：中国财政经济出版社 1997 年版。

[43] 杨华，段君峰：《中国财政通史·第 1 卷·先秦财政史》［M］. 长沙：湖南人民出版社 2013 年版。

[44] ［美］费正清主编，章建军刚等译：《剑桥中华民国史》［M］. 上海：上海人民出版社 1992 年版。

[45] ［美］小科布尔著，杨希孟译：《上海资本家与国民政府》［M］. 北京：中国社会科学出版社 1988 年版。

[46] ［美］杨格著，陈霞飞等译：《1927 年至 1937 年中国财政经济情况》［M］. 北京：中国社会科学出版社 1981 年版。

[47] ［美］詹姆斯·布坎南著，穆怀朋译：《民主财政论》［M］. 北京：商务印书馆 1993 年版。

[48] ［美］威廉·E·哈拉尔著，冯韵文、黄玉馥译：《新资本主义》［M］. 北京：社会科学文献出版社 1991 年版。

[49] 杨智杰：《论管子的理财思想》［J］.《财会月刊》，2007 年第 3 期。

[50] 王永海；余海：《论商鞅的理财思想》［J］.《财会通讯》，2014 年第

1 期。

　　[51] 邓华丽：《论"量入为出"与"量出为入"》［J］.《广西工学院学报》，2007 年第 3 期。

　　[52] 陈光焱：《中国财税文化研究》［J］.《财政监督》，2009 年第 12 期。

　　[53] 郭化林：《孔子理财思想及其现实意义》［J］.《河北科技师范学院学报》（社会科学版），2005 年第 6 期。

　　[54] 潘国琪：《抗战初期国民政府财政政策考辨》［J］.《抗日战争研究》，2003 年第 1 期。

　　[55] 严云强：《抗战时期国民政府的税制改革》［J］.《重庆社会科学》，2005 年第 8 期。

　　[56] 张馨：《"国家财政"还是"公共经济"：西方财政学根本思路问题探讨》［J］.《财政问题研究》，1997 年第 5 期。

　　[57] 张馨：《论公共财政的存在》［J］.《福建财会》，1996 年第 11 期。

　　[58] 张馨：《双元财政论评述》［J］.《中国经济问题》，1999 年第 1 期。

　　[59] 张馨：《财政公共化改革难点探析》［J］.《浙江财税与会计》，2003 年第 11 期。

　　[60] 张馨：《我国为什么要建立公共财政》［J］.《福建财会》，2001 年第 8 期。

　　[61] 高培勇：《如何理解公共财政》［J］.《北京财会》，2002 年第 9 期。

　　[62] 高培勇：《论重构财政运行机制》［J］.《经济理论与经济管理》，1995 年第 3 期。

　　[63] 高培勇：《中国公共财政建设指标体系：定位、思路及框架构建》［J］.《经济理论与经济管理》，2007 年第 8 期。

　　[64] 邓子基：《"国家财政"与"公共财政"》［J］.《时代财会》，2001 年第 1 期。

　　[65] 陈光焱：《治财先治官》［J］.《财智》，2011 年创刊号。

　　[66] 钟祥财：《收入分配的激励消散效应——以中国古代为例》［J］.《上海经济研究》，2003 年第 8 期。

　　[67] 金锋：《论朱元璋整饬吏治思想》［J］.《南华大学学报》（社会科学版），2006 年第 1 期。

　　[68] 陈锋：《论耗羡归公》［J］.《清华大学学报》（哲学社会科学版），2006 年第 3 期。

［69］张研:《从"耗羡归公"看清朝财政体系及当代"税费改革"》［J］.《学术界》,2007 年第 3 期。

［70］王素:《略谈永贞革新》［J］.《文史知识》,1994 年第 8 期。

［71］陈琼光:《中唐永贞革新简论》［J］.《南华大学学报》(社会科学版),2006 年第 1 期。

［72］张神根:《周学熙民国初年财政改革评析》［J］.《安徽史学》,1996 年第 3 期。

［73］武乾:《南京国民政府预决算法制的演进及特点》［J］.《中西法律传统》,2003 年 11 月,第三卷。

［74］马殿超、王秀芝:《论先秦诸子的赋税思想》［J］.《辽宁税务高等专科学校学报》,1999 年第 2 期(总第 25 期)。

［75］赵兴罗:《我国政府预算改革的回顾与思考》［J］.《财政监督》,2016 年第 11 期。

［76］赵兴罗:《民国时期财政预算制度的转型及对国家治理的启示》［M］.《财政经济评论》,北京:经济科学出版社,2016 年版。

［77］赵兴罗:《先秦经典财税思想及历史启示》［M］.《财政经济评论》,北京:经济科学出版社,2015 年版。

［78］赵兴罗、刘孝诚:《分税制改革 20 年:回顾与反思》［J］.《经济研究参考》,2014 年 7 月 16 日。

［79］赵兴罗、周春英:《中国财税史的文化价值研究》［J］.《国际学术动态》,2011 年第 2 期。

［80］赵兴罗:《古代吏治整饬与财政改革》［M］.《财政经济评论》,北京:经济科学出版社,2013 年版。

［81］赵兴罗:《从历代财税改革看公平正义——古代调均贫富和均平赋税的思想及实践》［J］.《财政监督》,2014 年第 6 期。

后　记

　　本书的出版，首先，要感谢中南财经政法大学财税学院刘孝诚教授的鼓励和支持。刘教授在财政史学界有着很高的学术影响，他严谨求实的治学风格、为人谦恭、学养并重的高尚品德都深深地影响着我，特别是在撰写的过程中，刘教授最初提出了编写本书的基本原则，倡导着重从思想性上多着墨、多设问，尽量留给学生思考的空间，这成为完成本书不可或缺的方面。其次，感谢中南财经政法大学研究生院和财税学院的资助。最后，要特别感谢经济科学出版社以及为本书的修改和补充付出辛勤劳动的白留杰编辑。

　　本书的初稿由中南财经政法大学中国财政史研究所的刘孝诚、叶青、赵兴罗、周春英老师提供，最后由赵兴罗老师总纂成书。赵兴罗老师在全书的构思、专题的设计、撰写的体例、文稿的整理以及修改方面做了大量的工作。具体撰写分工如下：刘孝诚（专题一、专题二）、叶青（专题五）、周春英（专题四、专题十）、赵兴罗（专题三、专题六、专题七、专题八、专题九、专题十一、专题十二、专题十三）。

　　该书在撰写过程中参考了大量的研究文献，引用的文献尽量都做了注明。但限于篇幅，有一些可能在参考文献中没有能全部反映出来。在此，特向这些研究者给予我们在研究中不同形式的启迪和帮助深表谢意。

　　由于能力有限以及各方面条件的制约，书中仍可能存在一些错讹和纰漏，敬请专家及读者批评指正。文中的若干问题有待我们团队在今后的工作和学习中进一步深入探讨，不足之处也有待我们在今后的研究中加以改进。

赵兴罗

2016 年 12 月